普通高等教育研究生教学用书

Gongcheng Cheliang Dianye Kongzhi Lilun yu Yingyong
工程车辆电液控制理论与应用

叶 敏　顾海荣　徐信芯　编著

人民交通出版社股份有限公司
北　京

内容提要

本书是普通高等教育研究生教学用书。本书系统地介绍了工程车辆电液控制的理论、特征及应用。全书共8章，主要内容为：工程车辆液压驱动基本方式、电液控制系统基本理论、液压泵分类及其控制策略、液压驱动车辆行驶控制原理、工程车辆自动换挡系统、摊铺机电液控制技术、振动压路机电液控制技术和平地机电液控制节能技术。本书吸收了国内外工程车辆使用的自动换挡系统、泵控液压马达无级变速系统和典型产品电液控制节能技术，并编录了作者参与有关科研实践的成果，具有较强的实用性。

本书可作为高等学校相关专业的硕士研究生教学用书，也可供工程机械行业科研、生产和使用单位的技术人员参考。

图书在版编目(CIP)数据

工程车辆电液控制理论与应用/叶敏，顾海荣，徐信芯编著. —北京：人民交通出版社股份有限公司，2023.10（2024.11重印）

ISBN 978-7-114-18950-0

Ⅰ.①工⋯ Ⅱ.①叶⋯ ②顾⋯ ③徐⋯ Ⅲ.①工程车—电液伺服系统 Ⅳ.①U469.6

中国国家版本馆CIP数据核字（2023）第160315号

书　　名：	工程车辆电液控制理论与应用
著 作 者：	叶　敏　顾海荣　徐信芯
责任编辑：	钟　伟　李佳蔚
责任校对：	赵媛媛　龙　雪
责任印制：	刘高彤
出版发行：	人民交通出版社股份有限公司
地　　址：	(100011)北京市朝阳区安定门外外馆斜街3号
网　　址：	http://www.ccpcl.com.cn
销售电话：	(010)85285911
总 经 销：	人民交通出版社股份有限公司发行部
经　　销：	各地新华书店
印　　刷：	北京建宏印刷有限公司
开　　本：	787×1092　1/16
印　　张：	12
字　　数：	282千
版　　次：	2023年10月　第1版
印　　次：	2024年11月　第2次印刷
书　　号：	ISBN 978-7-114-18950-0
定　　价：	58.00元

(有印刷、装订质量问题的图书，由本公司负责调换)

自 20 世纪 80 年代起,中国工程机械行业经历了从最初以市场换技术的起步阶段、20 世纪 90 年代波澜壮阔的快速发展期、21 世纪前后与国内科研机构相互合作的技术提升期,逐渐走上了自主研发的道路。中国工程机械企业已成功地从传统同质化竞争状态过渡到拥有相关核心技术和新产品不断涌现的时期、不断收购国外企业、完全拥有自主知识产权领先全球时代。中国已跨入工程机械产销量世界大国之列,但如何从工程机械大国成为强国仍面临着艰巨的任务和巨大的挑战。工程机械产品种类繁多、技术要求高。工程机械的发动机、液压泵、液压马达等关键零部件仍处于依赖进口的窘境。全球已进入空前的创新发展和产业变革时代,科学技术领域将发生革命性突变,信息技术和人工智能技术向其他领域加速渗透并向纵深应用发展,将引发以智能、泛在、融合为特征的新一轮信息产业变革,引领工程机械产品向信息化、智能化、无人化方向发展。

  本书解决了液压驱动车辆行驶系统(无级变速系统、自动换挡系统、机器作业质量控制系统等)及其工作装置等系统智能化控制的理论与方法,涉及工程机械牵引动力学、液压传动与控制、自动化控制理论、计算机控制与传感器等技术。本书主要介绍了现代工程机械智能化控制的基本理论与方法和典型工程机械控制产品的设计与开发经验。本书可作为工程机械类硕士研究生(博士研究生)的专业基础课教材,也可供工程机械行业的科研、生产和使用单位的技术人员参考。

  本书的第 1 章、第 4 章和第 5 章由叶敏编写,第 2 章、第 3 章由顾海荣编写,第 6 章、第 7 章和第 8 章由徐信芯编写,全书由叶敏统稿。

  由于车辆电液控制技术是机械、电子、液压等多种学科的交叉技术,学科跨度大,涉及的知识面广,且要求编者有丰富的实践经验,这些都是作者难以胜任的。因此,书中内容只能起到抛砖引玉的作用。

  由于作者水平所限,书中难免存在不少错误和疏漏,欢迎广大读者批评指正。

编 者
2023 年 5 月

目录

第1章 工程车辆液压驱动基本方式	1
1.1 工程车辆液压驱动方式分类	1
1.2 中央驱动方式	2
1.3 车轮独立驱动方式	3
1.4 工程车辆液压驱动系统控制方法	5
第2章 电液控制系统基本理论	7
2.1 电液比例控制系统	8
2.2 电液位置伺服系统的分析与校正	16
2.3 电液速度伺服控制系统的分析与校正	26
2.4 电液比例放大器与PID控制方法	31
2.5 脉冲宽度调制（PWM）	40
第3章 液压泵分类及其控制策略	44
3.1 液压泵及其结构分类	44
3.2 变量泵常用控制策略	47
第4章 液压驱动车辆行驶控制原理	64
4.1 液压驱动车辆传动基本形式	64
4.2 典型闭式系统的调速回路特性	67
4.3 液压驱动系统控制模式	70
4.4 液压驱动系统的速度特性	72
4.5 泵控液压马达系统	75
4.6 最短斜坡时间的计算	86
第5章 工程车辆自动换挡系统	90
5.1 工程车辆自动换挡系统简介	90
5.2 工程车辆液力自动换挡系统	103
5.3 自动换挡控制系统	107
5.4 机械换挡系统电子控制	112
5.5 工程车辆常用换挡控制器	113
5.6 自动换挡液压系统	118
5.7 典型车辆自动换挡液压系统及控制	124
第6章 摊铺机电液控制技术	130
6.1 智能化摊铺机发展与现状	130

6.2 行驶系统 ··· 135
6.3 驱动系统的速度刚度特性 ··· 141
6.4 摊铺机作业速度的确定 ··· 148

第7章 振动压路机电液控制技术 ··· 157
7.1 振动压路机智能化控制技术 ··· 157
7.2 振动压路机行驶控制 ··· 159
7.3 振动压路机振动与行驶系统功率错峰控制技术 ······························· 162
7.4 无级调幅机构与控制系统研究 ··· 163

第8章 平地机电液控制节能技术 ··· 166
8.1 工程机械节能 ··· 166
8.2 工程车辆发动机动力储备性能评价 ··· 168
8.3 工程车辆全局功率匹配 ··· 172
8.4 平地机动力匹配节能 ··· 175
8.5 平地机变功率节能 ··· 182

参考文献 ··· 184

第1章　工程车辆液压驱动基本方式

行走驱动系统是车辆的重要组成部分。与工作系统相比,行走驱动系统需要传输更大的转矩和功率,要求元件具有更高效率和更长寿命,同时要求在调速、差速、换向及反向传输动力等方面具有良好能力。液压传动具有系统结构简单、输出转速无级可调、可正/反向运转、动作实现容易等突出优点,在工程车辆中得到了广泛应用,在不少车辆中已成为主要传动和控制方式。与机械传动相比,液压传动更容易实现运动参数(流量)和动力参数(压力)控制,与液力传动相比,具有更好的低速负荷特性。

液压传动的优点还包括调节便捷性和布局灵活性,可根据工程车辆的形态和工况,把发动机、驱动装置、工作机构等布置在合理部位。液压传动可保证发动机在任意转速下工作时,传动系统都能发挥最大牵引力,在很宽的速度范围内都能保持高的传动效率,并能优化动力传动特性,以适应各种作业负荷。高速行驶液压车辆中使用的闭式回路液压系统行走驱动装置,具有无级调速能力,可以使车辆起步柔和、变速迅速和换向无冲击,对需要频繁起动和变速、经常穿梭行驶的车辆非常重要。

液压驱动系统与电子技术结合,可以很方便地实现各种调节和控制。传感器监测车辆各种状态参数,计算机(控制器)运算输出控制指令,车辆在整个工作范围内均能实现自动控制,燃料经济性、动力性、作业生产率均达到最佳,是当前和未来工程车辆发展的趋势。

1.1　工程车辆液压驱动方式分类

液压驱动车辆传动系统按结构可分为中央驱动方式和车轮独立驱动方式。

1.1.1　中央驱动方式

中央驱动式传动系统采用液压驱动装置替代传统的机械或液力传动装置,保留车辆原有的驱动桥等结构,转向、差速、四轮接地平衡等方式不变。该方式的优点是结构简单,具有无级变速能力,功率利用程度高,与传统车辆零部件互换性强,适用于机械传动或液力传动产品的系列化。缺点是未从根本上改变车辆的结构,采用这种驱动方式的车辆是一种介于真正意义上的液压驱动车辆与传统车辆之间的液压-机械车辆。

1.1.2　车轮独立驱动方式

车轮独立驱动方式利用液压执行元件直接驱动车轮,不再使用传统驱动方式。该方式的优点是结构布置灵活,可形成多种新结构,液压马达驱动装置为批量供应的多品种元件,两侧液压马达并联组成油路时具有差速器功能,可实现偏转车轮或车架转向,两侧液压马达独立供油时,具有差速锁止功能,可强制直线行驶,也可两侧差速转向,通过差速器上的制动器或行车制动器可有效制动,无须驱动桥,车辆结构简单,便于维修和更换元件。但其最大的缺点是由于无换挡装置,车辆的最大变速范围受到限制。

1.2 中央驱动方式

1.2.1 单泵-单液压马达驱动方式

图 1-1a)所示为采用单泵-单液压马达变速驱动装置的单桥驱动结构,主要用于牵引力小且工况稳定的非牵引型机械,如稳定土拌和机、单钢轮振动压路机、轮式沥青摊铺机等。这类机械作业工况牵引力小、行驶速度低但要求稳定以保证作业质量,运输工况时行驶速度高,作业和运输两种工况差异明显。一般会加有 2~3 个挡位的人工机械换挡装置。液压马达采用高速定量液压马达,各挡位上的制动、换向、变速均通过变量泵来控制。为了保持行走速度稳定且不受负荷影响,变量泵可采用手动伺服变量控制或其他比例控制方式。由于不在行走中换挡,因此不必考虑牵引力和速度的中断,各挡位的传动比排列也不必考虑几何公比关系,而是完全根据车辆工况需要确定。如稳定土拌和机两档变速器工作挡和行驶挡之间的传动比相差 7 倍以上。这种结构成本低,尽管性能不很完善,但由于在有级换挡变速基础上叠加了液压泵无级变速调节,速度选择性高,作业适应性增强,性能显著优于机械传动方式,非常适合非牵引型车辆,具有很广的应用范围。

图 1-1b)所示为采用单泵-单液压马达变速驱动装置的双桥驱动方式,主要用于牵引力大、变化剧烈的牵引型车辆,其变速范围根据车辆功率和类型的不同变化很大。一般功率越大,要求的变矩范围越大。驱动装置要能够在行进中换挡,尽量不发生牵引力中断。一般采用变量液压马达变速驱动装置,以增加变矩范围。由于驱动装置控制复杂,大多需采用微控制器进行自动控制。图 1-1b)所示的双桥驱动形式,仅以单泵-单液压马达变量驱动装置为例进行了描述,实际应用中牵引型车辆液压驱动装置结构形式多样,随着功率变化,其最佳形式也会发生变化。

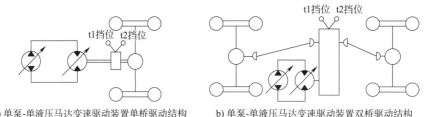

a) 单泵-单液压马达变速驱动装置单桥驱动结构　　b) 单泵-单液压马达变速驱动装置双桥驱动结构

图 1-1　轮式车辆中央驱动形式结构简图

1.2.2 单泵-多液压马达驱动方式

图 1-2 所示为单泵-多液压马达合成变速器驱动形式,主要用于变速范围要求宽的车辆,如轮式装载机和铲土运输机等。这些车辆需根据载荷和工况需求,随时变换挡位。换挡过程由变速器管理程序控制,在整个变速范围内几乎是无级、无牵引力中断的连续运转。升挡加速阶段和降挡制动阶段充分利用变速的重叠区域,根据工况选择适合的换挡点使机器达

到最佳行驶状态。将静压传动与多液压马达结合合成变速器,可将变速范围扩大到 20 倍以上。

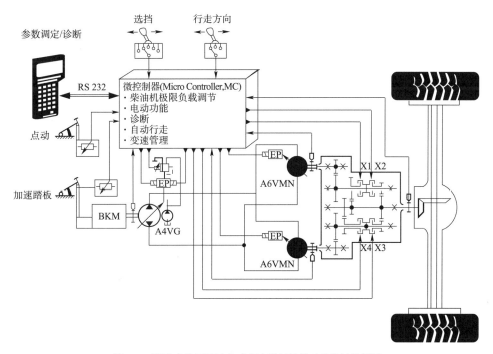

图 1-2 单泵-多液压马达合成变速器行驶传动系统结构简图

1.3 车轮独立驱动方式

1.3.1 单泵-双液压马达行驶驱动方式

图 1-3 所示是无传动桥的单泵-双液压马达驱动形式,主要用于需要无级调速且结构空间狭小、布置困难的车辆,如轮式铣刨机、农用车辆等。这些车辆的速度需根据负荷或工况进行调节,但对左右车轮的速度同步性要求不高,可采用电子防滑或强制分流的方法同步。

1.3.2 双泵-双液压马达行驶驱动方式

图 1-4 所示是无传动桥的双泵-双液压马达驱动形式,主要适用于对左右轮转速精度要求高的车辆,如履带式摊铺机等。这类车辆的速度控制精度和同步性能对作业质量具有重要影响,可以通过传感器检测车轮转速,并实时调节液压泵和液压马达排量,实现车速的精确同步控制。

1.3.3 单泵-多液压马达行驶驱动方式

图 1-5 所示是无驱动桥的单泵-多液压马达驱动形式,主要用于全轮驱动,需要对速度无级调节的车辆,如全轮驱动的铣刨机、多轮驱动的运梁车等。这类车辆采用全轮驱动方式,

可提高地面附着力,改善牵引性能。单泵-多液压马达驱动形式允许车辆转弯时差速,采用电子防滑或强制分流方式同步后,能够实现所有车轮的转速同步,液压泵与液压马达之间的管路连接简化了机械结构的布局。

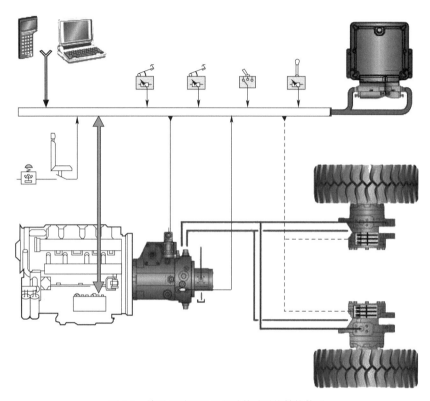

图 1-3 单泵-双液压马达行驶传动系统结构简图

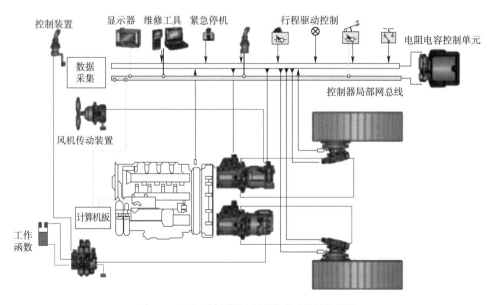

图 1-4 双泵-双液压马达行驶传动系统结构简图

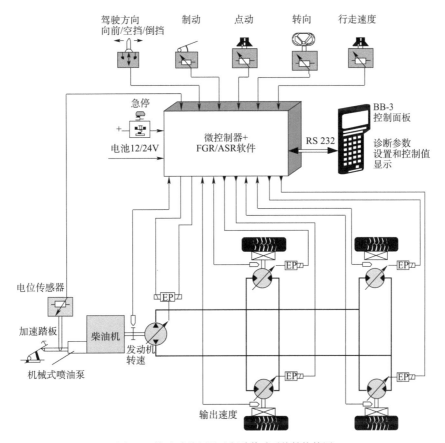

图1-5 单泵-多液压马达行驶传动系统结构简图

1.4 工程车辆液压驱动系统控制方法

传统的车辆行驶控制器称为"黑匣子",一方面由于它的壳体是黑色的,另一方面由于它的内部流程无法表达,只能看到输出对输入的反应。现代控制器软件是在计算机上用汇编语言或高级语言编制后,编译并"烧制"在储存组件可擦除的可编辑只读存储器(Electrical Programmable Read Only Memory,EPROM)上。

(1)极限负荷调节。

微控制器(MC)预设行驶速度,行驶阻力过大时,需要的驱动功率增加,使驱动液压马达过载,发动机熄火。MC 的极限负荷调节程序能防止上述现象发生。根据节气门电位器信号确定发动机转速特性曲线,当测得的发动机实际转速低于给定转速时,减小液压泵排量,增大液压马达排量。通过优化极限负载调节 PID(Proportional Integral Derivative)参数达到一个稳定的调节状态,在极限负荷调节时获得最佳牵引力。

(2)恒速传动。

在恒速行驶精度要求不高的情况下,利用软件、不附加测速传感器实现恒速传动,即液压泵排量的调节与节气门位置相对应。

(3)双履带同步回路。

履带式车辆的行走传动一般采用双液压回路。这种双回路传动的重要功能有如下。

①直线行走:车辆的精确直线行走通过测量两侧液压马达转速,进而调节闭式回路中泵和液压马达的排量进行控制。

②转向:转向信号通过电位器(如:转向盘、手柄或者双调节杆)传递给微控器。对应于转向给定信号,外侧液压回路变速比增大,内侧变速比减少,获得不同的履带速度。极限情况下可实现原地转向。

(4)抗滑转系统。

抗滑转系统是为避免多马达液压行走系统的驱动轮打滑专门研制的调节方法。可编程的转差率调节基于驱动轮和从动轮转速的持续测量和比较,识别出打滑现象时,减少发生滑转的液压马达的排量来减小驱动转矩,同时限制液压马达的最高转速,最终使发生滑转的液压马达的转速恢复到正常值。

第 2 章　电液控制系统基本理论

尽管电液控制系统的结构各异,功能也不相同,但都可归纳为由功能相同的基本单元组成,如图 2-1 所示。图中虚线所示为可能实现的检测与反馈环节,只有包含外反馈回路的控制系统的才称为闭环控制系统,如果仅存在比例阀本身的内反馈,虽然也可以构成局部小闭环控制,但一般不称为闭环控制系统。

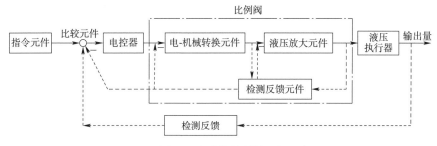

图 2-1　电液控制系统框图

组成电液控制系统的基本元件如下。

(1) 指令元件。

指令元件是给定信号产生与输入的元件,也可称为编程器或输入电路。在有反馈信号存在情况下,它给出与反馈信号相同形式和量级的控制信号。电位器或电位器组就是常见的指令元件之一,指令元件也可以是信号发生装置或程序控制器。指令信号可以手动设定或程序设定,最常见的是手动预置设定信号,运行时用程序选通。

(2) 比较元件。

比较元件的功能是将输入信号与反馈信号进行比较,得出偏差信号作为电控器的输入。进行比较的信号必须类型相同,比例电控器的输入量为电学量,反馈量也应转换成同类型的电信号。如遇到不同类型量作比较,在比较前要进行信号类型转换,例如 A/D 转换、D/A 转换或机-电转换等。

(3) 电控器。

电控器通常称作比例放大器。比例阀电磁铁的控制电流较大(0~800mA),而偏差控制电流较小,不足以驱动电磁铁工作,且偏差信号的类型或形状不一定满足高性能控制的要求。电控器的作用是对输入的偏差信号进行加工、整形和放大,达到电-机械转换装置控制的要求。

(4) 比例阀。

比例阀是整个系统的功率放大部分。比例阀内部又可分为电-机械转换元件及液压放大元件两部分,还可能带有阀内的检测反馈元件。电-机械转换元件是电液比例阀的接口元件,将经过放大的电信号转换成与其成比例的力或位移,改变液压放大级的控制液阻,经液压放大,将电气控制信号放大到足以驱动负载的液压信号。

(5)液压执行器。

液压执行器通常指液压缸或液压马达,是系统的输出装置,用于驱动负载。

(6)检测反馈元件。

闭环控制需要加入检测反馈元件,检测被控量或中间变量的实际值,得到系统的反馈信号。检测反馈元件有位移传感器、测速发电机等,检测元件往往又是信号转换器(例如机-电转换、机-液转换),用于满足比较的要求。由图2-1可知,检测元件有内环和外环之分,内环检测元件通常包含在比例阀内,用于改善比例阀的动、静态特性,外环检测元件直接检测被控量,用于提高整个系统的性能和控制精度。

电液控制系统最常用的是比例控制系统,它由电气信号处理部分与液压功率放大部分构成,可以组成开环或闭环系统。电气信号处理部分又分为输入电路单元、电控器单元和检测反馈单元。检测反馈单元分为两类:一类存在于电液比例控制器件内,一类存在于比例控制器件外的控制系统,用于检测和反馈实际输出值。一般闭环系统是指后一类。电液比例控制系统综合了电气和液压两方面的优点,控制精度高,满足大部分的工业应用,同时价格便宜、易维护。随着高性能比例阀和闭环比例阀的出现,比例控制将会在更多的应用中替代伺服控制。

(1)根据输入信号的类型和信号处理的方式,电液比例控制系统可分为模拟比例控制系统和数字比例控制系统。

(2)根据输入信号(指令)产生的方法,电液比例控制系统可分为手动比例控制系统、可编程比例控制系统及带反馈的自动程序比例控制系统。前两种通常为开环控制,后一种为闭环控制。开环控制性能达不到要求,或者对系统的调整不易实现时,可以考虑采用带反馈的闭环控制。

(3)根据被控的物理量,电液比例控制系统分可分为比例压力控制系统、比例速度控制系统、比例流量控制系统、比例位置控制系统、比例压力或力控制系统等。

(4)根据电液比例器件的工作方式,电液比例控制系统可分为比例节流控制系统和比例容积控制系统。前者用在较小功率的场合,后者用在大功率的场合。

除此之外,还有一些分类方法,例如按系统的工作性质可分为比例同步控制系统、比例顺序控制系统等。

2.1　电液比例控制系统

2.1.1　电液比例控制系统概述

2.1.1.1　电液比例控制系统的类型

按被控量是否被检测和反馈,电液比例控制系统可分为开环比例控制系统和闭环比例控制系统。比例阀是为低精度控制系统开发的产品,应用以开环控制为主。但随着整体式闭环比例阀的出现,其主要性能与伺服阀无异,因而采用闭环比例控制的场合也越来越多。

按控制信号的形式,电液比例控制系统可分为模拟式比例控制系统和数字式比例控制系统,后者又可分为脉宽调制、脉码调制和脉数调制等。

按比例元件的类型,电液比例控制系统可分为比例节流比例控制系统和比例容积比例控制系统。比例节流控制用于小功率系统,比例容积控制用于大功率系统。

最常用的分类方式是按被控对象(量或参数)对电液比例控制系统进行分类,可分为如下几类。

①比例流量控制系统;
②比例压力控制系统;
③比例流量压力控制系统;
④比例速度控制系统;
⑤比例位置控制系统;
⑥比例力控制系统;
⑦比例同步控制系统。

①~③项通常为开环控制系统,其余多为闭环控制系统。

2.1.1.2 电液比例阀系统的特点

电液比例阀(以下简称比例阀)是介于开关阀与伺服阀之间的一种液压元件。电液比例控制的主要优点是操作方便,容易实现遥控;自动化程度高,容易实现编程控制;动作平稳,控制精度高;结构简单,使用元件少,对污染不敏感,系统的节能效果好。电液比例控制的主要缺点是成本高,技术复杂。比例阀价格低廉、抗污染能力强,除控制精度及响应快速性不如伺服阀外,其他性能与伺服阀相当,动态性能、静态性能满足大多数工业应用要求。因此,比例阀的应用范围更为广泛。高精度、快速响应等高技术领域是伺服阀的传统市场,但现在闭环比例阀是一种新的选择。与传统的液压控制阀相比,虽然价格稍贵,但由于具有良好的控制性能而得到补偿。在控制复杂,特别是有高质量控制要求的领域,传统开关阀逐渐被比例阀或数字阀代替。四者特性的比较见表2-1。

电液比例元件和伺服、数字、开关元件的特性比较　　表2-1

特性	元件			
	开关阀	比例阀	伺服阀	数字阀
介质过滤精度(μm)	25	25	5	25
阀内压力损失(MPa)	0.5以下	0.5~2	7	0.5~2
控制功率(W)	15~40	10~25	0.05~5	5~10
频宽(Hz)	10以下	10~70	20~200	5
滞环(%)	—	3	0.1~0.5	—
重复精度(%)	—	0.5~1	0.5~1	<0.1
中位死区	有	有	无	有
温度漂移(%)(20~60℃)	—	5~8	2~3	2
价格比	1	3~5	10	3

此外,比例阀还可以具有流量、压力与方向三者之间的多种复合控制功能,使比例控制系统较开关控制系统性能更好,系统也更简单。

2.1.1.3 电液比例控制系统的概念

液压传动与控制中,能够接受模拟或数字信号,输出流量或压力连续成比例受到控制的系统,都可以称为电液比例控制系统。例如数字控制系统、脉宽调节(Pulse Width Modulation,PWM)控制系统以及一般意义上的电液比例控制系统。

虽然比例控制与伺服控制都可以用于开环和闭环系统,但目前前者主要用于开环控制,后者主要用于闭环控制。例如,比例阀可以把一个线性运动(手动或电磁铁驱动)转换成成比例的液压油流量或压力,转换常数取决于阀的几何尺寸及制造精度。闭环比例阀也可以用于外部反馈闭环系统。伺服控制装置总是带有内反馈,任何检测到的误差都会引起系统的状态改变,这种改变强迫误差为零。误差为零时,伺服系统处于平衡状态,直到检测出新的误差。比例控制装置是一种有确定增益的转换器。伺服控制系统中,平衡状态控制信号(误差)理论上为零,而比例控制系统误差永远不会为零。

比例控制系统中,主控制元件可以有无限种状态,对应于被控对象的无限种运动。而开关控制系统中,由于控制元件只有两种状态,即开启或关闭,要实现高质量的复杂控制,需要大量的元件,每个元件调整成其中某一状态,使受控对象按预定的顺序和要求动作。

实际工程应用中,由于大多数被控对象仅需要有限的几种状态,开关控制也有可取之处。开关元件简单可靠,不存在系统不稳定的情况,且可以由计算机输出的数字信号经放大后驱动开关元件,省去昂贵的数模转换元件,使电气控制变得简单。

模拟比例控制中,如果采用计算机进行控制,必须有 A/D 转换、D/A 转换接口元件,增大了成本和对使用者的要求。近年来,已开发出数字式比例元件,其输出量与输入脉冲数、脉宽或脉冲频率成比例,这类元件实质上是一种电液数模转换器。数字式比例元件的优点是抗污染能力强,滞后时间短,重复性好,能与计算机直接相联,它是电液比例技术的一个新领域。

2.1.2 电液比例控制系统工作原理及组成

图 2-2 所示为采用开关控制的液压传动系统,是一种常见的进口节流调速系统。电磁阀 1DT 通电时,液压油经换向阀左位进入液压缸无杆腔,速度由被选中的调速阀(由 3DT ~ nDT 是否通电决定)的开口面积决定。若要在循环中变换多级速度,调速阀数量与速度级数相同,速度可由调速阀的开口面积预置,速度换接可利用行程开关实现。2DT 通电时,液压缸快速返回,即该回路只能实现正向的有级调速。

能实现正反向无级调速的开环比例调速系统如图 2-3 所示。比例调速阀的输出流量与给定电压成正比,方向取决于 1DT 或 2DT 的通电状态。通过改变给定电压的大小,可以方便地实现无级调速。与图 2-2 所示开关控制系统相比,性能更好,但结构却大为简化。由图 2-3 可见,系统容易实现双向无级调速,且可以扩展到对多个执行器分别进行调速控制。如采用比例方向阀进行调速,系统可以更简化。

图 2-4 所示为闭环比例调速系统,是在开环控制的基础上增加速度反馈元件构成的。速度传感器产生与速度成正比的电信号,经匹配放大器放大后,与给定控制信号比较,得出偏差信号。偏差信号经功率放大后控制比例电磁铁 A 或 B,从而控制阀的开口量及方向,达到速度调节的目的。

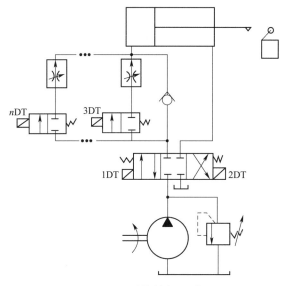

图 2-2 开关控制液压系统

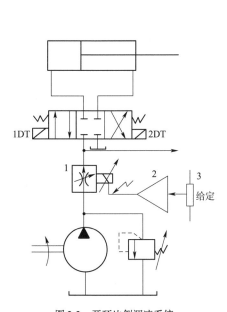

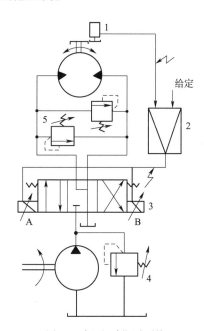

图 2-3 开环比例调速系统
1-比例调速阀；2-比例放大器；3-给定电位器

图 2-4 闭环比例调速系统
1-速度传感器；2-双通道比例放大器；3-比例方向阀；
4-溢流阀；5-限压阀

比较上述三种系统，开环比例控制液压系统由于不对被控制量进行检测和反馈，当被控量与期望值出现偏差时无法进行修正，称为开环控制系统。开环系统由于不存在信号和能量反馈，因而稳定性好，容易设计，是目前最常见的比例控制系统。这类系统一般控制精度不高，但与开关控制相比，控制质量和方式都有改进和简化，被控量能够复现控制信号的变化规律。

闭环比例调速系统引入了反馈回路，称为闭环控制系统。用被控量与输入量（给定量）

的偏差信号作为真正的控制信号,最后使输出量尽量与输入量一致。系统受到干扰时,仍能消除偏差或把偏差控制在要求的精度范围内。系统的输出能准确地复现输入信号的变化规律。由于反馈的存在,稳定性是设计中的主要考虑问题,特别是比例阀工作范围较大时,其非线性的影响不能忽略。

2.1.3 模拟式比例控制系统分析

模拟式比例控制系统是指电气信号处理部分,包括输入信号、输出信号和比较信号,都是用连续模拟量来处理的比例系统。相应地,输入信号及主要部分的信号是用数字量处理的称为数字比例系统。

模拟式比例控制系统的结构如图2-5所示,其中图2-5a)所示为开环控制,图2-5b)所示为闭环控制。两者的差别仅在电气部分,液压系统的结构完全一样。开环模拟比例控制系统也可能带有阀的内部检测和外反馈回路,如图中的虚线闭环所示。是否带有这种反馈取决于具体的阀,不带阀外反馈时,模拟量输入信号电压直接加到电控器,处理、整形并加以放大后,驱动比例阀。带有阀内反馈(最常见的是阀芯位置电反馈)时,模拟量输入信号与模拟量反馈信号相比较,比例放大器将模拟量偏差信号放大后,驱动比例阀。以上两种情况的差别在于使用的比例放大器上,后者带有反馈信号的放大和比较电路。

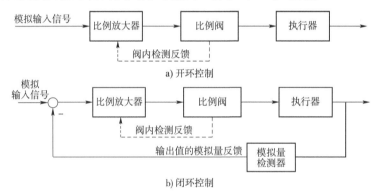

图2-5 模拟式比例控制系统框图

图2-5b)所示的闭环模拟比例控制系统是在开环比例控制系统的基础上增加对被控量的检测和反馈回路而构成的。与数字比例控制系统相比,模拟式控制无须A/D或D/A转换,系统抗脉冲性噪声能力强,但分辨率不容易提高。微小信号易受噪声和零漂的影响。

2.1.4 液压泵控系统分析

比例控制液压泵利用电-机械转换器和先导阀来操作变量机构,这不仅是操作方式的不同,更重要的是可以利用信号来实现功率协调或适应控制,对高压大功率系统的性能改进和节能都具有重要意义。

液压泵变量机构的基本作用是改变泵的排量,本质上是一个位置控制系统,变量活塞的位置和排量调节参数(柱塞泵的变量倾角、叶片泵的偏心距)一一对应。通常把变量泵的控制功能分为排量比例调节、流量比例调节、压力比例调节和功率比例调节四大类。

2.1.4.1 排量比例调节原理及特性

液压泵排量的调节原理如图2-6a)所示,控制压力p_c可以引自外控油源,也可以如图中引自泵的出口,经减压阀和比例压力阀串联油路的分压。后一种控制方式的输入信号是比例压力阀的控制电流,所以也称为电控比例变量泵,按控制原理可称为位移-力反馈排量调节泵,其排量和控制电流的比例关系如图2-6b)所示。通过写出变量机构的传递函数,可以得出泵的排量调节实际上是一个位置闭环控制系统。

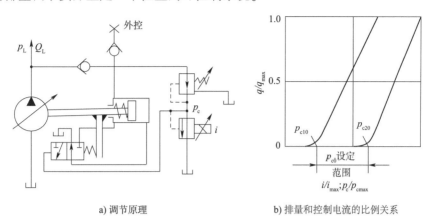

a) 调节原理　　　　　　b) 排量和控制电流的比例关系

图2-6　液压力控制的排量比例调节器原理及其特性

q/q_{max}-排量比;p_{c10}-排量调节器的工作压力点;p_{c20}-排量调节器的最大工作压力点;i/i_{max}-电流比;p_c/p_{cmax}-压力比

2.1.4.2　流量比例调节原理及特性

原动机转速改变和负载压力升高时,变量泵的流量不能保持恒定。以泵的输出流量为控制目标的变量泵,称为恒流量调节泵,如图2-7所示。利用比例控制元件实现上述目的时,除了泵输出与控制信号对应的恒定流量、流量与负载或转速无关外,还能通过信号调节使流量按一定规律变化,以适应负载速度控制的要求。图2-7a)是液压回路图,图2-7b)是比例阀流量 Q 与比例阀压力 P 的特性曲线图。

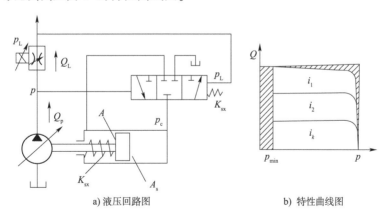

a) 液压回路图　　　　　　b) 特性曲线图

图2-7　流量比例调节泵原理及其特性

2.1.4.3　压力比例调节原理及特性

压力调节变量泵广泛应用于调压系统,特别是在很小流量下需要保压的系统。系统压力低于调定压力时,按定量泵工作,提供最大流量;系统压力达到调定压力时,按变量泵工作,流量随负载而变,出口压力与流量无关;系统压力高于调定压力时,泵的流量迅速下降,直至系统压力降至调定压力,达到新的平衡。采用压力调节变量泵有显著的节能效果。

采用先导压力控制的压力比例调节泵原理如图2-8所示。先导比例压力控制阀是一个中间放大环节,通过阀芯的压差—位移转换作用,将输出 p_c 和 Q_c 放大为能移动变量活塞的压力 p_x 和流量 Q_x。压力控制阀同时又是一个检测反馈元件,阀芯的力平衡条件形成被控参数 p 的反馈闭环,得到比较理想的压力调节特性。图2-8b)中控制特性 a 段的斜率取决于泵的容积效率,此时,压力控制阀尚无反馈作用。

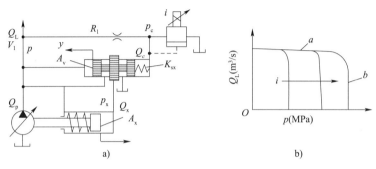

图2-8 压力比例调节原理及其特性

2.1.4.4 功率比例调节原理及特性

功率调节变量泵能充分利用原动机的功率,使原动机在高效区运转。泵的输入功率为:

$$N = \frac{pQ}{60\eta} \tag{2-1}$$

式中:N——输入功率,kW;
p——泵出口压力,MPa;
Q——泵输出流量,L/min;
η——泵的总效率。

若要求 N 为常数,Q 应随 p 变化而变化,且呈双曲线关系,即为理想的恒功率调节。但仅依靠弹簧调节泵的排量,只能得到近似双曲线折线形状的 p-Q 调节特性,如图2-9所示。

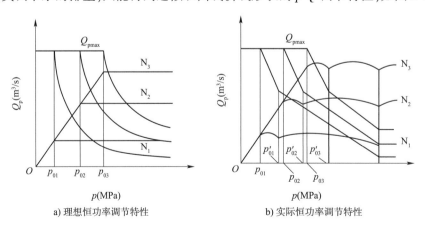

a) 理想恒功率调节特性   b) 实际恒功率调节特性

图2-9 功率调节变量泵特性

带压力和位置反馈的恒功率调节原理如图2-10所示。

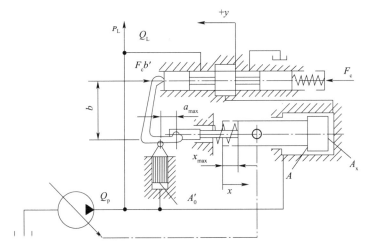

图 2-10　带压力和位置反馈的恒功率调节原理

系统压力 p 通过一面积为 A_0' 的活塞作用于角形杠杆，其施力点即杠杆的铰支点。先导阀芯在调定的输入信号驱动下，对杠杆产生一力矩 $F_c b$。因 b 为定值，当输入信号给定后，此力矩亦为定值，杠杆的另一力臂 a 随变量活塞位移 x 而变化。于是，稳态工况下杠杆的平衡条件为：

$$F_c b = A_0 p_i a_i = 常数 \tag{2-2}$$

由于 a_i 反映了变量活塞的位置（亦即泵的排量），故式（2-1）表示压力排量的双曲线关系。假定控制压力由电液比例压力阀提供，若控制电流为 i，则相应的控制力为 F_{c0}。当变量活塞处于最大倾角位置，即排量最大时，即 $x = x_{max}$ 和 $a = a_{max}$ 时，则有：

$$p_0 = \frac{F_{c0} b}{A_0 a_{max}} \tag{2-3}$$

p_0 是对应于 i_0 的预调功率曲线在最大排量（泵的转速不变时即最大流量）时的起调工作压力。系统压力 $p < p_0$，流量为最大；系统压力 $p > p_0$，流量按双曲线规律下降。给定不同的控制电流值，即可获得不同功率的等功率调节特性。

2.1.4.5　复合比例控制变量特性

具有多种控制功能的复合比例控制变量泵充分利用了电液控制的优点，对大功率电液系统的控制具有十分重要的意义。这类泵只要设定先导级输入信号，即可实现压力调节、排量（或流量）调节和功率调节。表 2-2 所示为复合比例控制可以实现的输出特性。

复合比例控制输出特性　　　　　　　　表 2-2

p-Q	$p_L < p_N$，流量调节； $p_L \geqslant p_N$，压力调节	

续上表

p-N	$p_L < p_N$,功率调节; $p_L \geqslant p_N$,压力调节	
Q-N	$p_L < p_0$,流量调节; $p_L > p_0$,功率调节	
p-Q-N	$p_L < p_0$,流量调节; $p_0 < p_L < p_N$,功率调节; $p_L > p_N$,压力调节	

复合比例控制按照被控参数的反馈方式可分为两类。第一类是液压-机械反馈方式,将压力调节和流量调节两种比例控制先导级同时叠加在泵上,作为中间放大级的恒压阀和恒流量阀,可以共用一个阀,也可以是分列的两个阀;第二类是电反馈方式,如变量活塞位移或轴向柱塞泵的缸体倾角、泵的出口压力或流量的电反馈等。这类泵需要设置一个比例控制先导级,通常是三位三通(单向变量用)或三位四通(双向变量用)电液比例阀。

2.2 电液位置伺服系统的分析与校正

2.2.1 电液位置伺服控制系统分析

电液伺服控制系统将电子和液压有机地结合起来,具有快速易调和高精度响应能力,应用广泛,如飞机与船舶的舵机控制、火炮的瞄准、雷达天线的跟踪控制、轧钢钢板厚度和带材跑偏控制、数控机床的定位及加工轨迹控制、模拟振动试验台位移控制等。

电液伺服系统的动力执行元件分为阀控式或泵控式两种基本类型。根据输入装置指令信号和检测装置反馈信号的不同,电液伺服控制系统主要分为模拟伺服控制系统、数字伺服控制系统和数模混合伺服控制系统几种类型。

模拟伺服控制系统是指输入量为模拟电信号,检测反馈量也是模拟电信号的控制系统。例如,采用自整角机或旋转变压器作为指令装置和位置反馈测量装置时,就构成了模拟电液位置伺服系统(图2-11)。

数字伺服控制系统由计算机向系统输入数字指令脉冲信号,通过数字阀控制电液步进马达或电液步进液压缸,系统输出通过编码器(一种数字检测装置)检测并反馈到输入端。其中的数字阀可以是数字流量阀,也可以是数字方向阀。

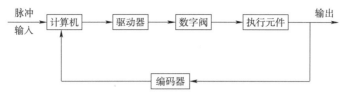

图2-11　全数字闭环伺服控制系统

由普通模拟量伺服阀组成的数模混合系统如图2-12所示。这类由计算机控制的数模混合系统,也称为采样数据控制系统。由于计算机只能处理和接受数字量,而液压动力元件是模拟式的,所以系统中必须有数模转换以及接口装置,指令、反馈、比较、放大和校正等功能都由计算机来完成。其中,校正装置只是计算机的一个软件程序,改变控制规律非常方便。

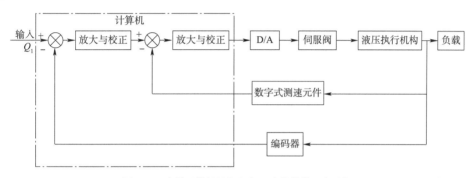

图2-12　由普通模拟量伺服阀组成的数模混合系统

模拟伺服控制系统抗干扰能力强,重复精度高,响应速度快,但分辨能力(灵敏度)低,即绝对精度低。模拟式检测装置的精度受制造能力的限制,一般不如数字式检测装置精度高,且模拟伺服控制系统的精度还受噪声和零漂的影响,当输入信号小于或接近折合到输入端的噪声和零漂时,系统就不能进行有效控制了。数字伺服控制系统的输入信号是很强的脉冲电压,受模拟量噪声和零漂的影响小,其精度取决于脉冲当量,脉冲当量越小,精度越高,但由于计算机控制系统的采样频率较低,动态响应的快速性往往不如模拟伺服控制系统。

2.2.1.1　电液位置控制系统分析

尽管模拟位置伺服控制系统的结构形式多样,但它们之间有许多共同之处。除液压执行元件外,指令输入检测反馈元件,甚至电液伺服阀都可以看成比例环节。因此,系统框图都可以简化成图2-13所示的形式。

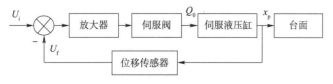

图2-13　控制结构框图

各环节的传递特性如下:
(1)放大器:作比例环节,增益为k_1。
(2)伺服阀:视系统频宽及伺服阀频宽而定。基本分析时,可作为比例环节,增益为k_{sv}。
(3)位移传感器:作比例环节,增益为k_f。
(4)伺服液压缸:设为纯惯性负载,并考虑外部干扰力。不计结构柔度的影响,阀控缸的动态特性为比例积分和二阶振荡特性,以流量Q_0为输入,位移x_p为输出,则系统的传递函数为:

$$x_p = \frac{\dfrac{Q_0}{A_p} - \dfrac{k_{ce}}{A_p^2}\left(\dfrac{V_t}{4\beta_e k_{ce}}S + 1\right)F_L}{S\left(\dfrac{S^2}{\omega_h^2} + \dfrac{2\xi_h}{\omega_h}S + 1\right)} \quad (2\text{-}4)$$

式中:Q_0——伺服阀输出的空载流量;
A_p——活塞的有效面积;
k_{ce}——总的流量-压力系数;
V_t——两个油腔的总容积;
β_e——系统综合弹性模量,包括液体及结构刚度影响;
F_L——作用在活塞上的任意负载力;
ω_h——液压固有频率;
ξ_h——液压阻尼比;
S——传递函数变量。

在已知各部分传递特性的基础上,可以构成系统的方块图,如图 2-14 所示。

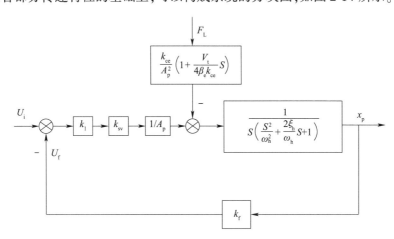

图 2-14 电液位置伺服系统方块图

2.2.1.2 电液伺服控制系统分析

由图 2-14 所示方块图可求得系统的开环传递函数为:

$$G(S) = \frac{k_v}{S\left(\dfrac{S^2}{\omega_h^2} + \dfrac{2\xi_h}{\omega_h}S + 1\right)} \quad (2\text{-}5)$$

式中：k_v——开环放大系数，$k_v = k_1 k_{sv} k_f / A_p$。

该类系统的稳定性判据为：

$$\frac{k_v}{\omega_h} 2\xi_h \tag{2-6}$$

系统的闭环传递函数为：

$$\frac{x_p}{U_i} = \frac{1}{\left(\dfrac{S}{\omega_b}+1\right)\left(\dfrac{S^2}{\omega_{nc}^2}+\dfrac{2\xi_{nc}}{\omega_{nc}}S+1\right)} \tag{2-7}$$

闭环参数 $\omega_b \approx k_v$，$\omega_{nc} \approx \omega_h$，$\xi_{nc} \approx \xi_h - \dfrac{1}{2}\left(\dfrac{k_v}{\omega_h}\right)$，再通过尼奎斯特图，求得系统的闭环频率特性曲线，从而得出系统的频宽、谐振峰值 M_r 和谐振频率 ω_r 等响应特性参数。

系统的稳态误差（包括速度误差、负载误差等）、伺服放大器零漂、伺服阀零漂、死区所引起的位置误差以及静摩擦力引起的位置误差等，通过逐一分析计算，进行线性叠加，可以得出系统的总静态误差。

以上讨论是针对未加校正的典型位置伺服系统，这种系统的主要特点是液压动力执行元件的特性决定着系统的整体性能，其固有部分由一个积分环节和一个振荡环节串联而成。振荡环节的阻尼比随工作点的变动而变化范围很大，系统的开环增益 k_v 也因阀的流量增益 k_{sv} 变化而变动，因而造成开环频率特性的变动。阀在零区附近时 ξ_h 最小，所以位置伺服系统通常以零区为设计工况。由于 ξ_h 比较小，为保证足够的幅值稳定裕量，不得不把增益和穿越频率压得很低。也由于 ξ_h 较小时，闭环幅频特性在转折频率 ω_b 附近已下降到接近 $-3dB$，因此，系统频宽只能达到 ω_b 附近。而 $\omega_b < \omega_{nc}$，故系统的频宽小于闭环固有频率。由于系统的液压刚度很大，干扰信号引起的误差比较小，因此，负载扰动的影响相对较弱，即负载误差小。但由于不加校正，系统的开环增益难以增大，所以系统的跟随误差大。通过分析可知，当靠调整动力元件参数难以达到系统性能要求时，就要对系统进行校正。高性能的电液伺服系统一般都要加校正装置，电液伺服系统校正方便也是它的优点。

控制论中经常采用的滞后校正、超前校正、滞后-超前校正等在电液位置伺服系统的校正方面都适用。

2.2.2 位置伺服控制系统校正

带有不同反馈的位置伺服控制系统框图如图2-15所示。

2.2.2.1 速度反馈环节校正

速度反馈回路采用速度传感器测取输出速度信号，反馈到伺服放大器，构成速度负反馈，该回路包含了伺服放大器、伺服阀及执行元件等环节（图2-15a）。

设放大器及伺服阀均为比例环节，增益分别为 k_a 和 k_{sv}，则速度反馈回路的闭环传递函数为：

$$\Phi_v(S) = \frac{\dfrac{k_a k_{sv}}{A_p}}{S\left(\dfrac{S^2}{\omega_h^2}+\dfrac{2\xi_{hv}}{\omega_h}S+1+\dfrac{k_a k_{sv} k_{fv}+1}{A_p}\right)} \tag{2-8}$$

式中：ξ_{hv}——阻尼比；

k_{fv}——速度反馈放大倍数。

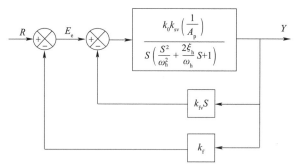

a) 带有速度反馈的系统方块图

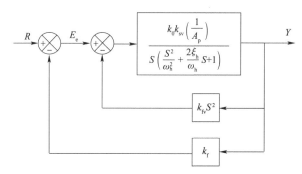

b) 带有加速度反馈的系统方块图

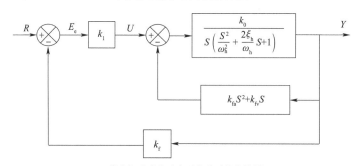

c) 带有加速度和速度反馈的系统方块图

图 2-15 带有不同反馈的位置伺服控制系统方块图

R-信号输入；E_e-R 经反馈后的信号；U-E_e 增益后的信号；Y-输出；k_f-增益因子

式(2-8)可以写成：

$$\Phi_v(S) = \frac{k_v'}{S\left(\dfrac{S^2}{\omega_{hv}^2} + \dfrac{2\xi_{hv}}{\omega_{hv}}S + 1\right)} \tag{2-9}$$

$$k_v' = \frac{\dfrac{k_a k_{sv}}{A_p}}{\dfrac{k_a k_{sv} k_{fv}}{A_p} + 1} \tag{2-10}$$

$$\omega_{hv} = \omega_h \sqrt{\frac{k_a k_{sv} k_{fv}}{A_p} + 1} \tag{2-11}$$

$$\xi_{hv} = \frac{\xi_h}{\sqrt{\dfrac{k_a k_{sv} k_{fv}}{A_p} + 1}} \tag{2-12}$$

由式(2-10)~式(2-12)可以看出,速度反馈使固有频率增加了,但却使开环增益和阻尼比减小了,尤其是阻尼比的降低,使原本就是弱阻尼的系统性能难以改善。但速度反馈使固有频率增加,对提高系统性能是有利的。另外,速度反馈回路包围了伺服阀、伺服液压缸等元件,由于速度反馈回路的增益,能减小伺服阀零漂及负载扰动引起的位置误差。将速度闭环内各元件的零漂折算到伺服阀输入端,以零漂电流 ΔI 表示,由此引起的静态误差为:

$$e_{sv} = \frac{\dfrac{\Delta I k_{sv}}{A_p}}{1 + \dfrac{k_{sv} k_a k_{fv}}{A_p}} \approx \frac{\Delta I}{k_a k_{fv}} \tag{2-13}$$

假定负载力扰动为 ΔF_L,由此引起的静态误差为:

$$e_{sL} = \frac{k_{ce}}{A_p^2} \frac{\Delta F_L}{1 + \dfrac{k_{sv} k_a k_{fv}}{A_p}} \approx \frac{k_{ce}}{A_p} \frac{\Delta F_L}{k_a k_{sv} k_{fv}} \tag{2-14}$$

由式(2-13)、式(2-14)可以看出,零漂误差和负载误差被速度回路削弱而减小了 $\left(1 + \dfrac{k_{sv} k_a k_{fv}}{A_p}\right)$ 倍。可见,速度负反馈的引入,相当于增加了系统的刚度,有利于改善系统性能。

2.2.2.2 加速度反馈环节校正

加速度反馈回路采用加速度计测取加速度信号,反馈到伺服阀的输入端,构成加速度负反馈(图2-15b)。加速度负反馈回路的闭环传递函数为:

$$\Phi_a(S) = \frac{k_0}{S\left(\dfrac{S^2}{\omega_h^2} + \dfrac{2\xi_{ha}}{\omega_h}S + 1\right)} \tag{2-15}$$

式中:k_0——加速度反馈回路增益,$k_0 = \dfrac{k_a k_{sv}}{A_p}$;

ξ_{ha}——加速度反馈回路阻尼比。

$$\xi_{ha} = \xi_h + k_a k_{fa} \frac{\omega_h}{2} \tag{2-16}$$

可见,经加速度反馈校正后,系统的增益和固有频率不变,仅阻尼比增大了。这样,在保证内部回路稳定的前提下,通过调整系统 k_a 可以获得所需要的阻尼比。对于弱阻尼的电液伺服系统来说,采用加速度负反馈校正能够提高阻尼比,是非常好的校正方法。

2.2.2.3 速度和加速度双反馈环节校正

同时采用速度和加速度反馈校正的系统方块图如图2-15c)所示。

其内部小闭环回路的闭环传递函数为:

$$\frac{Y}{U} = \frac{\dfrac{k_0}{1 + k_0 k_{sv}}}{S\left(\dfrac{S^2}{\omega_h^2} + \dfrac{2\xi_h}{\omega_h}S + 1\right)} \tag{2-17}$$

$$\omega_0 = \omega_h \sqrt{1 + k_0 k_{fv}} \qquad (2\text{-}18)$$

$$\xi_0 = \frac{\xi_{ha}}{\sqrt{1 + k_0 k_{fv}}} \qquad (2\text{-}19)$$

由上述各式可见,加速度反馈提高系统的阻尼,速度反馈提高固有频率,但却降低增益和阻尼。通过前置放大器的增益 k_1,可以把降低的增益提高,且调到合适的数值。合适的阻尼比是通过调整加速度反馈系数得到的。应当指出,速度和加速度负反馈能够提高系统的固有频率和阻尼比,但并不是可以没有限度地任意调节。图 2-15 可改画成图 2-16 所示的状态变量反馈形式。考虑伺服阀、伺服放大器和传感器等环节的动态特性时,实际系统是高阶的,为确保稳定性,系统固有频率和阻尼比的提高是有限度的。高阶系统内部回路的开环传递函数可表示为:

$$G(s) = \frac{k_0 k_{fv} \left(\frac{k_{fa}}{k_{fv}} S + 1 \right)}{(S+1)\left(\frac{S}{\omega_f}+1\right)\left(\frac{S^2}{\omega_{sv}^2}+\frac{2\xi_{sv}}{\omega_{sv}}S+1\right)\left(\frac{S^2}{\omega_h^2}+\frac{2\xi_h}{\omega_h}S+1\right)} \qquad (2\text{-}20)$$

式中:ω_h、ω_f、ω_{sv}——放大器、加速度传感器和伺服阀的转折频率。

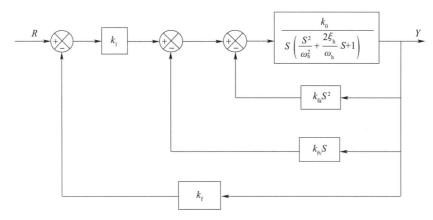

图 2-16 位置伺服系统的状态反馈方块图

带速度和加速度反馈回路的位置伺服系统的开环频率特性如图 2-17 所示。需要说明的是,因为放大器的转折频率 ω_a 和加速度传感器的转折频率 ω_f 往往很高,所以,图中未画这两个环节的频率特性。相对比较,伺服阀的转折频率 ω_{sv} 比 ω_a 和 ω_f 要小,其特性的影响表示在图中。图 2-17a)所示为 $k_{fv}/k_{fa} < \omega_h$ 时的幅频渐近特性。

当 ω_c 处的斜率为 -20dB/dec 时,内部回路稳定。若 k_0 或 k_{fv} 增大,曲线抬高,ω_c 增大。当 $\omega > \omega_{sv}$ 时,曲线将以 -60dB/dec 的斜率穿越零分贝线,内部回路变得不稳定。

增大 k_{fv},且 $k_{fv}/k_{fa} > \omega_h$ 时,频率特性变为图 2-17b)所示特性。当 k_{fv} 大到曲线以 -40dB/dec 的斜率穿越零分贝线时,随着 k_{fv} 的继续增大,ω_c 增大,当 $\omega > \omega_{sv}$ 时,就以 -80dB/dec 的斜率穿越零分贝线,系统变得不稳定。

所以,伺服阀等环节的频宽是速度和加速度反馈校正的限制条件。经反馈校正所能提高的固有频率和阻尼比的幅度,由伺服阀固有频率 ω_{sv} 和液压固有频率 ω_h 间的差距决定。

图 2-17 中,$\omega_h = 139 \text{rad/s}$,$\omega_{sv} = 628 \text{rad/s}$,而 $\omega_a = 2512 \text{rad/s}$,$\omega_f = 2826 \text{rad/s}$,受横坐标的限制,图中没有表示出来。即系统特性主要受动力执行元件和伺服阀特性的影响,伺服放大

器和传感器往往可以作比例环节来处理。

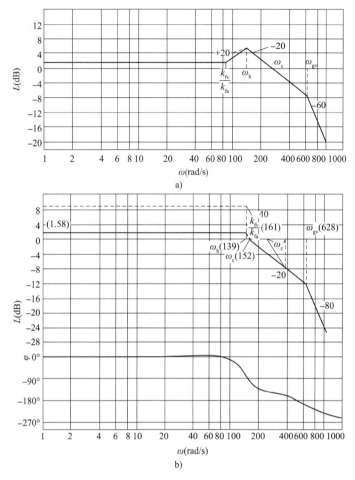

图 2-17 内部回路的开环波德图

2.2.2.4 压力反馈和动压力反馈双环节校正

(1) 压力反馈校正。

带压力反馈校正的电液伺服阀系统原理图如图 2-18 所示。图中液压缸的负载压差 p_L 采用压差或压力传感器测取,反馈到伺服阀的输入端,构成压力反馈。

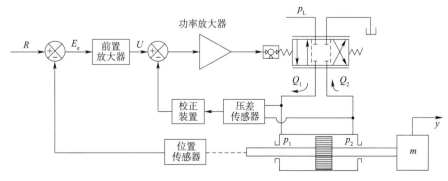

图 2-18 带压力反馈校正电液伺服阀系统原理图

① 压力反馈的作用。

假设无弹性负载,放大器、传感器和伺服阀均设为比例环节,由图 2-18 所示阀控缸的传递特性可画出图 2-19 所示的系统方块图。

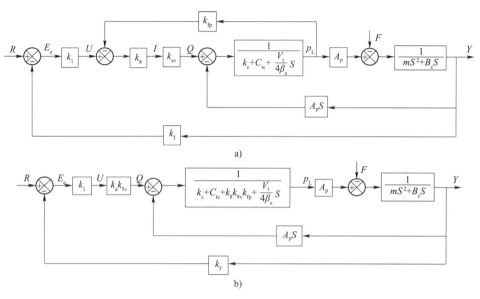

图 2-19 带压力反馈系统方块图

R-信号输入;E_e-R 经反馈后的信号;U-E_e 增益后的信号;I-U 经反馈后增益的信号;Q-U 经增益后的信号;Y-输出

由图 2-19b)可见,压力反馈产生附加的流量-压力系数,其值为 $k_a k_{sv} k_{fp}$(k_a 为压力系数;k_{sv} 为流量压力系数;k_{fp} 为流量系数)。它对稳定性的影响与阀的开口及液压缸泄漏是一样的,但却避免了引起效率下降和受温度影响等弊病。因此,压力反馈是提高和产生恒定阻尼的好办法。特别地,压力反馈是电液伺服系统中很容易实现的一种方法。

② 带压力反馈系统的传递函数。

由图 2-19b)可以得到系统开环传递函数的各个参数,其中用 $(k_{ce} + k_a k_{fp} k_{sv})$ 代替 k'_{ce},并忽略 $B_c k_{ce}/A_p^2$ 项(B_c 为黏阻系数)。为便于建立传递函数,将图 2-19 等效成图 2-20。

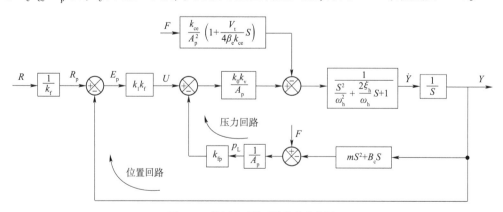

图 2-20 带压力反馈系统简化方块图

由图 2-20 可求出压力内环的闭环传递函数为:

$$\frac{Y}{U} = \frac{\dfrac{k_0}{1 + \dfrac{B_c k_0 k_{fp}}{A_p}}}{S\left(\dfrac{S^2}{\omega_h'^2} + \dfrac{2\xi_h'}{\omega_h'}S + 1\right)} \tag{2-21}$$

$$k_0 = \frac{k_a k_{sv}}{A_p} \tag{2-22}$$

$$\omega_h' = \omega_h \sqrt{1 + \frac{B_c k_a k_{sv} k_{fp}}{A_p^2}} \tag{2-23}$$

$$\xi_h' = \frac{\left(\xi_h + \dfrac{k_a k_{sv} k_{fp} m \omega_h}{2A_p^2}\right)}{\sqrt{1 + \dfrac{B_c k_a k_{sv} k_{fp}}{A_p^2}}} \approx \xi_h + \frac{k_a k_{sv} k_{fp} m \omega_h}{2A_p^2} \tag{2-24}$$

位置环的开环传递函数为:

$$\frac{Y}{E_p} = \frac{k_v'}{S\left(\dfrac{S^2}{\omega_h'^2} + \dfrac{2\xi_h'}{\omega_h'}S + 1\right)} \tag{2-25}$$

$$k_v' = \frac{k_1 k_f k_0}{1 + \dfrac{B_c k_0 k_{fp}}{A_p}} + \frac{k_1 k_f k_a k_{sv}}{A_p\left(1 + \dfrac{B_c k_a k_{sv} k_{fp}}{A_p^2}\right)} \tag{2-26}$$

同理可求得系统对干扰力 F 的开环传递函数为:

$$\frac{Y}{F} = \frac{-\dfrac{k_{ce}'}{A_p^2\left(1 + \dfrac{B_c k_a k_{sv} k_{fp}}{A_p^2}\right)}\left(1 + \dfrac{S}{\omega_1'}\right)}{S\left(\dfrac{S^2}{\omega_h'^2} + \dfrac{2\xi_h'}{\omega_h'}S + 1\right)} \tag{2-27}$$

$$k_{ce}' = k_{ce} + k_a k_{sv} k_{fp} \tag{2-28}$$

$$\omega_1' = \frac{4\beta_e k_{ce}'}{V_t} \tag{2-29}$$

式中:β_e——油液的弹性容积模量。

(2)压力反馈校正的优缺点。

压力反馈校正的优点是阻尼比明显提高,液压固有频率有所提高;缺点是开环增益稍有降低,开环和闭环刚度降低,干扰力误差增加。

2.2.2.5 动压反馈单环节校正

为弥补压力反馈校正的缺点,可采用动压反馈校正方法,将压力传感器的放大器换成微分放大器,微分放大器的传递函数为:

$$G_{fp}(S) = \frac{T_p S}{T_p S + 1} \tag{2-30}$$

式中:T_p——时间常数。

压力信号经微分校正装置输出给伺服阀,构成动压反馈,如图 2-21 所示。

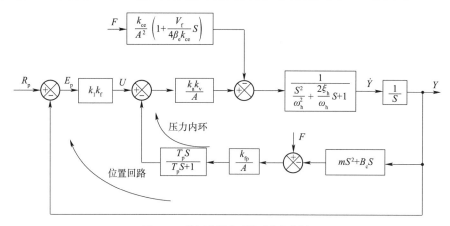

图 2-21 带压力微分反馈系统方块图

这样位置环的开环传递函数为:

$$\frac{Y}{E_p} = \frac{k''_v}{S\left(\dfrac{S^2}{\omega''^2_h} + \dfrac{2\xi''_h}{\omega''_h}S + 1\right)} \quad (2-31)$$

$$\left.\begin{array}{l} k''_v = k_v \\ \omega''_h = \omega_h \\ \xi''_h = \xi_h + \dfrac{k_a k_{sv} k_{fp} m \omega_h}{2A^2_p} \approx \xi'_h \end{array}\right\} \quad (2-32)$$

对 F 的开环传递函数为:

$$\frac{Y}{F} = \frac{\dfrac{k''_{ce}}{A^2_p}\left(1 + \dfrac{S}{\omega''_1}\right)}{S\left(\dfrac{S^2}{\omega''^2_h} + \dfrac{2\xi''_h}{\omega''_h}S + 1\right)} \quad (2-33)$$

$$\left.\begin{array}{l} k''_{ce} = k_{ce} \\ \omega''_1 = \omega'_1 \end{array}\right\} \quad (2-34)$$

比较上述有关公式可以看出,引入动压反馈校正后,系统的阻尼比能够提高,因为频率和开环增益不变,系统刚度不变,所以,系统的稳态误差特性不会变差。

2.3 电液速度伺服控制系统的分析与校正

速度控制系统也是工程中常用的一类控制系统,如炮塔、雷达天线、转台、平台等装备中的速度控制,邮件自动分拣机的传送带以及机床进给装置的速度控制等。这些系统的输出量是速度,输入及反馈信号也都是速度信号,形成一个闭环速度控制系统,如图 2-22 所示。如 2.2 节所述,速度回路也可以作为一个校正环节引入位置控制系统中,以提高系统的固有频率,改善系统性能。

第2章 电液控制系统基本理论

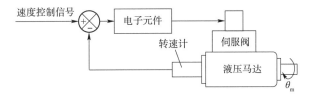

图 2-22 速度控制回路原理图

2.3.1 电液伺服速度控制系统分析

2.3.1.1 闭环阀控液压马达速度伺服系统

图 2-23 为闭环阀控液压马达速度伺服系统原理方框图,这种系统频响快,但效率低,往往用于中小功率速度控制。

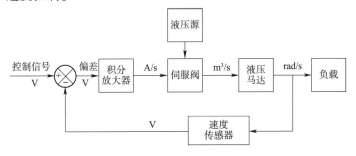

图 2-23 控制系统原理方框图

2.3.1.2 开环泵控液压马达速度伺服系统

图 2-24 为开环泵控液压马达速度伺服系统原理方框图。用伺服变量泵直接控制液压马达,通过改变泵的斜盘倾角来控制供给液压马达的流量,以此来调节液压马达的旋转速度。这种方式的缺点是只有轴向柱塞泵斜盘倾角的位置反馈,没有速度闭环,所以受负载、油温等变化的影响,难以获得准确的速度控制。

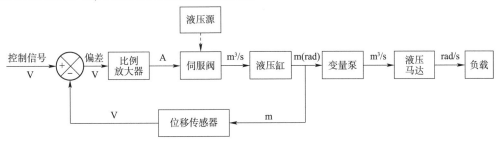

图 2-24 开环速度控制系统原理方框图

2.3.1.3 位置和速度双闭环速度伺服系统

图 2-25 为位置和速度双闭环速度伺服系统原理方框图。它保留了两种控制方式的特点,泵的输出流量精确,同时加了速度闭环,使液压马达的输出转速得以准确控制。

2.3.1.4 有速度闭环无位置闭环的速度伺服系统

图 2-26 为有速度闭环无位置闭环的速度伺服系统原理方框图。图中去掉了轴向柱塞

泵的斜盘倾角位置控制回路,只保留了液压马达速度信号的反馈回路。由于液压缸的积分作用,系统中已包含一个积分环节,故不用积分放大器而仅用比例放大器。

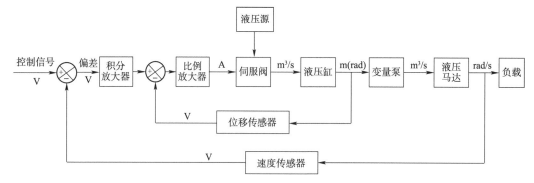

图 2-25 双闭环速度控制系统原理方框图

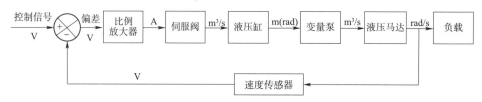

图 2-26 无位置闭环的速度控制系统原理方框图

上述多种速度控制方式的采用,视功率大小而定,一般在小功率控制时,采用伺服阀与液压马达的组合;对于大功率的控制系统,采用变量泵与液压马达的组合。

2.3.2 电液伺服速度控制系统校正

2.3.2.1 速度控制系统的方块图、传递函数和波德图

图 2-27 是常用的一种速度控制系统,假定液压马达轴上承受简单的惯性负载。这是一个零型系统,其开环传递函数为:

$$G(S) = \frac{k_0}{\dfrac{S^2}{\omega_h^2} + \dfrac{2\xi_h}{\omega_h}S + 1} \tag{2-35}$$

式中:k_0——系统开环增益,$k_0 = k_a k_{sv} k_f / D_m$;

D_m——外部或主要干扰对系统的影响。

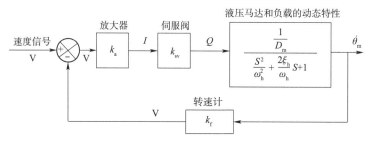

图 2-27 速度控制系统方块图

未校正的速度控制系统波德图如图 2-28 所示。开环穿越频率 ω_c 处的斜率为 $-40\mathrm{dB/dec}$，因此相位裕量很小；若考虑伺服阀动态特性的影响，穿越频率 ω_c 处的斜率变成 $-60\mathrm{dB/dec}$ 或 $-80\mathrm{dB/dec}$，系统应变得不稳定。因此，速度控制系统必须加校正装置才能稳定工作。

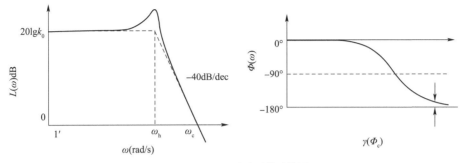

图 2-28　未校正速度系统波德图

2.3.2.2　速度控制系统的校正

一种简单实用的校正方法是在前向通路的电子控制部分增加 RC 滞后网络，如图 2-29 所示。校正后的系统方块图和开环波德图分别如图 2-30、图 2-31 所示。

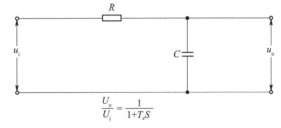

图 2-29　RC 滞后网络

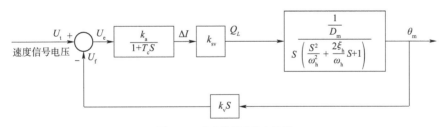

图 2-30　速度控制系统方块图

从图 2-31 中可以看出，校正后穿越频率处的斜率为 $-20\mathrm{dB/dec}$，并有足够大的相位裕量。为此应满足：

$$\omega_c < 2\xi_h \omega_h = (0.2 \sim 0.4)\omega_h \tag{2-36}$$

可见，校正后的开环穿越频率比校正前的穿越频率低得多。另外，校正后的系统仍是 0 型有差系统。为了提高系统精度，宜采用积分放大器校正，使系统变成 Ⅰ 型无差系统。系统方块图和开环波德图分别如图 2-32、图 2-33 所示。

采用积分校正的速度控制系统方块图和波德图与校正前的位置伺服系统方块图和波德图相似，只是用速度传感器代替位置传感器。另外，积分环节的位置不一样，位置伺服系统对给定输入信号是 Ⅰ 型的，而速度控制系统对给定输入信号和负载力矩干扰信号也是 Ⅰ 型的。因此，校正后的速度控制系统对阶跃速度输入和阶跃负载力矩干扰都是无差的。与位

置伺服系统类似,由等速变化引起的转速误差为:

$$e_{\infty v} = -\Delta \dot{\theta}_{mv} = \frac{\ddot{\theta}_m}{k_0} \tag{2-37}$$

式中:$\ddot{\theta}_m$——等角加速度,即角速度变化率。

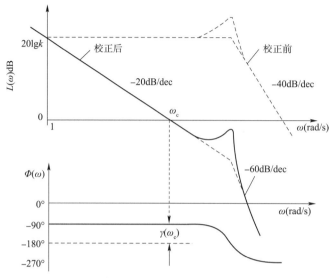

图 2-31　采用有源校正时速度控制系统的波德图

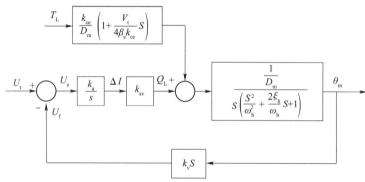

图 2-32　采用积分校正的速度控制系统方块图

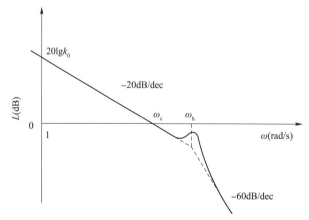

图 2-33　采用积分校正的速度控制系统波德图

由等速负载力矩变化引起的转速误差为：

$$e_{\infty L} = -\Delta\infty_{mL} = \frac{k_{ce}\dot{T}_L}{D_m^2 k_0} \qquad (2\text{-}38)$$

式中：$\dot{T}_L$——负载力矩变化速率。

2.4　电液比例放大器与PID控制方法

比例放大器是一种专用的电子装置，用来为比例阀电磁铁提供特定波形的控制电流，并对整个比例阀或系统进行开环或闭环控制。所以，比例放大器应具有相应的功能和适应能力，以满足使用上的需要。

2.4.1　电液比例放大器的分类及基本要求

可以从不同的角度对比例放大器进行分类。按适应性可分为通用比例放大器和专用比例放大器。按输出控制电流的数量可分为单通道和双通道比例放大器，单通道比例放大器用于控制单电磁铁比例元件，如比例压力阀或流量阀等；双通道比例放大器主要用于三位四通比例方向阀的控制。按比例电磁铁的类型不同可分为力控制型和行程控制型，两者的差别是后者有位置反馈通道。另外，还可以按是否有反馈通道，分为开环控制和闭环控制比例放大器；按功率放大级分为连续电压控制式和脉宽调制（PWM）式比例放大器。

液压比例电磁铁常用放大器的基本技术要求如下：
(1) 供电电压：直流24V±10%（未稳压）；
(2) 最大输出电流：800～1200mA；
(3) 初始电流：0～300mA，连续可调；
(4) 控制通道：单通道或双通道；
(5) 控制电路电压：±7.5V 或 ±9V；
(6) 功放末级电压：±24V±10%；
(7) 斜坡调节时间：0.03～5s；
(8) 颤振频率及波型：50～200Hz 的三角波或正弦波；
(9) 颤振振幅：±15%的最大工作电流内可调；
(10) 负载直流电阻：17～22Ω（常温下）；
(11) 电流稳定度：负载阻值增加50%时，在规定电压范围内，工作电流变化不大于1%；
(12) 电流非线性度：不大于1%；
(13) 电流滞回：不大于1%；
(14) 温度漂移：不大于$1\%I_{max}/℃$。

2.4.2　电液比例放大器的信号处理电路

比例放大器是对弱电信号进行处理和功率放大的电子装置，为了获得完善的功能和满足不同的要求，各种类型比例放大器的内部电路不尽相同，但都是由一些基本信号处理单元组成。

集成运算放大器电路性能比晶体管电路优越、温漂小、体积小、可靠性高、设计使用方便。因此,现代比例控制放大器都采用运算放大器电路,完成放大、振荡、稳压、信号处理、比较、A/D 和 D/A 转换等各种功能。

2.4.2.1 电液比例运算放大电路

运算放大器用作比例放大时,输出量与输入量之间具有线性比例关系。根据信号的输入方式不同,有反相输入、同相输入和差动输入三种形式。

(1)反相输入。

①基本反相放大器。

输入信号从运算放大器的反相输入端输入,是一种最基本的运算放大电路。以它为基础可以构成多种比例运算和放大电路。基本反相放大器电路如图 2-34 所示。

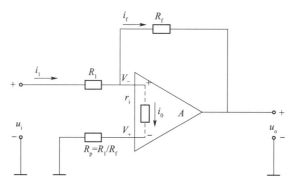

图 2-34 基本反相放大电路

输入信号 u_i 经 R_1 从反相端输入,反馈电阻 R_f 接在输出端和反相端之间,同相端经 R_p 接地,R_p 称为平衡电阻。

$$u_o = -\frac{R_f}{R_1} u_i \tag{2-39}$$

可见,反相放大时,输出电压与输入电压之间之关系取决于比值 R_f/R_1,与放大器的放大倍数无关。式中的负号表示输出电压与输入电压反相。

②反相器。

式(2-39)中,如果 $R_1 = R_f$,则式(2-39)变为:

$$u_o = -u_i \tag{2-40}$$

这种情况下,运算放大器作变号运算,称为反相器。反相器在三位四通比例方向阀双通道电控器中有应用。

③反相加法器。

图 2-35 所示为一反相加法器。反相放大器的输入端有多条支路并接,输出多路信号的线性叠加。根据"虚地"的概念,有:

$$i_1 + i_2 + i_3 = i_f \tag{2-41}$$

或

$$u_o = -\left(\frac{R_f}{R_1} u_{i1} + \frac{R_f}{R_2} u_{i2} + \frac{R_f}{R_3} u_{i3}\right) \tag{2-42}$$

式中:R_f/R_i——加权系数 $i = 1,2,3$。

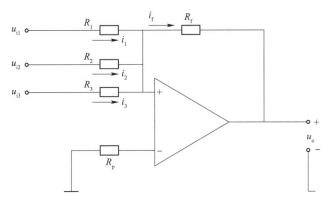

图 2-35 反相加法器

选 $R_1 = R_2 = R_3 = R$ 时,则有:

$$u_o = -\frac{R_f}{R}(u_{i1} + u_{i2} + u_{i3}) \tag{2-43}$$

此时,各路信号按相同比例叠加,如某一路输入信号为反相,则对该信号作减法运算。反相加法器的优点是,每增加一路信号输入,只需增加一个电阻,而且增加的电阻阻值很容易确定。由于存在"虚地",各路输入信号之间互不影响。

(2)同相输入。

同相输入电路如图 2-36 所示。输入信号 u_i 从同相输入端引入,R_p 为平衡电阻,反相输入端经 R 接地。

$$u_o = \left(1 + \frac{R_f}{R_1}\right)u_i \tag{2-44}$$

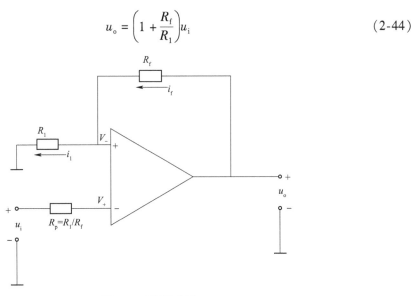

图 2-36 同相放大器

可见,输出电压与输入电压成比例,比例系数为大于或等于 1 的正数 $(1 + R_f/R_1)$。同相放大器的优点是输入电阻很大,R_i 一般大于 $10\mathrm{M}\Omega$,常用作电压跟随器。

式(2-44)中,如果 $R_f = 0$ 或 $R_1 = \infty$(断开),则 $u_o = u_i$。即输出电压完全跟随输入电压变化。图 2-37 所示为电压跟随器。其特点是输入电阻 R_i 高,输出电阻低,常用作阻抗变换级。

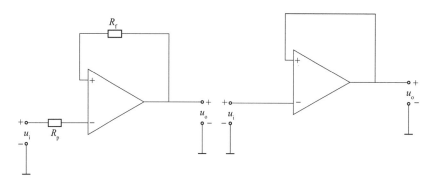

图 2-37 电压跟随器

(3) 差动放大器。

差动放大器两个输入端都有输入信号,如图 2-38 所示。

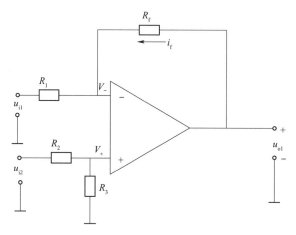

图 2-38 差动运算放大器

设同相输入端的信号 $u_{i2}=0$,反向输入端的输入为 u_{i1},此时的输出信号为 u_{o1},根据式(2-39)可得:

$$u_{o1} = -\frac{R_f}{R_1}u_{i1} \tag{2-45}$$

又设 $u_{i1}=0$,同相输入端的输入为 u_{i2},此时的输出信号为 u_{o2},根据式(2-44)得:

$$u_{o2} = \left(1+\frac{R_f}{R_1}\right)\left(\frac{R_3}{R_2+R_3}\right)u_{i2} \tag{2-46}$$

式中:$\left(\frac{R_3}{R_2+R_3}\right)u_{i2}$——$R_2$ 和 R_3 把 u_{i2} 分压后在同相输入端的输入。

根据叠加原理可得:

$$u_o = u_1 + u_2 = -\frac{R_f}{R_1}u_{i1} + \left(1+\frac{R_f}{R_1}\right)\frac{R_3}{R_2+R_3}u_{i2} \tag{2-47}$$

根据分析,当 $R_1/R_f = R_2/R_3$ 时,或 $R_2 = R_1$,$R_3 = R_f$ 时,外部电阻满足匹配条件,有:

$$u_o = \frac{R_f}{R_1}(u_{i2}-u_{i1}) = K_f\Delta u_i \tag{2-48}$$

式中：Δu_i——差模，$\Delta u_i = u_{i2} - u_{i1}$；
K_f——差模放大系数，$k_f = R_f/R_1$，当 $K_f = 1$ 时，可以做成减法器。

2.4.2.2 电液比例调节电路

常用的调节器电路称为广义反相型和同相型放大电路。反相放大器和同相放大器的输入回路和反馈回路均为纯电阻。在有些场合，根据需要，这些回路也可以是电抗元件或阻抗网络。如图 2-39 所示，Z_1、Z_f 和 Z_p 代表各回路的总阻抗。

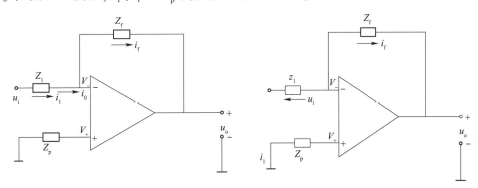

图 2-39 广义反相型和同相型放大电路

根据理想运算放大器的条件，当 u_o 为有限值时，仍然有 $V_+ = V_-$，$i_0 = 0$ 和 $i_1 = i_f$。输入输出关系仍然满足式(2-40)和式(2-44)，但相应的电阻应用对应网络的复阻抗来代替。

对于反向型电路，有：

$$\frac{U_o}{U_i} = -\frac{Z_f}{Z_i} \tag{2-49}$$

对同相型电路，有：

$$\frac{U_o}{U_i} = 1 + \frac{Z_f}{Z_i} \tag{2-50}$$

式中：U_o、U_i——输出信号 u_o 和输入信号 u_i 的拉氏变换；
Z_f、Z_i——反馈网络和输入网络的复数阻抗。

对纯电阻，复数阻抗就是它本身，电容 C 的复阻抗是 $1/C_s$，电感 L 的复数阻抗是 L_s。

比例放大器中常采用各种调节器优化阀的性能，一个主要任务是当给定值发生变化时，调节控制对象的实际值与新的设定值相对应；另一任务是消除或减小干扰量对调节量的影响。

2.4.3 PID 控制方法

2.4.3.1 比例(P)调节器

P 调节器电路结构与反相放大器结构完全一样，如图 2-36 所示。当输入量 u_i 为阶跃信号时，输出量 u_o 也是阶跃信号。输入量与输出量的关系为：

$$u_o = -\frac{R_f}{R_1}u_i = -K_p u_i \tag{2-51}$$

式中：K_p——比例系数，$K_p = R_f/R_1$。

P 调节器结构简单,调整容易,是一种快速调节器,对每一调节偏差,立即响应出一个呈比例的执行量变化。但 P 调节器工作时需要一个调节偏差,即存在着静差,比例系数 K_p 越大,则调节偏差 Δu_o 越小,在控制范围内应满足:

$$|\Delta u_o| \leqslant \frac{u_{omax}}{K_p} \tag{2-52}$$

式中:u_{omax}——允许输出最大范围。

2.4.3.2 积分(I)调节器

把 P 调节器(或反相放大器)反馈电路中的电阻用电容代替,就变成了积分调节器,如图 2-40a)所示。其传递函数为:

$$W_S = \frac{U_o}{U_i} = -\frac{Z_f}{Z_1} = -\frac{1}{TS} \tag{2-53}$$

式中:T——积分时间常数,$T = R_1 C$;

S——传递函数变量。

求上式的反拉氏变换,得时域关系为:

$$u_o = -\frac{1}{T} \int u_i d_t \tag{2-54}$$

设 u_i 为阶跃函数,如果初始值为零,则输出电压为:

$$u_o = -\frac{1}{T} u_i t \tag{2-55}$$

由式(2-55)可知,u_o 将以斜率 $-1/T$ 线性递增,其过渡特性如图 2-40b)所示,改变 R_1 和 C 可以改变斜率。

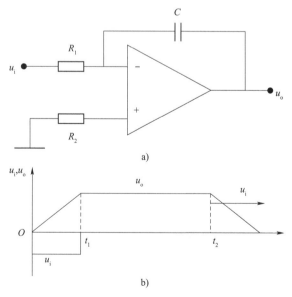

图 2-40 积分调节器及过渡特性

积分调节器具有延缓作用、积累作用和记忆作用。尽管输入变化很快,输出信号只能渐变,这一特性使其被用作斜坡上升下降调节电路。积累作用使得只要输入存在,积累就不停止。用在系统中可以完全消除误差,当输入突然消失时,输出保持原值不变。

2.4.3.3 微分(D)调节器

微分是积分的逆运算,只要将积分调节器中的 R 和 C 对调,就可以构成纯微分调节器。纯微分调节器在固有频率附近会出现谐振,使系统不稳定。为解决此问题,在输入端 C_1 上串联一个小阻尼电阻,以提高稳定性,采取补偿措施后的微分调节器如图 2-41a) 所示。微分调节器的传递函数为:

$$W_\text{S} = \frac{U_\text{o}}{U_\text{i}} = -\frac{Z_\text{f}(S)}{Z_\text{i}(S)} = -\frac{T_2 S}{1 + T_1 S} \tag{2-56}$$

式中: T_1——时间常数, $T_1 = R_1 C_1$;
T_2——时间常数, $T_2 = R_\text{f} C_1$。

若输入为阶跃信号,输出电压的时间响应函数为:

$$u_\text{o} = \frac{-T_2}{T_1} \text{e}^{-\frac{1}{T_1}} u_\text{i} \tag{2-57}$$

其过渡特性如图 2-41b) 所示。由图可见,D 调节器只会对变化的信号产生响应,对固定不变的输入不会有微分作用。微分调节器是高通电路,对高频干扰噪声反应很灵敏,容易产生自激振荡,所以使用时应加上一个小电阻,限制高频增益。微分作用在信号变化快时给出较大的控制量,有利于加快过渡过程;但微分作用不能克服静误差。微分作用过强时,系统不易稳定,反而使系统动态特性变坏。通常它与 P、I 调节器构成复合型的调节器使用。

2.4.3.4 PI 调节器

P 调节器的初始特性好,对输入量反应很快,但有残留误差;I 调节器的完成特性好,调节偏差为零。两种调节器联合运用时,能够保留二者的优点。PI 调节器如图 2-42a) 所示。

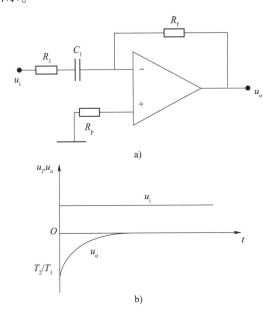

图 2-41 微分调节器及过渡特性　　图 2-42 PI 调节器及其阶跃响应特性

PI 调节器的传递函数为:

$$W_\mathrm{S} = \frac{-U_\mathrm{o}(S)}{U_\mathrm{i}(S)} = -\left(\frac{R_\mathrm{f}}{R_1} + \frac{1}{R_\mathrm{f}CS}\right)$$

$$= -\left(K_\mathrm{p} + \frac{1}{T_1 S}\right) = -\left(K_\mathrm{p} + \frac{K_1}{S}\right)$$

$$= -K_\mathrm{p}\frac{1 + T_\mathrm{n}S}{T_\mathrm{n}S} \tag{2-58}$$

式中：T_1——积分时间常数，$T_1 = R_\mathrm{f}C$；

K_p——比例系数，$K_\mathrm{p} = R_\mathrm{f}/R_1$；

K_1——积分常数，$K_1 = 1/R_\mathrm{f}C$；

T_n——P 超前时间，$T_\mathrm{n} = R_\mathrm{f}C = K_\mathrm{p}T_1$。

PI 调节器的时域响应特征方程为：

$$-u_\mathrm{o}(t) = K_\mathrm{p}u_\mathrm{i}(t) + K_1\int_0^t u_\mathrm{i}(t)\mathrm{d}_t + u_\mathrm{io}$$

式中：u_io——$u_\mathrm{o}(t)$ 的初值。

设 $u_\mathrm{i}(t)$ 为单位阶跃函数，并忽略初值，则 PI 的阶跃响应为：

$$-u_\mathrm{o}(t) = K_\mathrm{p} + K_t \tag{2-59}$$

其特性曲线如图 2-42b)所示。P 超前时间表示从信号输入到信号输出的积分部分的变化与输入电压对应的比例部分相等为止经历的时间，即 PI 调节器的性能与积分器相似，只是它的开始工作时间相对 P 超前时间 T_n。

比例积分调节器还可以用同相放大器构成，图 2-41b)中的 Z_f 反馈阻抗为一个电容，其余的阻抗都是纯电阻。

2.4.3.5 PD 调节器

PD 调节器如图 2-43 所示，利用一个跨接在反馈回路中的电容形成微分特性。为了退耦，将两个电阻 R_f1 和 R_f2 分别接到输入端和输出端，形成 T 形反馈网络。PD 调节器的传递函数为：

$$W_\mathrm{S} = \frac{-U_\mathrm{o}(S)}{U_\mathrm{i}(S)} = -K_\mathrm{f}\frac{1 + S(T_\mathrm{v} + t_\mathrm{d})}{1 + St_\mathrm{d}} \tag{2-60}$$

式中：T_v——超前时间，$T_\mathrm{v} = \frac{R_\mathrm{f1} \cdot R_\mathrm{f2}}{R_\mathrm{f1} + R_\mathrm{f2}}C_\mathrm{f}$；

t_d——固有时间常数，$t_\mathrm{d} = R_2C_\mathrm{f}$。

用串联在反馈电容 C_f 上的电阻 R_2 增大时间常数 t_d，对快速变化的信号有足够的衰减作用，避免响应出过大的超调量，R_a 有一个最小值。

式(2-57)的传递函数，对单位阶跃函数的响应特性为：

$$u_\mathrm{o}(t) = -K_\mathrm{p}\left(1 - \mathrm{e}^{t/t_\mathrm{d}} + \frac{T_\mathrm{v}}{t_\mathrm{d}}\mathrm{e}^{-t/t_\mathrm{d}}\right) \tag{2-61}$$

PD 调节器对快速变化的输入信号作出超前响应，因而可以加速调节过程。但由于没 I 的作用，仍存在一个静态偏差。

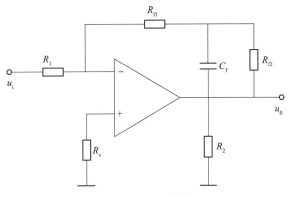

图 2-43 PD 调节器

2.4.3.6 PID 调节器

PID 调节器是一种性能良好、使用最多的调节器。如果常数可调,就可以适用于各种调节对象。下面通过一个由单一反相放大器构成的 PID 调节器说明 PID 的调节特性,如图 2-44a)所示。在一定的条件下,即:

$$\frac{R_{f1}}{R_{f2}} + \frac{C_1}{C_2} > 20 \quad \text{及} \quad \frac{R_{f1}}{R_{f2} + R_{f1}} \approx 1 \quad (2\text{-}62)$$

$$W_S = \frac{-U_o(S)}{U_i(S)} = -K_p \frac{(1+ST_n)(1+ST_v)}{ST_n(1+St_d)} \quad (2\text{-}63)$$

式中:K_p——比例放大系数,$K_p = \frac{R_{f1} + R_{f2}}{R_1}$;

T_n——P 超前时间,$T_n = R_{f1}C_1$;

T_v——D 超前时间,$T_v = \frac{R_{f1}R_{f2}}{R_{f1}+R_{f2}} \cdot C_2$;

t_d——固有时间常数,$t_d = R_d C_2$。

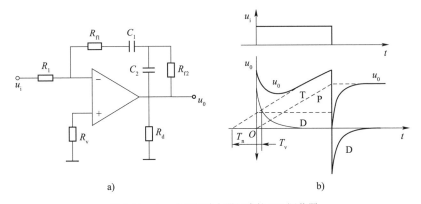

图 2-44 由一个反相放大器组成的 PID 调节器

将 P、I、D 各部分分开,并导出 PID 环节的一般时域方程为:

$$t_d \frac{-du_o(t)}{dt} - u_o(t) = K_p\left(1+\frac{T_v}{T_n}\right)u(t) + \frac{K_p}{T_I}\int_0^t u_i(t)dt + T_D \frac{du_i(t)}{dt} + u_o(0) \quad (2\text{-}64)$$

式中：T_D——微分时间，$T_D = K_p C_v$。

PID 调节器的单位阶跃响应为（略去初值项）：

$$-u_o(t) = K_p\left(1 + \frac{T_v}{T_n}\right) + \frac{t}{T_1} + \frac{T_D}{t_d}e^{\frac{-t}{t_d}} \qquad (2-65)$$

其特性如图 2-44b)所示。响应的初始值为：

$$K_p\left(1 + \frac{T_v}{T_n}\right) + \frac{T_D}{t_d} \qquad (2-66)$$

由单运放组成的 PID 调节器虽然简单，但参数不易调整。现代的 PID 调节器应用多个运放串并联构成，时间常数可单独调整，互不影响。由图 2-44b)可见，调整量的变化首先取决于微分项，然后是 P 和 I 部分。

2.5 脉冲宽度调制(PWM)

2.5.1 PWM 的工作原理

对于一般伺服系统，在非线性元件的后面常连接具有低通滤波特性的线性元件（如阀控缸），带有一定的惯性负载，无法对脉冲列产生反应。此时，该低通滤波元件将把非线性元件的输出平均化。换言之，该元件的输出平均值将使输入 $e(t)$ 等效地不失真地通过了非线性元件，这就是 PWM 线性化的原理，被消除对象的非线性是滞环时，消除方法与上述完全相同。另外，当非线性元件对原点不对称时，为了使输出脉冲正负高度相等，有必要考虑特意改变输入 $\alpha(t)$ 的正负高度。另外前述假设，在 T_c 内 $e_0(t)$ 基本保持常值，为了满足此假设，当 $e_0(t)$ 是正弦变化时，需做到如下两点：

(1) T_c 要短到使载波 $r_c(t)$ 对系统的最终输出不产生影响的程度；

(2) 调制器的输入 $e_0(t)$ 的频率 f_c 与载波的周期 T_c 的关系满足式(2-67)。

$$f_c \leq \frac{1}{7T_c} \qquad (2-67)$$

2.5.2 液压 PWM 系统的优缺点

(1) 消除了阀控动力机构的非线性，使阀的增益基本维持常数。

(2) 通过改变脉宽调制器的参数，也可作为改变系统性能的一个手段，调制波频率增加，过程反应加快，但超调增加，调制波幅值减小，调制器增益增加，而特性的线性范围变窄，因此可作为调整 PWM 增益的手段。

(3) 抗干扰能力强，实际上是个数字控制，对脉宽进行控制，特别是温度变化时对幅值影响大而对脉宽影响极小，因而 PWM 对温度变化不敏感。

(4) 由于载频振动的影响，PWM 输出给阀控元件，阀也随载频摆动，消除了非灵敏区，提高了分辨力。

(5) 提高了可靠性，不易被污染，减少了堵死的现象。

(6) 维护、加工的成本都会降低，因为其本质上是开关控制，可用圆孔作为阀的控制窗口，油也无须像伺服阀那样严格过滤。

（7）即使采用现有二级伺服阀作为 PWM 来用,其可靠性、抗干扰响应特性也有一定的改善。

（8）易于与微型计算机结合,目前有的单片机的数字输出可直接输出 PWM 信号。PWM 作为液压伺服最大的缺点,是无信号输入时也有功率损耗,阀控作动筒的两腔交替增压和排放带来显著的能量浪费,特别是有些战术导弹飞行时间短、液压能源采用蓄压瓶挤压式能源,更不希望浪费能源。

一个解决的办法是采用差动脉宽调制,可以在无输入信号时保证控制阀处于关闭状态。为得到差动脉宽调制,只要从调制波形中减去载波波形就可以了。图 2-45 明显说明了这一原理,当 $e_o(t)=0$ 时,P_1 与 P_2 相同,相减,则输出 $\alpha(t)$ 等于零;当有了 $e_o(t)$ 时,P_2 波形被调制,与 P_1 相减则产生 $\alpha(t)$。

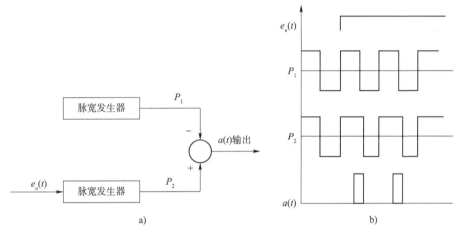

图 2-45　差动 PWM 输出

2.5.3　PWM 的理论分析

图 2-46 是 PWM 电液伺服系统组成图。调制器是脉冲采样形式的,转换阀是两级四通电液流量控制阀,负载由质量及黏性摩擦组成。对于阀控缸的 PWM 是力矩液压马达、滑阀的阀芯在宽度相等的脉冲序列下开关工作。由于脉冲宽度相等,所以在一个周期内,力矩液压马达、阀芯平均位移为零,平均输出流量为零,活塞不运动。当有控制信号时,阀芯在脉冲一个周期内的平均位置将随控制信号的变化而变化,从而产生输出流量,推动负载运动。

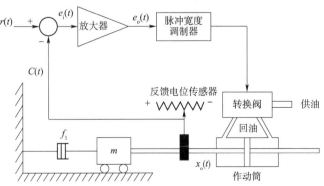

图 2-46　PWM 电液伺服系统组成

由此可见,当调制器输入信号为零时,矩形波每一周期的时间平均值为零。因此,调制器输入信号频率的所有高次谐波都不存在,而载波频率的高次谐波的幅值是非常小的。由于电液阀及机械负载通常起一个低通滤波器的作用,因此在设计控制系统时,只考虑调制器输入信号频率和载波频率基波分量是完全可以的。从以上分析可以得出以下结论:在线性工作区域内,脉冲宽度调制器的转换特性仅仅是一个放大系数$\xi B_1/2\pi$,而励振信号可以认为是调制过程中由调制器产生的额外的输出。把该系统当作一个等效的连续系统来分析时,可以用调制器的转换特性代替调制器,而系统的其余部分可以用它们的连续量来代替。这个转换特性也可以很容易地扩大到包括调制器的饱和段。

为了进行系统分析,必须求得非线性的阀流量增益的适当传输特性。描述函数法是最常用于非线性系统频率特性的分析方法。如前文所述,被调制信号由分别与系统的误差信号和励振信号相对应的两个主要分量所组成。通常的描述函数只是适用于一个正弦输入的信号作用于一个非线性元件的情况,因此,通常的描述函数明显地不适用于此分析。当非线性元件的信号为具有两个不同类的正弦信号之和时,非线性元件的正弦输入-输出特性定义为双输入描述函数。

2.5.4 与离散输入信号幅值成比例的 PWM

另一种 PWM 系统的工作原理是 PWM 控制器的输出脉宽与离散输入信号的幅值成比例。图 2-47 为输入经 PWM 后,再作用于快速开关阀执行机构的信号传输过程及其波形。

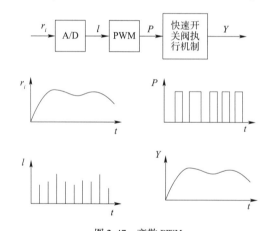

图 2-47 离散 PWM

r_i-i 时刻模拟信号输入;l-A/D 转换后数字信号;P-输出的 PWM 信号;Y-输出

$$T_p^i = K_i T_s \tag{2-68}$$

式中:T_p^i——第 i 个周期开阀时间;
K_i——第 i 个周期的脉宽调制率或占空比;
T_s——载波周期。

阀在一个载波周期的平均流量为:

$$\overline{q_i} = \frac{1}{T_s} q T_p^i = \frac{1}{T_s} q K_i T_s = q K_i \tag{2-69}$$

式中:q——开关阀的全开流量。

设 K_i 为：
$$K_i = c \cdot r_i \tag{2-70}$$
式中：c——常数；

r_i——i 时刻的输入。

则可看出占空比与 r_i 成比例，若充分小以致执行机构在这一间隔内的输出变化很小，则可以用这一平均流量作为瞬时流量，即：
$$q_i = q \cdot c \cdot r_i \tag{2-71}$$
这样连续变化时，就可以得到与输入成比例的连续输出 Y，这便为该种 PWM 的工作原理（图 2-48）。显然，它要求有一个高速开关阀。

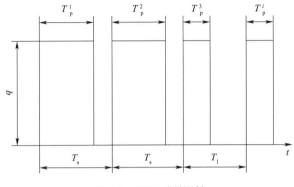

图 2-48　PWM 流量调制

q-开关阀的全开流量

第 3 章　液压泵分类及其控制策略

液压泵是依靠发动机或电动机驱动,将机械能(转矩和转速)转换为液压能(压力和流量)的装置。不同种类型的液压泵实现功能的方式不同,但都是按照容积式泵的原理运行,即:液压泵内具有密闭的容积腔,在这些容积腔中,液压油从泵的吸油口输送到出油口。

3.1　液压泵及其结构分类

3.1.1　液压泵的分类

液压泵可按照结构形式、流量是否可调、压力等级、工作原理及用途进行分类,本教材主要介绍其按照结构形式、输出流量是否可调分类的类型。

液压泵按照结构类型可分为齿轮泵、叶片泵、柱塞泵和螺杆泵。按输出流量是否可调可分为定量泵和变量泵。每种类型的泵又有不同的实现形式,如图 3-1 所示。

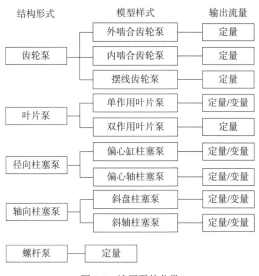

图 3-1　液压泵的分类

3.1.2　液压泵的结构及特点

3.1.2.1　外啮合齿轮泵

密闭容腔由齿环齿廓和泵壳侧壁组成,结构如图 3-2 所示。外啮合齿轮泵大量应用于工程车辆,原因在于这种泵质量轻、压力高、成本低,对液压油清洁度要求低,调速范围大,抗污染能力强,温度或黏度适用范围大等。其缺点是自吸能力差,且不适合高压及超高压系统。

3.1.2.2 内啮合齿轮泵

密闭容腔由齿环齿廓、泵壳侧壁和过渡区组成,结构如图 3-3 所示。内啮合齿轮泵运行时,转子和定子内齿之间不存在死区(与外啮合齿轮泵相反),因此没有压力脉动,基本没有噪声。内啮合齿轮泵主要应用于非行走机械,如压铸机、注塑机、机床等,以及封闭空间运行的车辆(如电动叉车)。

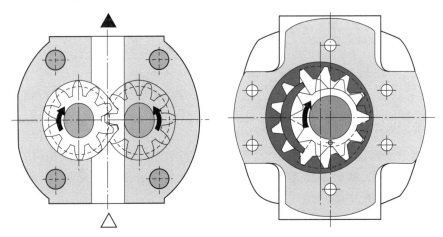

图 3-2 外啮合齿轮泵结构及实物图　　图 3-3 内啮合齿轮泵结构及实物图

3.1.2.3 摆线齿轮泵

密闭容腔由齿环齿廓和泵壳侧壁组成,转子比定子少一齿,转子做行星式运动,结构如图 3-4 所示。其中 A_{max} 为最大封闭容积,A_{min} 为最小封闭容积。

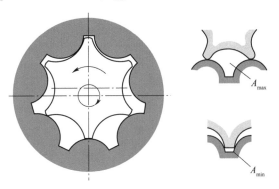

图 3-4 摆线齿轮泵结构图

3.1.2.4 螺杆泵

密闭容腔由螺纹面和壳体组成,结构如图 3-5 所示。螺杆泵同内啮合齿轮泵一样,运行噪声小,适用于剧场、歌剧院等室内使用的液压系统,压力小于 20MPa。其中,S 为螺距,d 为螺杆小径,D 为螺杆大径。

3.1.2.5 单作用叶片泵

单作用叶片泵密闭容腔由定子、转子和叶片组成,结构如图 3-6 所示。单作用叶片泵可以通过改变转子的偏心距而设计成变量叶片泵。其中 d 为转子直径,D 为定子直径,e 为定子与转子之间的偏心距,a 为转子的轴向宽度(叶片宽度)。

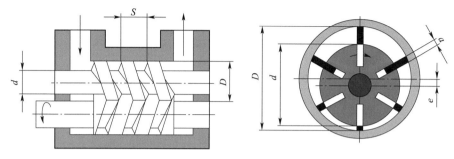

图 3-5　螺杆泵结构图　　　　图 3-6　单作用叶片泵结构及实物图

3.1.2.6　双作用叶片泵

双作用叶片泵密闭容腔同样由定子、转子和叶片组成。定子上有两段相同的斜坡曲线,每转一圈吸排油两次,结构如图 3-7 所示。双作用叶片泵一般为定量泵,压力超过 15MPa 时,一般使用双作用叶片泵。

3.1.2.7　带偏心柱塞缸组件的径向柱塞泵

带偏心柱塞缸组件的径向柱塞泵,柱塞在固定的定子内旋转,偏心距 e 决定了柱塞的行程,结构如图 3-8 所示。一般情况下柱塞泵的柱塞数量为奇数,这样每个柱塞的流量之和脉动较小,相反,偶数个柱塞输出流量脉动较大。

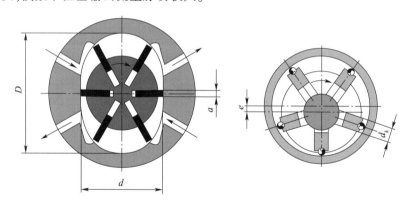

图 3-7　双作用叶片泵结构图　　　图 3-8　带偏心柱塞缸组件的径向
　　　　　　　　　　　　　　　　　　　　柱塞泵结构图

3.1.2.8　带偏心轴的径向柱塞泵

偏心轴旋转带动柱塞径向往复运动,结构如图 3-9 所示。径向柱塞泵用于高压系统(工作压力超过 40MPa)。压铸机、注塑机、机床夹紧液压系统,需要工作压力达到 70MPa,只有径向柱塞泵才能胜任。

3.1.2.9　斜轴式轴向柱塞泵

柱塞与驱动轴之间存在一定夹角,随着轴的旋转柱塞在缸体内做往复运动,其结构如

图 3-10 所示。

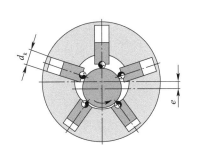 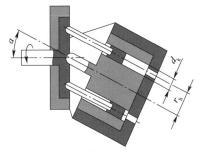

图 3-9　带偏心轴的径向柱塞泵结构及实物图　　图 3-10　斜轴式轴向柱塞泵结构图

3.1.2.10　斜盘式轴向柱塞泵

斜盘式轴向柱塞泵,柱塞在旋转时贴紧斜盘,斜盘的倾角决定了柱塞的行程,结构如图 3-11 所示。

3.1.3　液压驱动车辆常用轴向柱塞泵

按照柱塞的排列方向,轴向柱塞泵可分为斜轴式和斜盘式。斜轴式泵柱塞的排列与驱动轴成一定的角度,斜盘式泵柱塞沿传动轴方向排列。

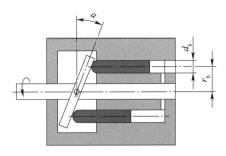

图 3-11　斜盘式轴向柱塞泵结构图

按照输出流量是否可变,轴向柱塞泵可分为定量泵和变量泵。定量泵排量不可调节,变量泵排量可以通过集成在泵上的调节机构进行无级调节。

按照应用系统回路的不同,轴向柱塞泵可分为开式泵和闭式泵。开式泵应用于开式回路系统,可以是变量泵也可以是定量泵,对吸油能力要求较高。闭式泵应用于闭式回路系统,要附带辅助补油泵,而且泵排量可双向调节。

液压元件的生产厂家主要分布在欧洲、美国和日本。国内工程车辆应用的液压泵进口产品较多,包括博世力士乐液压泵、丹佛斯液压泵、林德液压泵、川崎液压泵、派克液压泵等。不同厂家的液压泵为了规避其他厂家的技术保护,采用了不同的结构,但核心的控制方式和功能是一样的。

3.2　变量泵常用控制策略

不同液压系统对泵的要求不同,有些系统要求通过减小泵的排量来限制系统最高压力以实现系统节能,有些系统要求泵能根据系统负载的变化自动调节排量,有些系统要求限制泵的驱动转矩以适应发动机的转矩特性等。针对不同液压系统的要求,液压泵需要不同的排量控制策略,最基本的控制策略有以下四种:压力切断控制、恒功率(恒转矩)控制、负载敏感控制和电比例控制。此外,也可以根据系统细化的要求对以上四种控制策略进行组合设计。

3.2.1　压力切断控制

压力切断控制是对系统压力进行限制的控制方式。当系统压力达到切断压力值时,排量调节机构通过减小液压泵的排量将系统压力限制在切断压力值以下,其输出特性如图 3-12a)所示。如果切断压力值在工作中可以调节,称为变压力控制,否则,称为恒压力控制。图 3-12b)所示为压力切断控制系统的典型结构。当系统压力升高到切断压力值时,变量控制阀阀芯左移,推动变量机构使排量减小,从而实现压力切断控制。阀芯上的 P_f 为液控口,可以对切断压力进行远程控制。

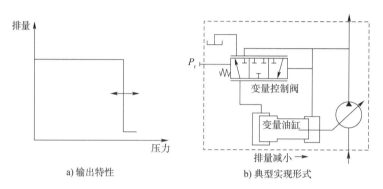

图 3-12 变量泵压力切断控制

一些液压系统工况复杂,执行机构需要的流量变化很大,压力切断控制可以根据执行机构的调速要求按需供油,避免了溢流损失,同时对系统起到过载保护作用。

3.2.1.1 基本结构及工作原理

以力士乐 DR 压力切断控制为例介绍压力切断控制机构的结构及控制原理,如图 3-13 所示。

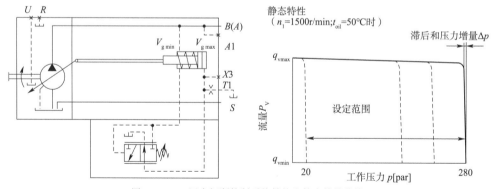

图 3-13 DR 压力切断控制系统结构和静态特性曲线

注:1bar = 0.1MPa。

压力切断控制机构由压力切断阀和控制液压泵排量的变量活塞组成。泵出口与变量活塞的有杆腔相通,当泵出口压力升高至压力切断设定压力时,压力切断阀左移,高压油连通变量活塞的无杆腔。此时变量活塞两腔压力相等,活塞杆推动液压泵变量机构将排量减至最小,泵出口压力将不再上升,实现了压力切断功能。

切断压力值可以通过液压泵的调节螺杆进行设置,可在图 3-13 所示的压力设定范围内设定不同的压力值。一旦设置好,工作过程中系统的最高压力保持不变。

液压泵的压力切断功能通过减小泵的排量来限制系统最高压力,对液压泵本身也起到保护作用。压力切断控制限制系统最高压力的方法与在回路中设置溢流阀的方法相比,具有明显的节能效果。所以,在多动作复合液压系统中,常应用液压泵的压力切断功能限制系统最高压力,不同液压子系统的最高压力通过各自的溢流阀设置。

3.2.1.2 压力切断控制的应用

压力切断控制可通过远程电磁溢流阀设定压力,适用于系统压力需要经常调节的工况,广泛应用于机床设备,如注塑机、压铸机、冲压设备等。对这些设备,控制压力是主要目的。远程恒压控制还可衍生出多种不同控制方式,如同步恒压控制、可变压力恒压控制、分段压力控制等。

(1)压力过载保护。

压力过载保护广泛应用于各种工程车辆和工业机械,起安全保护作用,防止经常溢流导致温升过高;只要成本允许,所有变量泵都可以带恒压功能;恒压泵出口理论上可以省掉安全阀。散热系统是远程恒压控制的一种典型应用,其原理图如图3-14所示。

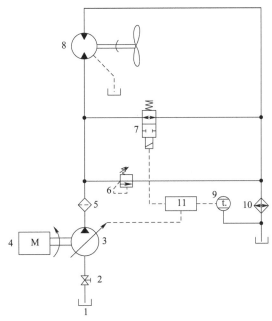

图 3-14 散热系统液压原理图

1-油箱;2-截止阀;3-变量泵;4-原动机;5-过滤器;6-溢流阀;7-二位二通阀;8-液压马达;9-温度传感器;10-冷却器;11-变量泵调节机构

(2)提供恒压油源。

提供恒压油源广泛应用于功率不大的保压系统或响应速度要求较高的多负载恒压油源系统。如图3-15所示,混凝土泵车泵送系统中S管阀换向应用了恒压油源功能。带压力切断功能的液压系统在应用过程中可能会遇到系统无压力,各个执行机构无动作的故障现象,此时应检查液压泵压力切断阀的阀芯是否卡滞。

3.2.2 恒功率(恒转矩)控制

功率控制是对系统功率限制的控制方式。当系统功率达到设定值时,排量调节机构通过减小液压泵排量使系统的功率限制在设定值以下。如果功率限制值在工作中可调则称为变功率控制,否则,称为恒功率控制。图3-16中所示为力士乐(Rexroth)A11VO(A11VO为力士乐恒功率泵的型号)恒功率泵的输出特性和结构。

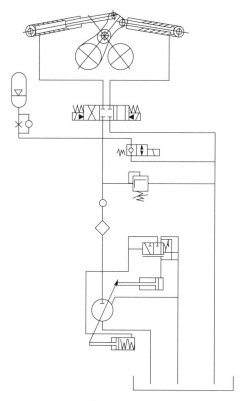

图 3-15 泵车 S 管阀换向系统示意图

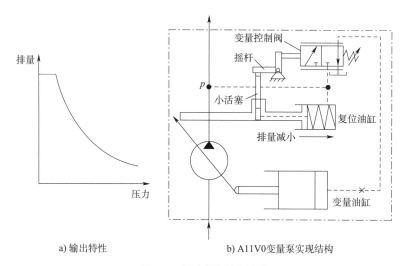

a) 输出特性　　　　　b) A11V0 变量泵实现结构

图 3-16 恒功率控制变量泵

变量油缸和复位油缸分别布置在泵体两侧,对变量机构进行差动控制,面积较大的变量油缸的压力受变量控制阀的控制,作用在小活塞上的系统压力经摇杆在控制阀芯左侧作用推力 F,阀芯右侧受到弹簧力的作用。由于小活塞装在与变量机构一起运动的复位活塞上,所以摇杆对阀芯的推力为:

$$F = \frac{PAL_1}{L_2} \tag{3-1}$$

式中:P——系统压力;
A——小活塞面积;
L_1——小活塞到摇杆铰点的距离;
L_2——变量控制阀杆到摇杆铰点的距离。

当摇杆推力大于弹簧推力时,阀芯右移,泵的排量减小,从而维持摇杆推力近似为常数。根据式(3-1),摇杆推力正比于 PL_1,而 L_1 正比于液压泵排量,因此,实现了对变量泵功率的限制(假定液压泵转速不变)。有时为了简化控制结构,常采用近似功率控制方式,用双弹簧结构控制变量机构位置。图 3-17 所示为川崎(Kawasaki)K3V 系列变功率控制泵的输出特性和结构。控制阀阀芯位置由系统压力与双弹簧弹簧力平衡决定,变量机构跟随阀芯一起运动,利用双弹簧的变刚度特性用折线近似双曲线。功率控制能够充分发挥原动机的功率,达到按能力供油的目的,避免原动机因过载而制动或损坏。

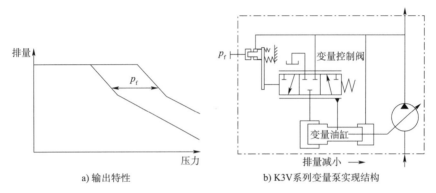

a) 输出特性　　b) K3V系列变量泵实现结构

图 3-17　变功率控制变量泵

3.2.2.1　基本结构及工作原理

恒功率控制是针对电机和发动机的转矩输出特性开发的(变功率控制可用于对原动机恒转矩输出误差的补偿),恒功率控制的主要目的是充分利用原动机的能力,避免增大零部件规格;同时,恒功率控制促使原动机经常工作在高效区,也实现了节能。恒功率控制的实质是恒转矩控制,液压泵排量根据出口压力自动调节,使泵的输入转矩在误差允许范围内保持稳定。

下面以力士乐 LR 恒功率控制为例介绍恒功率控制机构的工作原理。

力士乐液压泵的恒功率控制采用图 3-18 所示的直角杠杆机构,液压泵运行过程中,泵出口高压油作用在变量活塞的有杆腔,并经过活塞杆的芯部油道作用在测量柱塞的另一端。当泵出口压力超过恒功率调节弹簧的设定压力时,直角杠杆沿直角处的固定轴逆时针旋转,推动恒功率控制阀左移,高压油经过控制阀芯进入变量活塞的无杆腔,推动控制活塞左移将泵的排量减小。若泵出口压力持续升高,则泵的排量继续减小,从而保证泵的排量和出口压力

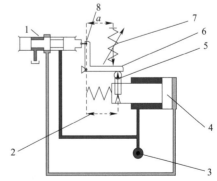

图 3-18　恒功率控制机构工作原理
1-控制阀;2-控制杆转角(可变);3-工作压力;4-带定位活塞的定位液压缸;5-测量活塞;6-摆杆;7-弹簧力(可调);8-杠杆臂(固定)

的乘积为定值,实现了恒功率控制。

图 3-19 所示是川崎液压泵恒功率控制的实现形式。

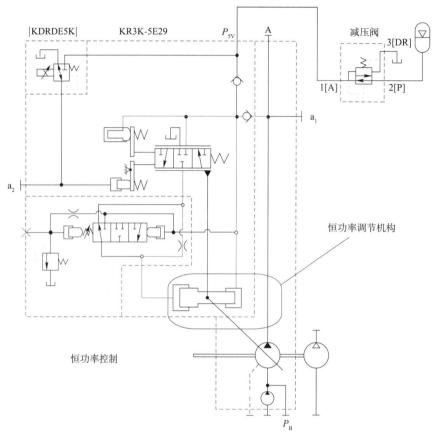

图 3-19　川崎液压油泵恒功率调节控制的实现形式

虽然不同厂家液压泵恒功率控制的实现方式不同,但是恒功率控制特性是一致的,静态特性曲线如图 3-20 所示。

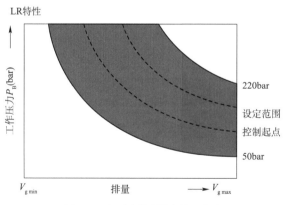

图 3-20　恒功率控制静态特性曲线

3.2.2.2　恒功率控制的实现形式

根据系统需要,恒功率控制可通过不同的方式实现,如带远程压力控制的恒功率控制方式(LRG)、液压两点控制的恒功率控制方式(LRZ)、电气两点控制的恒功率控制方式(LRY)等,原理图如图 3-21~图 3-23 所示。

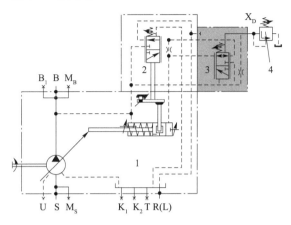

图 3-21 带远程压力控制恒功率控制原理图

1-A4VSO,带液压控制装置分片;2-功率控制阀;3-压力控制阀;4-溢流阀(不包括在供货范围内);U-轴承冲洗油口;K_1、K_2-冲洗油口;T-油缸接口;M_B-测量油口(可做工作油口);M_S-测量油口;R(L)-回油油口;B_1-工作油口;B-压力油口;S-吸油口;X_D-先导压力油口

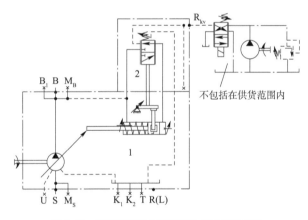

图 3-22 带液压两点控制的恒功率控制原理图

1-A4VSO,带液压控制装置分片;2-功率控制阀口;U-轴承冲洗油口;K_1、K_2-冲洗油口;T-油缸接口;M_B-测量油口(可做工作油口);M_S-测量油口;R_{kv}-外部先导油回油口;B-压力油口;B_1-辅助油口(堵住);S-吸油口;R(L)-注油和排气口(壳体泄油口);U-轴承冲洗油口(堵住)

3.2.2.3 闭式泵特殊的恒功率控制(DA 控制)

DA 控制也称转速液压控制,是闭式泵的一种特殊功率控制,依据补油泵流量及负载压力控制泵排量的大小。DA 控制是一种与发动机转速或自动行驶相关的控制技术,DA 阀实质是由压差控制的比例减压阀,忽略效率影响,DA 阀输出压力与泵的驱动转速成正比。DA 阀的输出压力,通过一个电磁铁操作的三位四通换向阀传至液压泵的排量控制液压缸上。泵的排量在液流的各个方向均可无级调节,并受泵的驱动转速和出口液压油压力的影响。液流方向(即机器向前或向后)由电磁铁 a 或 b 控制。DA 控制原理如图 3-24 所示。

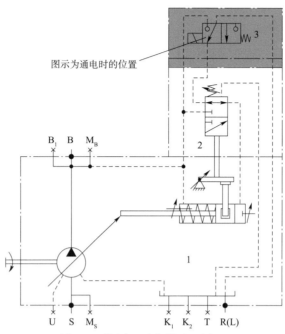

图 3-23 带电气两点控制原理示意图

1-A4VSO,带液压控制装置分片;2-功率控制阀;3-换向座阀 M-3SEW6U3X/420MG24N9Z4 油口;U-轴承冲洗油口;T-油缸接口;M_B-测量油口(可做工作油口);M_S-测量油口;R(L)-回油油口;B-压力油口;B_1-辅助油口(堵住);S-吸油口;R(L)-注油和排气口(壳体泄油口);K_1、K_2-冲洗油口(堵住)

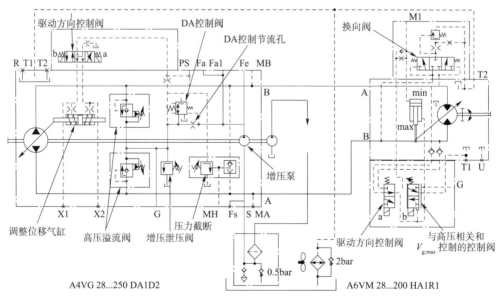

图 3-24 DA 控制原理示意图

A、B-压力油口;MA、MB、M1、MH-测量油口;T1、T2-回油口;R-排气口;a、b-电磁阀;G-供油口压力;PS-辅助油口;S-吸油口;X1、X2-控制压力口;Fe-补油泵测压口;U-壳体冲洗口

泵的驱动转速提高,DA 阀产生的先导压力也会增大,从而使泵的流量或压力增大。发动机转速降低时,DA 阀产生的先导压力减小,从而使泵的流量或压力减小,达到发动机过载保护的目的。

DA 控制特别适合独立的行走系统，DA 泵一般配合 DA 液压马达一起工作，但也可以和普通的液压马达组成闭式回路。DA 泵控制特性如图 3-25 所示，可以看出，DA 泵排量受控制压力和工作压力共同影响。控制压力与发动机转速有关，发动机转速越低，控制压力越小，泵排量越小。同时，工作压力越小，排量越大。所以，DA 控制具有负载自动适应的能力。

DA 控制方式在装甲车、全液压叉车上都有应用。发动机怠速时液压泵不工作，行走速度靠节气门控制无级调节，重载时自动实现低速控制。

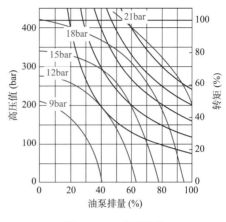

图 3-25 DA 调节特性

3.2.2.4 恒功率控制的应用

恒功率控制是针对电机和发动机转矩输出特性开发的（变功率控制可用于对原动机恒转矩输出误差的补偿），恒功率控制的主要目的是充分利用原动机的能力，避免增大零部件规格；同时，因为恒功率控制使原动机经常工作在高效区，也实现了节能。恒功率控制实现的重载低速控制，对作业安全是有好处的。

恒功率控制广泛应用于各种工程机械和工业机械，大多数移动设备都有必要采用恒功率控制功能。多泵系统中，恒功率控制可以合理分配发动机功率，单泵系统中限制泵输出转矩以保护发动机不熄火。例如混凝土泵车液压系统中的泵送系统和臂架系统分别用两个负载敏感泵，通过合理设置两个泵的最大输出功率实现泵送系统工作时臂架系统可同时工作，防止发动机功率全部用于某一系统而导致另一系统完全不能工作，实现了发动机功率最大限度的利用。

3.2.3 负载敏感控制

图 3-26 所示是负载敏感控制系统（LS）的典型结构，通过压力差对泵的排量进行控制，当 Δp 与阀芯弹簧压力不平衡时，变量控制阀阀芯偏移，使泵排量发生相应变化。

图 3-27 所示是 LS 控制的基本原理。Δp 为节流口前后压力差，$\Delta p = p_A - p_L$，其中 p_A 为泵出口压力，p_L 为负载压力，其最大的特点就是可以根据负载大小和调速要求对泵排量进行控制，在按需提供流量的同时，使调速节流损失 Δp 控制在很小的固定值。

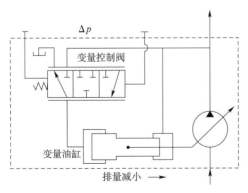

图 3-26 LS 控制变量泵的典型实现形式

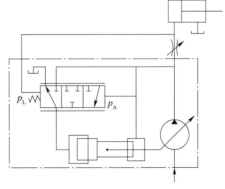

图 3-27 LS 调速控制系统

负载敏感变量泵与压力补偿阀配合使用可以实现单泵驱动多个执行机构时的独立调速,各执行元件不受外部负载变动和其他执行元件的干扰。

3.2.3.1 基本结构及工作原理

以力士乐 DRS 控制为例说明负载敏感控制系统结构及其工作原理。图 3-28 为集成负载敏感功能和压力切断功能的变量泵结构示意图,负载敏感功能由图中的负载敏感阀实现。

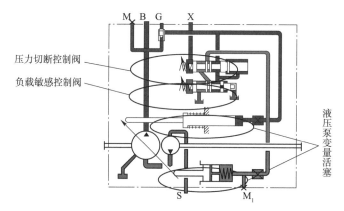

图 3-28 负载敏感控制工作原理示意图

液压泵压力切断控制的优先级高于负载敏感控制的优先级,即只要压力切断控制发挥作用,负载敏感控制就不起作用。一般情况下,压力切断阀在弹簧作用下处于右位,此时负载敏感阀发挥作用。当来自油口 G 的系统反馈压力为零时,负载敏感阀阀芯处于右位,高压油同时进入液压泵变量活塞的两端,液压泵排量为 0。当油口 G 有反馈压力时,将推动负载敏感控制阀阀芯左移,油口 G 的压力油经过旁通回油箱,进入液压缸变量活塞弹簧腔端的压力减小,变量活塞调节泵的排量增大。控制压力变化时,经过负载敏感阀阀芯旁通回油的流量随之变化,液压泵变量活塞弹簧腔的压力也随之变化,进而得到不同的排量。

3.2.3.2 负载敏感控制的应用

负载敏感控制在辅助阀配合下能够实现特殊的压力控制和流量控制功能,如比例压力控制、比例流量控制、远程压力控制、分段流量控制等。

与比例方向阀和梭阀配合,可以组成简单的负载敏感系统。如与 LS 多路阀组成 LS 系统,与 LUDV 多路阀组成 LUDV 系统。与系统中具备负载敏感功能的主阀配合使用,可实现不同负载动作所需流量的按需分配,最大限度地减少了系统流量的浪费。

3.2.4 电比例控制

3.2.4.1 基本结构及工作原理

电比例控制是一种主动开环控制,通过电磁比例阀直接控制液压泵的排量。电比例控制原理示意图如图 3-29 所示,泵出口压力分别作用于变量活塞的有杆腔和电磁比例阀,作用于电磁比例阀的压力油经过电磁比例阀调节后作用在变量活塞的无杆腔。通过控制电磁比例阀的控制电流可改变作用在变量活塞无杆腔的压力,进而调节泵的排量。

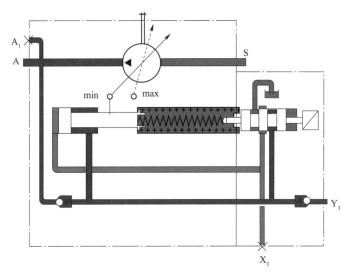

图3-29 电比例控制原理示意图

3.2.4.2 电比例控制的应用

随着计算机技术的发展,电比例控制的应用越来越广泛。利用电比例控制液压泵可以实现整个液压系统的计算机控制和整车的智能化,节能环保等效果显著,如图3-30~图3-32所示。

(1)电气两点控制,带开关电磁铁(EZ)。

EZ控制原理示意图如图3-30所示。

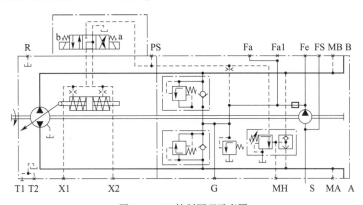

图3-30 EZ控制原理示意图

(2)带比例电磁铁的电液控制(EP)。

EP控制原理示意图如图3-31所示。

(3)电液压力控制(反比特性)(ED)。

ED控制原理示意图如图3-32所示。

3.2.5 多种策略组合控制

系统的压力限制、原动机的功率限制以及对执行元件的可调速性,往往对同一台机械的液压系统来说,是同时需要的,因此,需要多种控制方式组合,以满足机械设备的复杂工况要求。控制方式的组合应根据具体的应用要求而定。现选取两种典型的控制组合形式加以说明。

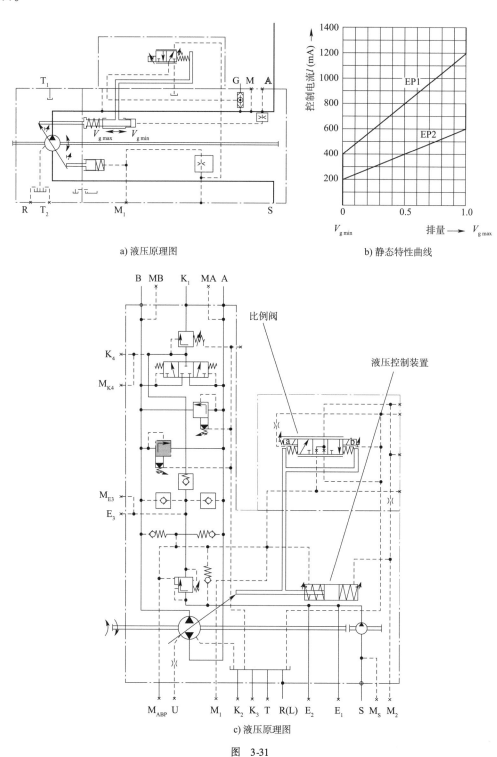

图 3-31

第3章 液压泵分类及其控制策略

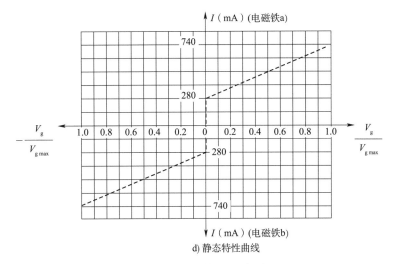

d) 静态特性曲线

图 3-31 EP 控制原理示意图

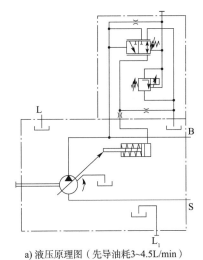

a) 液压原理图（先导油耗3~4.5L/min）

油口：B-工作油口；S-进油口；L,L₁-壳体泄油口(L₁堵住)；先导油耗：3-4,5L/min

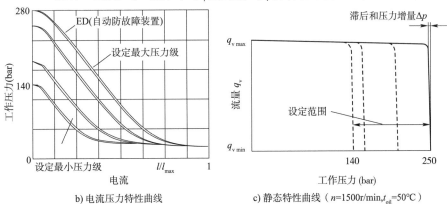

b) 电流压力特性曲线

静态电流-压力特性（反比控制）
（泵在零冲程位置时测量）

c) 静态特性曲线（$n=1500$r/min, $t_{oil}=50℃$）

静态流量-压力特性
（在 $n=1500$min^{-1}；$t_{oil}=50℃$时）

图 3-32 ED 控制原理示意图

3.2.5.1 力士乐液压泵

图 3-33 所示为力乐士压力切断控制、功率控制和 LS 控制组合的输出特性和具体实现结构。

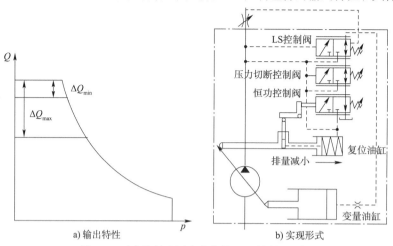

图 3-33 功率控制、压力切断控制和 LS 控制的组合

图 3-33 中,三个控制阀并联连接,当系统状态达到其中任一个限制条件时,对应的控制阀动作,使泵的排量发生改变,组合后的输出特性如图 3-33a)所示。

这三种控制方式的优先级由高到低分别为压力切断控制、恒功率控制、负载敏感控制。负载敏感控制先起作用,系统压力升高至恒功率设定压力则恒功率控制发挥作用,当系统压力继续升高至压力切断设定压力时,压力切断功能才起作用。

混凝土泵车臂架系统即采用上述 LRDS 泵,与负载敏感多路阀组成负载敏感系统如图 3-34 所示。

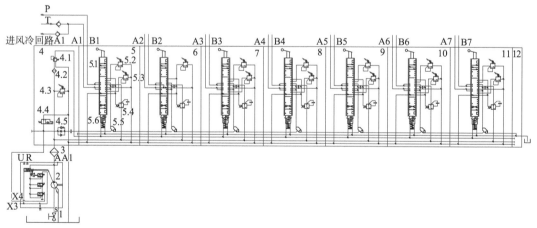

图 3-34 泵车臂架系统液压原理图

1-球阀;2-变量臂架泵;3-高压过滤器;4-控制块;5-支腿换向滑阀;6-回转换向滑阀;7-1 号臂架油缸换向滑阀;8-2 号臂架油缸换向滑阀;9-3 号臂架油缸换向滑阀;10-4 号臂架油缸换向滑阀;11-5 号臂架油缸换向滑阀;12-终端块;4.1-减压阀;4.2-过滤器;4.3-主溢流阀;4.4-旁通阀;4.5-阻尼器;5.1-换向滑阀;5.2-二次溢流先导阀;5.3-二次溢流先导阀;5.4-二通流量阀;5.5-梭阀;5.6-电比例阀

3.2.5.2 川崎液压泵

川崎液压泵工作原理如图 3-35 所示,三种控制方式的优先级从高到低依次为压力切断

控制、恒功率控制、电比例控制。

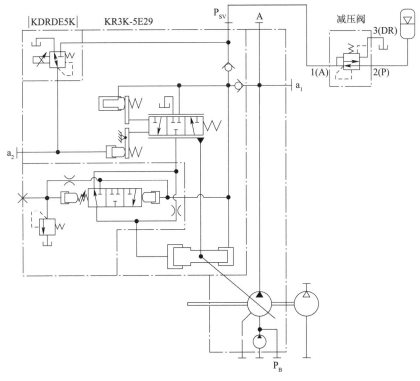

图 3-35 川崎泵工作原理示意图

电比例控制单独作用时,工作原理如图 3-36 所示。

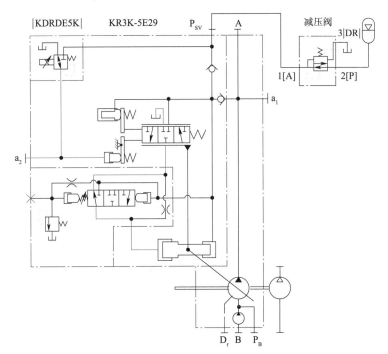

图 3-36 电比例排量控制原理示意图

恒功率控制单独作用时,工作原理如图3-37所示。

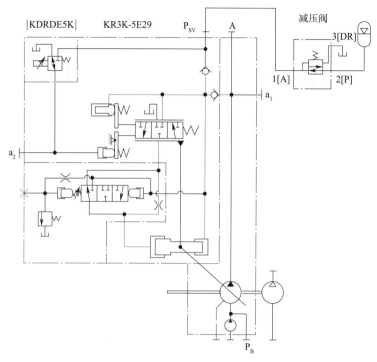

图3-37 恒功率控制原理示意图

压力切断控制单独作用时,工作原理如图3-38所示。

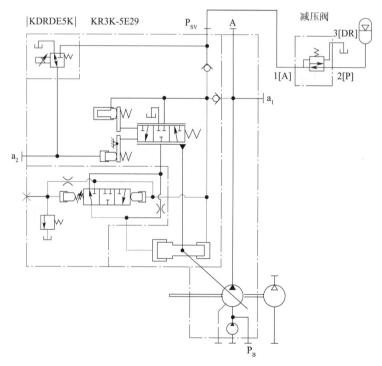

图3-38 压力切断控制原理示意图

电比例控制与恒功率控制同时作用时,工作原理如图 3-39 所示。

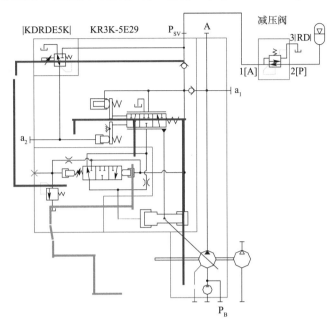

图 3-39　恒功率与电比例同时控制原理示意图

第4章　液压驱动车辆行驶控制原理

4.1　液压驱动车辆传动基本形式

4.1.1　无级变速传动系统

无级变速传动系统的动力传递路线为:发动机→液压泵→液压马达→轮边减速→驱动轮。由于液压泵、液压马达的数量和形式不同,传递路线也可分以下形式。

(1)发动机-单泵-单液压马达。

　　　　　　左电磁离合器→左驱动
　　　　　　右电磁离合器→右驱动

(2)发动机-单泵-双液压马达。

　　　　　　左液压马达→左驱动
　　　　　　右液压马达→右驱动

(3)发动机-双泵-双液压马达。

　　　　　　左泵→左液压马达→左驱动
　　　　　　右泵→右液压马达→右驱动

一般轮胎式车辆采用第一种形式,履带式车辆采用第三种形式的较多。图 4-1 所示为轮式车辆行驶液压驱动回路。图 4-2 所示为履带式车辆行驶典型液压驱动回路。图 4-1 中,发动机通过分动箱直接驱动行走系统中的变量柱塞泵,然后驱动行走变量柱塞液压马达,由此组成一个双变量调速闭式回路,即变量泵和变量液压马达组成的调速系统。此系统中的泵和液压马达一般为轴向柱塞式,结构紧凑,工作转速和压力高,系统传动总效率可达 80% 以上。这种调速方式的优点是变量具有连续性,并且调速范围大。泵工作压力的大小取决于液压马达负载大小,零流量时,几乎无功率损失。因为有安全阀,可限制输出的转矩值。换向操纵容易,可采用电子控制,由比例电磁铁控制液压泵和液压马达斜盘角度,实现系统流量的变化。

行走系统压力一般在 32~42MPa 之间,压力由系统溢流阀来调定。闭式系统的外泄漏由补油泵补充,补油压力为 2~3.5MPa,排量为 10~15mL/r。行驶系统的液压马达通常为高速马达,以提高闭式回路的工作效率。液压泵的输入转速与液压马达的输出转速之比为 1.5~2。液压泵的变量控制方式为电子比例控制,液压马达大多数也采用电子控制方式。

在图 4-2 所示的履带式车辆行驶液压驱动回路中,通常采用两套独立的行驶驱动液压回路。图中所示为单边驱动的一套独立回路,实际上两套回路是完全相同的,既可以联动,实现直行;又可分别动作,实现转向。液压马达输入轴装有制动器,可实现车辆的紧急制动。

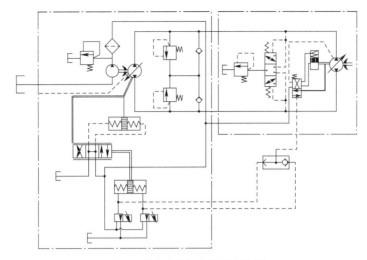

图 4-1　轮式车辆行驶液压驱动回路

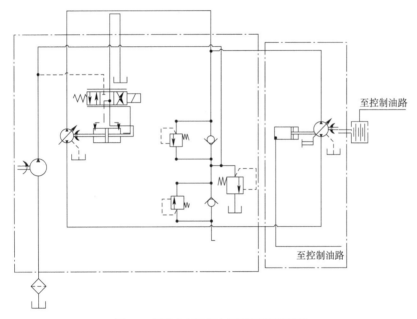

图 4-2　履带式车辆单边行驶液压驱动回路

4.1.2　速度控制方式

泵控液压马达速度控制系统可有以下三种控制方式。

4.1.2.1　开环控制系统

图 4-3 所示为变量泵由阀控液压缸组成的位置回路控制系统图。这种控制方式是通过改变变量泵的斜盘角来控制供给液压马达的流量，以此来调节液压马达转速。因为是开环控制，所以受负载和温度变化的影响较大。

为了改善精度，可以采用压力反馈补偿，由压力传感器检测负载压力，作为第二个指令信号加进变量泵变量伺服机构中，它改变变量泵的行程，从而使流量随负载压力升高而增加,以此来补偿驱动马达和变量泵泄漏所造成的流量减小。这个压力反馈补偿,实际上是压力正反馈,因此,有可能引起稳定性问题,在应用时必须注意。

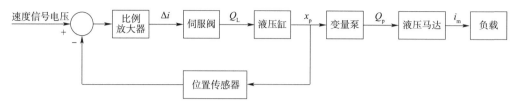

图 4-3 变量泵控制的速度控制系统

4.1.2.2 带位置环的闭环控制系统

如图 4-4 所示的控制系统,是在开环速度控制的基础上,增加了速度传感器,将液压马达速度进行反馈,构成闭环控制系统。速度反馈信号与指令信号的差值经积分放大器加到变量伺服机构的输入端,使泵的流量向减小速度误差的方向变化。

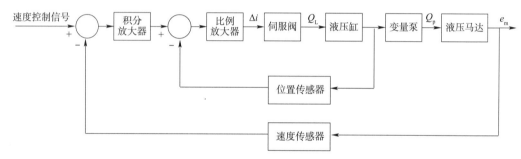

图 4-4 带位置环的闭环泵控液压马达速度系统

这类系统的位置检测器多采用差动变压器式传感器,液压泵一般为轴向柱塞泵,变量伺服机构的液压缸、伺服阀和位置检测器组成一体,装在液压泵上,驱动液压马达通常是定量液压马达,在液压马达轴的输出轴上装置测速发电机。采用积分放大器是为了使开环系统具有积分特性,构成Ⅰ型伺服系统。通常,由于变量伺服机构惯量很小,液压缸-负载的谐振频率高达 100Hz 以上,可看成积分环节,因此,变量机构的伺服控制回路可看成仪器伺服回路,其频带在 10~20Hz 以上。系统的动态特性主要由泵控液压马达所决定。从稳定性和快速性看,要特别注意液压泵和液压马达之间的连接管路的刚性和管路中油的压缩性。

4.1.2.3 不带位置环的闭环控制系统

如果将泵变量机构的位置反馈通路去掉,可以得到图 4-5 所示的速度控制系统。因为变量液压缸本身含有积分环节,所以放大器应采用比例放大器,系统仍是Ⅰ型伺服系统。但伺服阀零漂和负载力等引起的速度误差仍然存在。

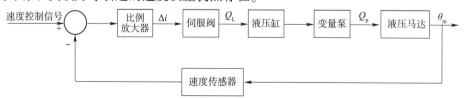

图 4-5 不带位置环的闭环泵控液压马达速度系统

4.2 典型闭式系统的调速回路特性

对于由变量泵-变量液压马达组成的闭式系统,它的调节过程可分为两个阶段来分析。

第一阶段(恒转矩调速阶段)相当于变量泵-定量液压马达容积调速。机械从静止状态到运动状态,其负载基本不变,液压马达输出转矩恒值(如图线段 ab)而与液压马达转速的变化无直接关系。液压马达输出功率 $N = M·n/9549$ (kW)(n 为泵最大排量相应的转速,M 为液压马达的输出转矩),所以液压马达输出功率与液压马达转速呈线性关系。由于机械起步阶段负载大,故液压马达的输出转矩必须足够大才能驱动机械起步,此时马达的排量 q_m 保持最大。泵的输出转速 n_p 不变。而马达的转速 $n_m = n_p · q_p/q_m$,n_m 与泵的排量 q_p 成正比。如图 4-6 所示,随着变量泵斜盘倾角增大,泵的排量随之增大,使液压马达转速上升,液压马达的输出功率增大。随着变量泵从最小排量调到最大排量,液压马达转速相应从最小转速 n_{mmin} 逐渐提到与泵最大排量相应的转速 n 为止。

第二阶段(恒功率调速阶段)相当于定量泵-变量液压马达容积调速。此阶段泵的排量为最大,并保持不变,恒压式变量液压马达的排量可随负载的变化自动调节,负载增大,液压马达排量变大;负载减小,液压马达排量减小。而系统压力基本保持不变,故泵的出口压力在一小范围内波动,

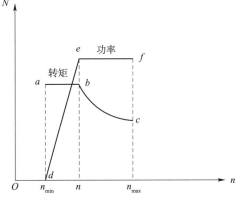

图 4-6 变量泵-变量液压马达闭式系统调节

则泵的输入功率 $N_p = \dfrac{q_p n_p \Delta p}{60000 \eta_{pm}}$($q_p$ 为泵的排量,n_p 为泵的输出转速,Δp 为压力差)基本保持恒定,如果不计系统效率,则液压马达的输出功率就等于泵的输入功率,也基本保持不变,由液压马达的功率 $N = M·n/9549$ 可知,在变负荷工况下液压马达的输出转矩 M_m 与转速 n_m 基本按图中双曲线关系自动调节。随着负载的减小,液压马达从最大排量自动减小到某一限定值,转速相应继续提高到液压马达所能达到的最大转速。当机械在运动的时候,由于外负载很小,液压马达排量亦很小,其输出转矩很小,转速则很高。此阶段液压马达转速随负载变化自动调节,保持液压马达输出功率恒定。

此系统在实际的应用中,它的调节过程一般和上述调整方式相反,即机器在工作过程中,随着外负荷的增加,先调整液压马达的排量,此阶段为恒功率调速阶段。当液压马达排量最大时,系统还不能很好地适应外负荷的变化,然后再调整泵的排量,此阶段为恒转矩调速阶段。

4.2.1 电动比例控制液压调速回路特性

满足所分析讨论的性能匹配方式及目标的行走机械液压驱动系统自动控制装置在结构上有多种实现方式。电动控制方式的最大特点是适应能力强,其硬件设施通用性强,对于各类机械(牵引型、非牵引型)都可以使用,设计使用方便,不同的车辆工况只需要改写控制目标函数即可,且可以达到比较精确的控制,智能化程度高。

电动比例控制对于不同的车辆及其性能要求,在实现形式上基本是一样的,所不同的是其设计者要根据机器的整体性能要求和发动机特性,选择合理的液压元件组成驱动系统,设定泵和液压马达的变化起始点的控制参数及变量过程的模式,并将其作为控制目标函数写入控制器中;对电液比例元件进行实时控制,以实现车辆达到所要求的工作性能。依靠电子信号处理系统,电液比例液压元件能实现多种功能并能较方便地调节各类相关参数,得到不同的输入输出特性,因此,它的"匹配柔性"是很好的,原则上说,可以覆盖各种变量形式的功能,适应各种机具使用要求。

电动比例变量泵与电动比例变量马达的工作原理相同,都是通过改变比例电磁铁的控制电流进行其排量控制,它们一般联合使用,通过转速压力和位移传感器检测马达转速、泵转速(发动机转速)、系统压力、泵排量等参数,将机器的实时状态参数输入微控制器,微控制器中预先写有车辆需要达到的控制状态(目标值参数或目标值方程),将实时状态参数与目标值参数进行比较,根据其插值输出相应的控制参数,使发动机、泵、液压马达进而是车辆的实时工作状态接近目标值状态。其控制原理如图 4-7 所示。

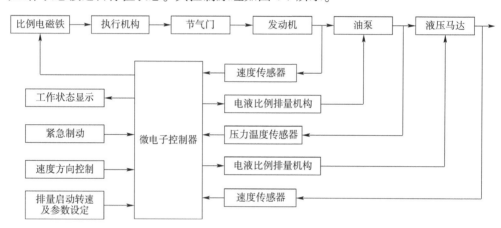

图 4-7 行驶静压驱动系统控制原理图

4.2.1.1 电动比例变量泵调节原理及实现

液压泵将机械能转换为液压能,是液压系统的动力源。由于结构及功能上的要求,推土机静压驱动系统的变量液压泵采用轴向柱塞式。比例控制变量泵是利用电-机械转换元件和控制阀来操纵变量机构的,变量机构实质上是一位置控制系统,变量活塞的位置和泵的排量调节参数——对应。其工作方式是与比例电磁铁电流有关的控制压力通过比例电磁阀控制向变量活塞提供控制压力,因而泵的斜盘及排量无级可变。液压泵变量机构的基本作用是改变泵的排量,使泵的排量的改变和输入信号成正比,以根据系统的参数变化进行泵的排量的调节,达到流量补偿、压力补偿以及功率的适应控制的目的。这样的控制称为电液比例排量控制。电比例泵的控制特性如图 4-8 所示。控制电流由 I_0 变化至 I_1 时泵排量由零变化至最大,对应于任一电流值都有一确定的排量与之对应,其排量方程为:

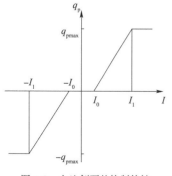

图 4-8 电比例泵的控制特性

$$q_\mathrm{p} = \frac{q_\mathrm{pmax}}{I_1 - I_0}(I - I_0) \qquad (4\text{-}1)$$

4.2.1.2 电动比例变量马达调节原理及实现

比例控制式排量调节按照变量活塞和先导阀之间的反馈方式来分,主要有位移直接反馈和位移-力反馈式两类。前者相当于变量泵的伺服变量式,即变量活塞跟踪先导阀的位移而定位。后者是利用变量活塞的位移,通过弹簧反馈使控制阀芯在力平衡条件下关闭阀口,从而使变量活塞定位。这里给出变量泵位移直接反馈式电液比例控制排量调节原理,如图 4-9 所示。

比例排量变量液压马达和比例排量变量泵的变量机构和原理是基本相同的,即液压马达的排量的改变根据电子信号的改变,利用适当的电-机转换装置,通过液压放大级对液压马达的排量机构进行位置控制,使其排量与输入信号成正比,以实现液压马达所要达到的控制性能。这里给出变量液压马达的位移-力反馈式电液比例控制排量调节原理,如图 4-10 所示。

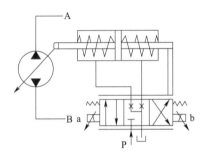

图 4-9 泵的位移直接反馈式电液比例控制排量调节原理图

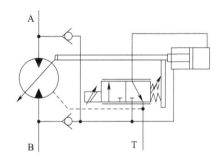

图 4-10 液压马达的位移-力反馈式电液比例控制排量调节原理图

电比例马达的控制特性如图 4-11 所示。控制电流由 I_1 变化至 I_0 时,液压马达排量由零变化至最大,对应于任一电流值都有一确定的排量与之对应,其排量方程为:

$$q_\mathrm{m} = \frac{q_\mathrm{mmax}}{I_1 - I_0}(I_1 - I) \qquad (4\text{-}2)$$

在液压变量泵和液压马达的控制方式确定之后,结合液压驱动系统回路的基本组成及系统的性能匹配的实现方式,可确定满足系统性能匹配要求的行驶驱动系统的液压传动回路,如图 4-12 所示。

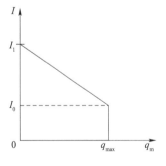

图 4-11 电比例马达的控制特性

4.2.2 其他控制方式的液压调速回路特性

由于电液比例控制在成本上比较高,并且其结构原理相对来说比较复杂,这就限制了其在实际中的应用。所以,一些厂家结合自己和国内产品市场的实际,对整个闭式系统的控制方式作出了适当的调整和改进。下面给出泵的行驶静压驱动系统的控制及实现方式。首先泵采用位移直接反馈式液控变排量调节的方式,其调节原理如图 4-13 所示,相应的控制方式的实现如图 4-14 所示。

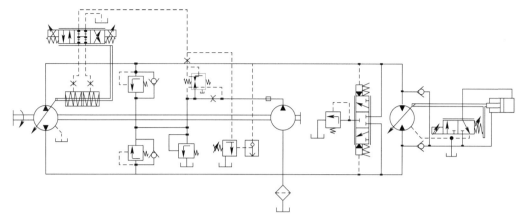

图 4-12 电液比例控制的行驶驱动系统液压传动回路图

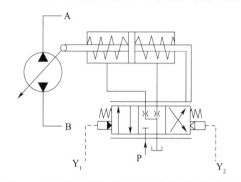

图 4-13 泵的位移直接反馈式液控变排量调节原理图

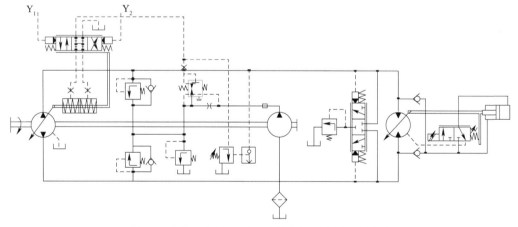

图 4-14 采用液控变量泵的行驶驱动系统液压传动回路图

履带式沥青混凝土摊铺机中,液压驱动系统原理采用的是分置式结构,即由变量泵控制低速大转矩液压马达,经减速器后直接驱动行走机构。

4.3 液压驱动系统控制模式

现代履带式沥青混凝土摊铺机的行驶控制方式为电子控制,其中变量泵采用电子比例控制,双速液压马达采用电磁二位开关控制。

4.3.1 液压马达控制方式

在沥青混凝土摊铺机的控制中,双速液压马达的控制较为简单,普遍采用电磁二位开关控制。即变量液压马达在机器作业工况时在最大排量(最大输出转矩)状态,在非作业工况(如转移工地等行驶状况)时在最小排量(最小输出转矩)状态。图4-15 显示了双速液压马达排量的控制情况。

可见,对摊铺机传动的控制亦即摊铺机各种不同行驶工况的实现重点在于变量泵的控制。

4.3.2 变量泵控制方式

在履带式摊铺机行驶驱动回路中,液压泵多采用比例控制轴向柱塞式变量泵。为了满足功率调节和自动控

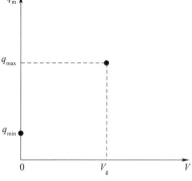

图4-15 双速液压马达排量控制

制的要求,变量泵的控制方式近年来已得到长足的发展。比例控制变量泵利用电-机械转换元件和控制阀来操纵变量机构,这不仅是操纵方式的不同,更重要的是可以利用电信号来实现功率调节和自适应控制。这对高压大功率系统的性能改进和节能都具有重要意义。

通常把变量泵的比例控制功能分为比例排量调节、比例流量调节、比例压力调节和比例功率调节四大类。如果只利用变量机构的位置控制作用,使泵的排量和输入信号成正比,即为排量调节。如果针对泵的输入参数,如流量、压力和功率进行控制,就要利用泵的出口压力或反映流量的压差与输入信号进行比较,然后再通过变量机构的位置控制作用来确定泵的排量。所以,后三种控制功能实际上都是在排量调节基础上提出特定要求来实现的。本书研究的是比例排量调节变量泵。

变量泵变量机构的基本作用是改变泵的排量,即在任一给定的工作压力下实现排量与输入信号成正比的控制功能。变量机构本质上是一个位置控制系统,机构中变量活塞的位置与泵的排量调节参数一一对应。

比例控制式排量调节按照变量活塞和控制阀之间的反馈方式来分,有位移直接反馈式、位移-力反馈式和位移-电反馈式三种,其形式如图4-16所示。位移直接反馈式相当于常规变量泵的伺服变量方式,变量活塞跟踪控制阀的位移而定位。位移-力反馈式利用变量活塞的位移,通过弹簧反馈使控制阀芯在力平衡条件下关闭阀口,从而使变量活塞定位。位移-电反馈式把代表排量信息的斜盘倾角或变量活塞的直线位移转换为电信号,并将此信号反馈到输入端与输入信号进行比较处理,由二者差值为零使变量活塞定位。

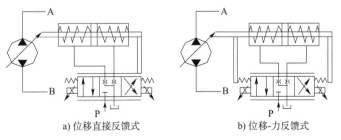

a) 位移直接反馈式   b) 位移-力反馈式

图 4-16

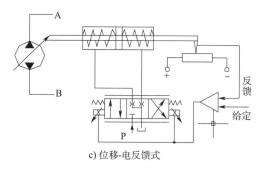

c) 位移-电反馈式

图 4-16 电液比例排量调节

位移-电反馈式比例排量调节变量泵如图 4-17 所示,给出了此种控制形式的泵斜盘倾角位置控制回路图。图 4-18 为相应的系统图。

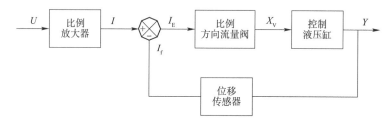

图 4-17 变量泵斜盘倾角位置回路图

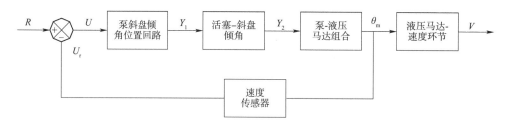

图 4-18 闭环速度控制系统图

4.4 液压驱动系统的速度特性

由于负载转矩与速度特性之间的制约关系,在推导速度特性方程之前,先作如下假定:
(1)负载恒定不变,负载转矩不发生突然的增大或减小;
(2)发动机转速恒定不变;
(3)负载转矩计算选用匀速行驶摊铺作业工况,公式涉及的各参数采用常用值。

4.4.1 速度特性方程

在设计行驶控制系统时,行驶液压系统是已经给定且已知不变的,在行驶变量泵的技术资料中,可以得到泵排量 q_p 与输入电压 U 之间的变化关系,如图 4-19 所示。由于曲线关于原点对称,故仅考虑曲线在第一象限的情况。调节段方程为:

$$q_p = \frac{q_{p\max}}{U_b - U_a}(U - U_a) \tag{4-3}$$

式中:q_{pmax}——变量泵最大排量,m³/r;
U_b——最大排量对应的电压值,V;
U_a——变量泵斜盘开始动作时的临界电压值,V。

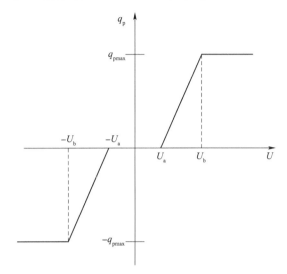

图 4-19 比例调节变量泵排量调节曲线

由于变量机构的非线性,$U_a \neq 0$。
变量泵输出流量为:

$$Q_p = \frac{n_p q_p}{60} - C_{ip}(P_p - P_r) - C_{ep}P_p \tag{4-4}$$

式中:n_p——变量泵输入转速,r/min;
C_{ip}——泵的内部泄漏系数,m⁵/(N·s);
C_{ep}——泵的外部泄漏系数,m⁵/(N·s);
P_p——泵的出口压力,N/m²;
P_r——低压管道补油压力(常数),N/m²。

液压马达高压腔流量方程为:

$$Q_m = \frac{n_m q_m}{60} + C_{im}(P_p - P_r) + C_{em}P_p \tag{4-5}$$

式中:n_m——液压马达的输出转速,r/min;
q_m——液压马达的排量(在所研究的问题中,q_m 有两个值),m³/r;
C_{im}——液压马达的内部泄漏系数,m⁵/N·s;
C_{em}——液压马达的外部泄漏系数,m⁵/N·s。

根据流量的连续性,则有:

$$Q_p = Q_m \tag{4-6}$$

联立式(4-4)~式(4-6),并化简得:

$$\frac{n_p q_p}{60} + (C_{ip} + C_{im})P_r = C_t P_p + \frac{n_m q_m}{60} \tag{4-7}$$

式中:C_t——泵和液压马达总泄漏系数之和,$G_t = C_{ip} + C_{im} + C_{ep} + C_{em}$。

这里忽略了管道的泄漏和压力损失，认为泵的输出流量等于液压马达的输入流量，液压马达高压腔的工作压力等于泵的输出压力。

液压马达和负载的静态力矩平衡方程为：

$$(P_p - P_r)\frac{q_m}{2\pi} = T_D + T_L \tag{4-8}$$

式中：T_L——作用于马达轴上的外负载转矩，$N \cdot m$；

T_D——马达阻尼转矩，取 $T_D = B_m \omega_m = B_m \frac{2\pi}{60} n_m$，其中，$B_m$ 为液压马达黏性阻尼系数（$N \cdot m \cdot s/r$）。

联立式(4-7)、式(4-8)，消去中间变量，整理得：

$$n_m = \frac{n_p q_m q_p - 60 q_m P_r (C_{ep} + C_{em}) - 120\pi C_t T_L}{q_m^2 + (2\pi)^2 C_t B_m} \tag{4-9}$$

车辆行驶速度为：

$$v = \frac{2\pi}{i} n_1 r_k = \frac{2\pi n_m r_k}{i}(1 - \delta_H) \tag{4-10}$$

合并式(4-3)、式(4-10)，得：

$$v = \frac{2\pi r_k (1 - \delta_H)}{60 i} \cdot \frac{n_p q_m q_p - 60 q_m P_r (C_{ep} + C_{em}) - 120\pi C_t T_L}{q_m^2 + (2\pi)^2 C_t B_m} \tag{4-11}$$

将式(4-9)代入式(4-11)，得到速度特性方程：

$$v = kU + b \tag{4-12}$$

式中：$k = k' \cdot n_p q_m q_{pmax}$；

$b = -k'\{n_p q_m q_{pmax} U_a + (U_b - U_a)[60 q_m P_r (C_{ep} + C_{em}) + 120\pi C_t T_L]\}$；

$k' = \dfrac{2\pi r_k (1 - \delta_H)}{60 i (U_b - U_a)[q_m^2 + (2\pi)^2 C_t B_m]}$。

这样，根据摊铺机作业工况和非作业工况下对应的液压马达排量 q_m 和负载转矩 T_L，就可以得到两种工况各自的速度与电压幅值之间的函数关系。

4.4.2 速度特性分析

从式(4-12)中可以看出，在计算假设下，行车速度与电压幅值之间呈良好的直线关系，这主要是变量泵排量直线性变化的缘故。图 4-20 所示为在液压马达排量不变时的速度特性曲线。

但在实际行驶中，外负载不可能是恒定不变的，负载的变化直接影响行车的速度，这一点从速度特性方程中可以看出。另外，对于容积调速回路，液压元件的泄漏是影响速度稳定性的另一因素。负载越大，回路中的压力温度越高，泄漏就越多，车速下降就越严重。总而言之，负载的变化将造成速度值与电压值之间的不确定性。

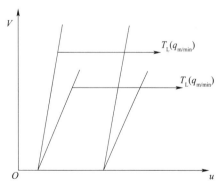

图 4-20 速度特性曲线

但推导速度特性方程的初衷，是为了在系统设计时对车速与电压幅值之间的大致关系有一个了解。因为摊铺机在非作业工况下行驶时,对速度的精确性要求不高,行驶速度可以是变化的,也可以与预设值有一定的误差。而摊铺机在作业工况下行驶时,因引入闭环控制使得最终行驶速度与预设值相符且恒定不变。在这种意义下,式(4-12)给出是具有使用价值的,它为控制系统设计中针对预选速度进行电压幅值的设定提供了参考。

4.4.3 负载对行车速度的影响

为了定性分析负载变化对行车速度的影响,引入容积调速回路速度刚度的概念,速度刚度定义为:

$$T = \frac{\partial M_{ks}}{\partial n_m} \tag{4-13}$$

式中:M_{ks}——履带驱动转矩,也即外负载对驱动链轮施加的力矩。该参数表示容积调速回路中速度受负载影响的程度,亦即负载变化时系统阻抗速度变化的能力。

$$M_{ks} = \frac{q_m(P_p - P_r)i}{2\pi}\eta_{mt}\eta_L \tag{4-14}$$

式中:η_{mt}——液压马达机械效率。

将式(4-13)代入式(4-14),化简得:

$$M_{ks} = \frac{iq_m\eta_{mt}\eta_L}{2\pi}\left(\frac{n_p q_p - n_m q_m}{60 C_t} - \frac{C_{ep}+C_{em}}{C_t}P_r\right) \tag{4-15}$$

于是,速度刚度为:

$$T = -\frac{q_m^2 \eta_{mt}\eta_L i}{120\pi C_t} \tag{4-16}$$

从式(4-16)中可以看出,要想减小外负载变化对行车速度(即液压马达转速)的影响,可以采取以下措施:提高元器件的制造精度和质量,从而减少泄漏;加大液压马达排量,即使用大排量液压马达;增大液压马达减速器机械效率;增加轮边减速比,都可减小负载变化对行车速度的扰动。

4.5 泵控液压马达系统

泵控液压马达是通过改变泵的排量,即改变泵的输出功率来控制传送给负载的动力。泵控系统的功率损失小、效率高,其最高效率可达90%,功率范围可达几十至几百千瓦,适用于大功率压伺服系统,如重型机床、恒速装置、张力控制、火炮、雷达天线及船舶舵机系统中。近年来,工程机械领域也越来越多地采用泵控液压马达比例控制或伺服控制系统,即用比例阀控制泵的斜盘角度,改变泵的排量,再控制液压马达及其负载,显著提高了工程机械液压系统的效率,改善了整机性能。

泵控液压马达系统是由变量泵和定量液压马达组成的,如图4-21所示。变量泵1以恒定的转速ω_p旋转,通过改变变量泵的排量来控制液压马达2的转速和旋转方向。补油系统是一个小流量的恒压源,补油泵7的压力由补油溢流阀5调定。补油泵通过止回阀4向低压管道补油,用以补偿液压泵和液压马达的泄漏,并保证低压管道有一个恒定的压力值,以防止出现气穴现象和空气渗入系统,同时也能帮助系统散热,补油泵通常也可作为液压泵变量控制机构的液压源。

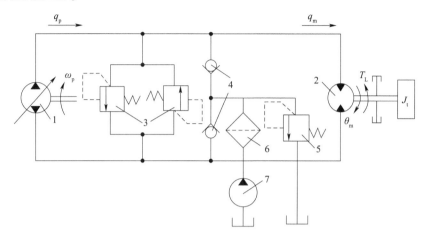

图 4-21 泵控液压马达系统

1-变量泵;2-液压马达;3-主回路溢流阀;4-止回阀;5-补油溢流阀;6-滤清器;7-补油泵

正常工作时,一根管道的压力等于补油压力,另一根管道的压力由负载决定,反向时两根管道的压力随之转换。为了保护液压元件不受压力冲击而损坏,在两根管道之间对称跨接两个高响应的安全阀,系统过载时能够将泵的最大流量从高压管道注入低压管道,以防止气穴现象和系统反向冲击的发生。变量机构中比例阀或伺服阀控制的液压缸,对于泵的摆角来说,是信号输入机构,其规格小,响应速度快,不是全系统中响应最慢的部分。对泵控液压马达系统分析时,可仿照阀控液压缸的传递函数分析方法进行。以下只推导从泵的摆角到液压马达输出转角之间的传递函数。

在正常工作时,一根管道的压力等于补油压力,另一根管道的压力由负载决定,反向时,两根管道的压力随之转换。为了保证液压元件不受压力冲击的损坏,在两根管道之间跨接了两个安全阀3。安全阀的规格要足够大,响应速度要足够快,以便在过载时能够使液压泵的最大流量从高压管道迅速泄入低压管道。在泵控液压马达系统中,液压泵的输出流量和工作压力与负载相适应,因此,工作效率高,最大效率可达90%。适用于大功率液压伺服系统。

4.5.1 泵控液压马达系统基本方程

在推导液压马达转角与液压泵摆角的传递函数时,作如下假设:

(1)连接管道较短,可以忽略管道中的压力损失和管道动态,并设两根管道完全相同,液压泵和液压马达腔的容积为常数。

(2)液压泵和液压马达的泄漏为层流,壳体内压力为大气压,忽略低压腔向壳体内的外泄漏。

(3)每个腔室内的压力是均匀相等的,液体油度和密度为常数。

(4)补油系统工作无滞后,补油压力为常数。在工作中低压管道压力不变等于补油压力,只有高压管道压力变化。

(5)输入信号较小,不发生压力饱和现象。

(6)液压泵的转速恒定。

变量泵的排量 D_p 为：

$$D_p = k_p \gamma \qquad (4-17)$$

式中：k_p——变量泵的排量梯度；

γ——变量泵变量机构的摆角。

变量泵的流量方程为：

$$q_p = D_p \omega_p - C_{ip}(p_1 - p_r) - C_{ep}p_1 \qquad (4-18)$$

式中：q_p——变量泵的流量；

ω_p——变量泵的转速；

C_{ip}——变量泵的内泄漏系数；

C_{ep}——变量泵的外泄漏系数；

p_r——低压管道的补油压力。

将式(4-17)代入式(4-18)，其增量方程的拉氏变换式为：

$$Q_p = K_{qp}r - C_{tp}p_1 \qquad (4-19)$$

式中：K_{qp}——变量泵的流量增益，$K_{qp} = K_p \omega_p$；

C_{tp}——变量泵的总泄漏系数，$C_{tp} = C_{ip} + C_{ep}$。

液压马达高压腔的流量连续性方程为：

$$q_p = C_{im}(p_1 - p_r) + C_{em}p_1 + D_m \frac{d\theta_m}{dt} + \frac{V_0}{\beta_e} \frac{dp_1}{dt} \qquad (4-20)$$

式中：C_{im}——液压马达的内泄漏系数；

C_{em}——液压马达的外泄漏系数；

D_m——液压马达的排量；

θ_m——液压马达的转角；

V_0——一个腔室的总容积，包括液压泵和液压马达的一个工作腔、一根连接管道及与此相连的非工作容积。

其增量方程的拉氏变换式为：

$$Q_p = C_{tm}p_1 + D_m S \theta_m + \frac{V_0}{\beta_e} S p_1 \qquad (4-21)$$

式中：C_{tm}——液压马达的总泄漏系数，$C_{tm} = C_{im} + C_{em}$。

液压马达和负载的力矩平衡方程为：

$$D_m(p_1 - p_r) = J_t \frac{d^2\theta_m}{dt^2} + B_m \frac{d\theta_m}{dt} + G\theta_m + T_L \qquad (4-22)$$

式中：J_t——液压马达和负载(折算到液压马达轴上)的总惯量；

B_m——黏性阻尼系数；

G——负载弹簧刚度；

T_L——作用在液压马达轴上的任意外负载力矩。

其增量方程的拉氏变换式为：

$$D_m P_1 = J_t S^2 \theta_m + B_m S \theta_m + G \theta_m + T_L \qquad (4-23)$$

4.5.2 泵控液压马达系统传递函数

由式(4-19)~式(4-22)消去中间变量 Q_p、P_1 可得：

$$\theta_m = \frac{\dfrac{K_{qp}}{D_m}\gamma - \dfrac{C_t}{D_m^2}\left(1 + \dfrac{V_0}{\beta_e C_t}S\right)T_L}{\dfrac{V_0 J_t}{\beta_e D_m^2}S^3 + \left(\dfrac{C_t J_t}{D_m^2} + \dfrac{B_m V_0}{\beta_e D_m^2}\right)S^2 + \left(1 + \dfrac{C_t B_m}{D_m^2} + \dfrac{GV_0}{\beta_e D_m^2}\right)S + \dfrac{GC_t}{D_m^2}} \quad (4-24)$$

式中：C_t——总的泄漏系数，$C_t = C_{tp} + C_{tm}$；

当 $\dfrac{C_t B_m}{D_m^2} = 1$ 和 $G = 0$ 时，式(4-24)可简化成：

$$\theta_m = \frac{\dfrac{K_{qp}}{D_m}\gamma - \dfrac{C_t}{D_m^2}\left(1 + \dfrac{V_0}{\beta_e C_t}S\right)T}{S\left(\dfrac{S^2}{\omega_h^2} + \dfrac{2\xi_h}{\omega_h}S + 1\right)} \quad (4-25)$$

式中：ω_h——液压固有频率；

ξ_h——液压阻尼比。

$$\omega_h = \sqrt{\frac{\beta_e D_m^2}{V_0 J_t}} \quad (4-26)$$

$$\xi_h = \frac{C_t}{2D_m}\sqrt{\frac{\beta_e J_t}{V_0}} + \frac{B_m}{2D_m}\sqrt{\frac{V_0}{\beta_e J_t}} \quad (4-27)$$

泵控液压马达的方块图如图 4-22 所示，液压马达轴转角对变量泵摆角的传递函数为：

$$\frac{\theta_m}{\gamma} = \frac{\dfrac{k_{qp}}{D_m}}{S\left(\dfrac{S^2}{\omega_h^2} + \dfrac{2\xi_h}{\omega_h}S + 1\right)} \quad (4-28)$$

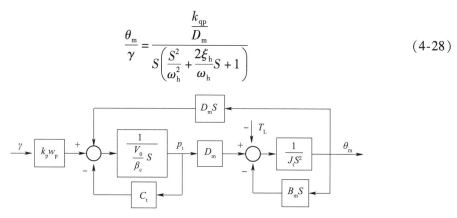

图 4-22　泵控液压马达方块图

液压马达轴转角对任意外负载力矩的传递函数为：

$$\frac{\theta_m}{T_L} = \frac{-\dfrac{C_t}{D_m^2}\left(1 + \dfrac{V_0}{\beta_e C_t}S\right)}{S\left(\dfrac{S^2}{\omega_h^2} + \dfrac{2\xi_h}{\omega_h}S + 1\right)} \quad (4-29)$$

4.5.3　泵控液压马达与阀控液压马达系统特性比较

比较泵控液压马达与阀控液压马达的方程式，可以看出两个方程的形式是相同的，因此，这两种动力执行系统在动态特性方面没有本质上的差别，但两者参数的数值及变化范围有较大的不同。

(1) 泵控液压马达系统的液压固有频率较低。因为泵控液压马达只有一个控制管道,另一根管道的压力等于常数(补油压力不变),所以液压弹簧刚度为阀控液压马达系统的一半,液压固有频率为阀控液压马达系统的 $1/\sqrt{2}$ 倍。另外,泵的工作容积较大,使液压固有频率进一步降低。

(2) 泵控液压马达系统的阻尼比更小,但恒定。因为泵控液压马达系统的总泄漏系数 C_t 比阀控液压马达系统的流量-压力系数 k_{ce} 要小,造成泵控液压马达系统总是欠阻尼的,需要设法提高其阻尼比,比如设置泄漏通道等。但结构及制造精度决定的总泄漏系数 C_t 基本上是恒定的,因此,阻尼比也恒定。

(3) 泵控液压马达系统的增益 k_{qp}/D_m 和静态速度刚度 D_m^2/C_t 也比较恒定。

(4) 由式(2-48)可以确定系统动态柔度或由其倒数确定动态刚度特性。由于泵控液压马达系统的固有频率和阻尼比都较低,所以其动态刚度不如阀控液压马达系统好。但由于 C_t 较小,静态速度刚度好,意味着泵控液压马达系统对速度控制的精度比阀控液压马达系统好。

通过以上比较,在动态响应特性方面,泵控液压马达系统比阀控液马达系统特性好。但是,泵控液压马达系统线性度好,其增益和阻尼都比较恒定,其特性更容易预测,理论分析和实测结果接近。从系统效率的角度看,变量泵控制液压马达系统的效率更高。

4.5.4 液压动力元件与负载的匹配

液压动力元件要拖动负载运动,因此,就存在液压动力元件的输出特性与负载特性的配合问题,即负载匹配问题。在研究负载匹配之前,首先应该了解负载特性。

4.5.4.1 负载特性

所谓负载,是指液压执行元件运动时所遇到的各种阻力(或阻力矩)。负载的种类有惯性负载、弹性负载、黏性阻尼负载、摩擦负载和重力负载等。

负载力与负载速度之间的关系称为负载特性。以负载力为横坐标、负载速度为纵坐标所画出的曲线称之为负载轨迹,其方程即为负载轨迹方程。负载特性不但与负载的类型有关,而且与负载的运动规律有关。采用频率法设计系统时,可以认为输入信号是正弦信号,负载是在作正弦响应。下面介绍几种典型的负载特性。

(1) 惯性负载特性。

惯性负载力可表示为:
$$F_I = m\ddot{x} \tag{4-30}$$

若设惯性负载的位移 x 为正弦运动,即:
$$x = x_0 \sin\omega t \tag{4-31}$$

式中: x_0 ——正弦运动的振幅;
ω ——正弦运动的角频率。

则负载轨迹方程为:
$$\dot{x} = x_0 \omega \cos\omega t \tag{4-32}$$
$$F_I = -mx_0 \omega^2 \sin\omega t \tag{4-33}$$

联立式(4-32)、式(4-33)可得:

$$\left(\frac{\dot{x}}{x_0\omega}\right)^2 + \left(\frac{F_I}{x_0 m\omega^2}\right)^2 = 1 \tag{4-34}$$

负载轨迹为一正椭圆,如图 4-23 所示。其中最大负载速度 $\dot{x}_{\max} = x_0\omega$ 与 ω 正比,最大负载力 $F_{I\max} = mx_0\omega^2$ 与 ω^2 成比例,故 ω 增加时椭圆横轴增加比纵轴快。由于惯性力随速度增大而减小,所以负载轨迹点的旋转方向是逆时针方向。

(2)黏性阻尼负载特性。

黏性阻尼力为:

$$F_v = B\dot{x} \tag{4-35}$$

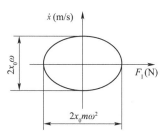

图 4-23 惯性负载轨迹

若设负载的位移为 $x = x_0\sin\omega t$,则得负载轨迹方程为:

$$\dot{x} = x_0\omega\cos\omega t \tag{4-36}$$

$$F_v = Bx_0\omega\cos\omega t \tag{4-37}$$

或

$$\dot{x} = \frac{F_v}{B} \tag{4-38}$$

负载轨迹为一直线,如图 4-24 所示。其斜率为 $\tan\alpha = \frac{1}{B}$,与频率无关。

(3)弹性负载特性。

弹性负载力为:

$$F_p = Kx \tag{4-39}$$

设 $x = x_0\sin\omega t$,则负载轨迹方程为:

$$\dot{x} = x_0\omega\cos\omega t \tag{4-40}$$

$$F_p = Kx_0\sin\omega t \tag{4-41}$$

或

$$\left(\frac{F_p}{Kx_0}\right)^2 + \left(\frac{\dot{x}}{x_0\omega}\right)^2 = 1 \tag{4-42}$$

负载轨迹也是一个正椭圆,如图 4-25 所示。其中,最大负载力 $F_{p\max} = Kx_0$ 与 ω 无关,而最大负载速度 $\dot{x}_{\max} = x_0\omega$ 与 ω 成正比,故 ω 增加时椭圆横轴不变,纵轴与 ω 成比例增加。因为弹簧变形速度减小时弹簧力增大,所以负载轨迹上的点是顺时针变化的。

图 4-24 黏性阻尼负载轨迹

(4)摩擦负载特性。

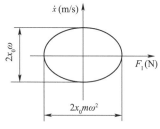

图 4-25 弹性负载轨迹

摩擦力包括静摩擦力和动摩擦力两部分,其相应的负载轨迹表示在图 4-26 中。静摩擦力与动摩擦力之和构成干摩擦力。当静摩擦力与动摩擦力近似相等时的干摩擦力称为库仑摩擦力。

(5)合成负载特性。

实际系统的负载常常是上述若干负载的组合,例如惯性负载、黏性阻尼负载与弹性负载组合。此时负载力为:

$$F_t = m\ddot{x} + B\dot{x} + Kx \qquad (4\text{-}43)$$

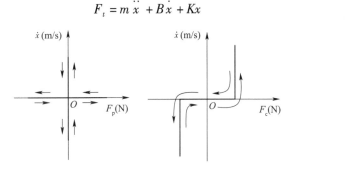

a) 静摩擦负载轨迹　　b) 动摩擦负载轨迹

图 4-26　摩擦负载轨迹

若设负载位移 $x = x_0 \sin\omega t$，则负载轨迹方程为：

$$\dot{x} = x_0 \omega \cos\omega t \qquad (4\text{-}44)$$

$$F_t = (K - m\omega^2)x_0 \sin\omega t + Bx_0 \omega \cos\omega t \qquad (4\text{-}45)$$

联立式(4-44)、式(4-45)可得：

$$\left[\frac{F_t - B\dot{x}}{(K - m\omega^2)x_0}\right]^2 + \left(\frac{\dot{x}}{x_0 \omega}\right)^2 = 1 \qquad (4\text{-}46)$$

式(4-46)为斜椭圆方程，负载轨迹如图 4-27 所示。椭圆轴线与横坐标轴的夹角为：

$$\alpha = \frac{1}{2}\arctan\frac{2B}{B^2 - \frac{1}{\omega^2}(K - m\omega^2)^2 - 1} \qquad (4\text{-}47)$$

由式(4-45)可得：

$$F_t = x_0 \sqrt{(K - m\omega^2)^2 + B^2\omega^2}\sin(\omega t + \varphi) \qquad (4\text{-}48)$$

则

$$F_{t\max} = x_0 \sqrt{(K - m\omega^2)^2 + B^2\omega^2} \qquad (4\text{-}49)$$

式中：$\varphi = \arctan\dfrac{B\omega}{K - m\omega^2}$。

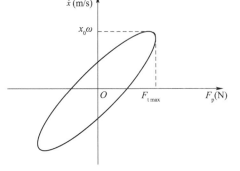

图 4-27　惯性、黏性阻尼和弹性组合负载轨迹

对惯性负载加弹性负载或惯性负载加黏性阻尼负载的情况，负载轨迹方程可由式(4-46)简化得到。

对惯性负载、弹性负载、黏性阻尼负载或由它们组合的负载，随频率增加负载轨迹加大，在设计时应考虑最大工作频率时的负载轨迹。

当存在外干扰力或负载运动规律不是正弦形式时，负载轨迹就要复杂了，有时只能知道部分工况点的情况。在负载轨迹上，对设计最有用的工况点是最大功率、最大速度和最大负载力工况。一般对功率的要求最难满足，因此也是最重要的要求。

前文对行驶液压驱动系统的组成、工作原理、控制方式作了较为全面的阐述，并针对液压系统的比例控制建立了数学模型，为系统的数字仿真做好了准备。但在建立数学模型时，对于动力机构负载的处理与实际情况有些出入。在模型中，假定动力机构的负载为集中参数表示的单质量单弹簧系统，这种处理方式与工业中的大多数负载基本吻合，但这里所遇到的动力机构,是几个集中质量(惯量)以柔性结构相连接的多级共振性负载,由于它具有多个自由度,因而不能这样处理。所以,有必要对动力机构的实际负载进行等效转化处理,将实际的多级共振性负载等效为模型中的单质量单弹簧系统。

这些动力机构包括控制液压缸(属泵变量机构)和液压马达,下面对这两种动力机构的实际负载进行等效转换,使之与前一节建立的模型中的负载相一致,以便于仿真操作。

4.5.4.2 控缸负载等效

研究负载的等效,实际上是研究如何用实际负载的信息在满足变形能守恒、动能守恒等其他条件下去求解等效负载的相关参数。控制液压缸的实际负载形式与建模负载型分别如图4-28a)和图4-28b)所示。在这里,将着重确定控制液压缸模型中负载的参量 m_c、B_c、K 及 F_c 的值。

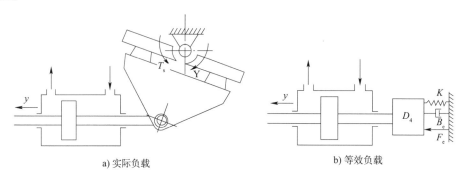

a) 实际负载　　　　　　　　　　b) 等效负载

图4-28　控制液压缸负载模型

(1)负载力。

活塞外负载力 F_c 是变量泵排量调节机构(指斜盘及其回转轴承)和吸排油腔相通部分产生的液压力矩折算到变量活塞上的变量力,也称操作力。以静平衡方程计算,得:

$$F_c \cdot L\cos\gamma = T_s \tag{4-50}$$

式中:T_s——斜盘动作时的阻力矩,实际上是斜盘上在高压腔工作的柱塞对转轴作用的合力矩。

T_s 的瞬态值具有很大的随机性,与某一瞬间工作在高压腔的柱塞个数、各柱塞位置、斜盘倾角等诸多因素有关,不好把握。此力矩的平均值为:

$$T_s = \frac{Z\Delta\varphi}{\pi} \cdot \frac{A_0 R P_p}{2\cos^2\gamma} \tag{4-51}$$

式中:Z——柱塞个数;

$\Delta\varphi$——高压腔偏置角度,rad;

A_0——柱塞截面面积,m²;

R——配流槽半径,m。

则

$$F_c = \frac{T_s}{L\cos\gamma} = \frac{Z\Delta\varphi}{\pi} \cdot \frac{A_0 R P_p}{2L\cos^3\gamma} \tag{4-52}$$

因为斜盘倾角 γ 的变化范围很小,因此可近似认为 $\cos\gamma \approx 1$,于是对上式作拉氏变换,有:

$$F_c(s) = \frac{ZA_0R\Delta\varphi}{2L\pi}P_p(s) \tag{4-53}$$

(2)等效质量。

由动能守恒原理,等效系统的动能应等于原系统的动能,有:

$$\frac{1}{2}m_c'\dot{y}^2 + \frac{1}{2}J_s\dot{\gamma}^2 = \frac{1}{2}m_c'\dot{y}^2 + \frac{1}{2}m_s\dot{y}^2 \tag{4-54}$$

式中: J_s——斜盘转动惯量;

m_c'——活塞质量;

m_s——斜盘转动惯量折算到活塞处的等效质量。

考虑到线位移和角位移之间的关系有 $y = L\gamma$,则:

$$\dot{y} = L\dot{\gamma} \tag{4-55}$$

将上式代入式(4-54),化简得:

$$m_s = J_s/L^2 \tag{4-56}$$

所以,等效模型中:

$$m_c = m_c' + m_s = m_c' + J_s/L^2 \tag{4-57}$$

(3)黏性阻尼系数和弹性系数。

关于黏性阻尼系数 B_c 和弹性系数 K,可本着简化的原则处理。假设斜盘转轴为刚性结构,于是模型中负载的弹性系数 K 就等于活塞对中弹簧的弹性系数。对于黏性阻尼系数 B_c,可采用活塞的黏性阻尼系数。

4.5.4.3 泵控马达负载等效

按动力系统传递路线,液压马达实际负载的等效模型如图4-29所示。

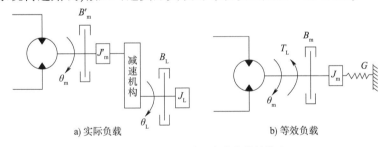

a) 实际负载   b) 等效负载

图 4-29 液压马达实际负载的等效模型

(1)负载转矩。

各种行驶工况下的负载转矩不作讨论,这里讨论的是起步加速时的动态特性,因此负载转矩为:

$$T_L = \frac{F_{ks} \cdot r_k}{i\eta_L\eta_r} = \frac{0.6\sum F_i \cdot r_k}{i\eta_L\eta_r} \quad (i = 1,2,3,5) \tag{4-58}$$

对式(4-58)作拉氏变换得:

$$T_L(s) = 0.6\frac{mr_k}{i\eta_L\eta_t}s \cdot v(s) \tag{4-59}$$

其中,对作业工况, $m = m_y + m_a + m_b + m_c$;对非作业工况, $m = m_y$。

在对上式作拉氏变换时,假定除摊铺机惯性阻力外,其他行驶阻力恒定不变,此处忽略行驶阻力的动态扰动。

(2)转动惯量和黏性阻尼系数。

在式(4-60)中,马达轴转动惯量为J'_m,黏性阻尼系数为B'_m,角速度为ω_m;负载(指驱动链轮及履带,这里仅研究驱动链轮而忽略履带动能)的转动惯量为J_L,黏性阻尼系数为B_L,角速度为ω_L。假设减速机构中齿轮系(或链传动系)是理想的,即齿轮(或链轮系链轮)是绝对刚性的,齿轮(或链轮)的惯量和游隙为零。

根据能量守恒原理有:

$$\frac{1}{2}J'_m\omega_m^2 + \frac{1}{2}J_L\omega_L^2 = \frac{1}{2}J_m\omega_m^2 \tag{4-60}$$

因为

$$\omega_m = i \cdot \omega_L \tag{4-61}$$

于是由式(4-60)、式(4-61)化简得:

$$J_m = J'_m + J_L/i^2 \tag{4-62}$$

这样,便得到了液压马达和负载惯量折算到液压马达输出轴上的等效转动惯量。同理,可以求得液压马达和负载折算到液压马达输出轴上的等效黏性阻尼系数。

$$B_m = B'_m + B_L/i^2 \tag{4-63}$$

(3)扭转弹簧刚度。

在前文已经作过假设,即减速机构的齿轮(或链轮)和齿轮(或链轮)轴为绝对刚度。因此,液压马达和负载转化至液压马达轴上的扭转弹簧刚度可以用液压马达轴的扭转弹簧刚度来代替。

4.5.4.4 液压动力元件的输出特性

液压动力元件的输出特性是在稳态情况下,执行元件的输出速度、输出力与阀的输入位移三者之间的关系,可由阀的压力-流量特性变换得到。将阀的负载流量除以液压缸的面积(或液压马达排量),负载压力乘以液压缸面积(或液压马达排量),就可以得到动力元件的输出特性,如图4-29所示。由图可见:

(1)提高供油压力,使整个抛物线右移,输出功率增大,如图4-30a)所示。

(2)增大阀的最大开口面积,使抛物线变宽,但顶点不动,输出功率增大,如图4-30b)所示。

(3)增大液压缸活塞面积,使抛物线顶点右移,同时使抛物线变窄,但最大输出功率不变,如图4-30c)所示。这样,可以调整p_s、Wx_{vmax}、A_p三个参数,使之与负载匹配。

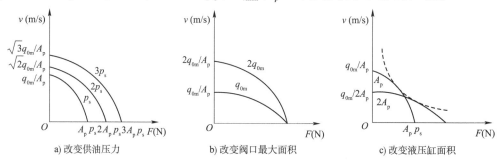

图4-30 液压动力元件输出特性曲线

4.5.4.5 液压动力元件负载参数匹配

根据负载轨迹来进行负载匹配时，只要使动力元件的输出特性曲线能够包围负载轨迹，同时使输出特性曲线与负载轨迹之间的区域尽量小，便认为液压动力元件与负载相匹配。输出特性曲线能够包围负载轨迹，动力元件便能够满足负载的需要。尽量减小输出特性曲线与负载轨迹之间的区域，便能减小功率损失，提高效率。如果动力元件的输出特性曲线不但包围负载轨迹，而且动力元件的最大输出功率点与负载的最大功率点相重合，就认为动力元件与负载是最佳匹配。此时，功率利用最好。

在图 4-31 中，输出特性曲线 1、2、3 均包围负载轨迹，都能够拖动负载。曲线 1 的最大输出功率点（a 点）与负载的最大功率点相重合，满足最佳匹配的条件。曲线 2 表明，液压缸活塞面积太大，或控制阀小，供油压力过高。该曲线的斜率小，动力元件的静态速度刚度大，线性好，响应速度快。但动力元件的最大输出功率（b 点）大于负载的最大功率（a 点），动力元件的功率没有充分利用。曲线 3 表明，液压缸活塞面积太小，或控制阀大，供油压力低。曲线斜率大，静态速度刚度小，线性和响应速度都差。动力元件的最大输出功率（c 点）仍大于负载的最大功率。

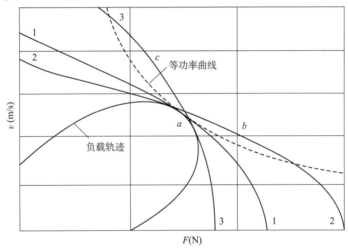

图 4-31 动力元件与负载的匹配图

采用作图法求动力元件参数，需要作许多抛物线与负载轨迹相切，是比较麻烦的。为了简化作图，可以采用坐标变换将输出特性曲线变为直线，为此只要将纵坐标取成速度的平方就可以了。

负载匹配也可以在压力-流量坐标体系进行。将负载力（或负载力矩）变成负载压力，负载速度变成负载流量，负载轨迹用负载压力和负载流量表示，与阀的压力-流量特性曲线匹配。

对某些比较简单的负载轨迹（如上面介绍的各种典型的负载轨迹），可以利用负载最佳匹配的原则，采用解析法确定液压动力元件的参数。在阀最大输出功率点有：

$$F_L^* = \frac{2}{3} A_p p_s \tag{4-64}$$

$$v_L^* = \frac{q_{0m}}{\sqrt{3} A_p} \tag{4-65}$$

式中：F_L^*——最大功率点的负载力；

v_L^*——最大功率点的负载速度；

q_{0m}——阀的最大空载流量。

在供油压力选定的情况下，可由式(4-64)求出液压缸活塞面积：

$$A_p = \frac{3}{2}\frac{F_L^*}{p_s} \tag{4-66}$$

由式(4-65)求出阀的最大空载流量：

$$q_{0m} = \sqrt{3}\,v_L^* A_p \tag{4-67}$$

通常需将阀的最大空载流量适当加以补偿泄漏，改善系统控制性能，并为负载分析中考虑不周之处留有余地。

对一些典型负载，可用解析法求出最大功率点的负载力 F_L^* 和负载速度 v_L^*。

4.6 最短斜坡时间的计算

在许多用途中，为了减少迅速变化的压力或移动质量的迅速起动和制动引起的冲击，使用放大器上的斜坡信号发生器很容易实现从一种状态到另一种状态的迅速变化。不过在快速循环机器中，加速期和减速期有减慢机器循环时间的影响，因而须在满足平稳无冲击工作的同时保持最短。在该系统中必须计算加速和减速时间，以便确定系统的流量需求。

不同执行器配置计算最短可能的斜坡时间的一种简单实用的方法。

4.6.1 基本原理

$$F = ma \tag{4-68}$$

假设执行器和连接管中的液压油是可压缩的，并以与弹簧大致相同的方式起作用。为使这一质量加速，液压缸须产生比保持质量运动需要的力更大的加速力。如图4-32所示，加速力可由牛顿定律求出[式(4-68)]。为了产生这个力，必须在液压油中造成压力，即必须压缩"液压弹簧"。在加速结束时，保持质量运动所需的力较小，因而油液弹簧中所储存的某些能量消耗掉。摩擦和阻尼有助于消耗能量，但如果能量较大，系统中将出现振荡和冲击，同样情况也适合于减速力。

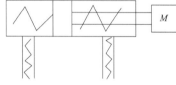

图4-32 执行器与连接管模型

影响系统响应的另一因素是弹簧刚度。一个刚度较大的系统能以较小的弹簧压缩量向质量传递力，引起较小的振荡。油液弹簧的刚度取决于油液的体积和弹性模量(压缩率)、油液体积和液压缸活塞面积。对双作用缸，油液的体积将随活塞的移动而变化即随活塞杆相对缸的位移而变化。刚度将在其行程的两端最大，中间最小。油液的体积必须同时考虑阀与缸的连接管中的体积，该体积有时比执行器本身的尺寸还大。

4.6.2 不同执行器最短动态响应时间

如图4-33a)所示，执行液压马达的最短斜坡时间为：

$$T_{\min(\sec)} = 1.4\sqrt{\frac{V \cdot I}{D^2}} \tag{4-69}$$

式中:V——管路和液压马达中的总液压油体积,cm^3;
I——液压马达及轴上的负载惯性矩,$kg \cdot m^2$;
D——液压马达排量,cm^3/rev。

如图 4-33b)所示,对称双作用缸的最短斜坡时间为:

$$T_{min(sec)} = 2.4 \times 10^{-3} \sqrt{\frac{V \cdot M}{A^2}} \tag{4-70}$$

式中:V——管路中总油液体积和缸的有效体积,cm^3;
M——负载质量,kg;
A——缸活塞面积,cm^2。

如图 4-33c)所示,单作用缸的最短斜坡时间为:

$$T_{min(sec)} = 2.0 \times 10^{-3} \sqrt{\frac{V \cdot M}{A^2}} \tag{4-71}$$

式中:V——管路和液压缸中油液的体积,cm^3;
M——负载质量,kg;
A——缸活塞面积,cm^2。

如图 4-33d)所示,非对称双作用缸的最短斜坡时间为:

$$T_{min} = 4.3 \times 10^{-3} \sqrt{\frac{M}{\frac{A_1^2}{V_1} + \frac{A_2^2}{V_2}}} \tag{4-72}$$

式中:A_1——活塞无杆腔的面积,cm^2;
A_2——活塞有杆腔的面积,cm^2;
V_1——管路和无杆腔的体积,cm^3;
V_2——管路和有杆腔的体积,cm^3;
M——负载质量,kg。

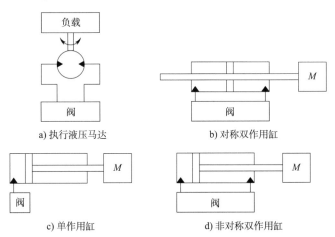

图 4-33 不同执行器配置实现平稳最短可能时间

单作用缸的最短斜坡时间随其行程活塞位置而显著变化。杆完全外伸的 T_{min} 最长,杆完全收回时的 T_{min} 最短。

T_{min} 随活塞行程的位置而变化(即随刚度而变化),因此,计算斜坡时间须确认加速或减速时缸活塞每一侧的油液体积。

一般来说,系统应设计成刚度尽可能大,可通过减小管子长度等办法解决。实践证明,一个系统算出后最小斜坡时间超过大约 0.7s,则该系统的刚度不够,而应重新考察,以减少液体体积或质量。

4.6.3 多执行元件最短斜坡时间案例

比例压力阀、比例流量阀和比例方向阀为设计工程师提供对应用问题的解决方法,这类问题用常规阀解决起来不可能或是很困难。在许多情况下,用电子控制装置替代液压阀可以简化系统,同时实现更好、更方便的控制。像其他所有元件一样,比例阀需要正确的运用,同时涉及常规阀通常用不到的情况。

此外,元件的选择余地及变化越来越大,设计者的任务在许多方面变化,使得固有同一问题可能有好几种解决的方法。很多方案采用"混合"系统,即一个系统中可能同时使用常规阀、比例阀和拆装阀,如图 4-34、图 4-35 所示。无疑许多用途采用"混合"系统,即一个系统中可能同时使用常规阀、比例阀和拆装阀。例如,有若干个执行器时,需用比例流量控制阀来控制;某一时刻仅有一个执行器工作的场合,需要一个比例流量控制阀和 n 个开关电磁阀来控制各执行器工作。

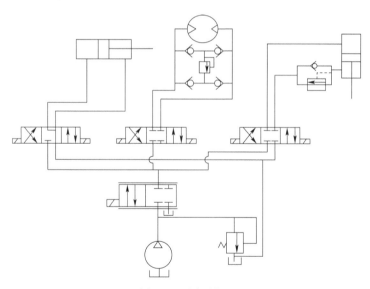

图 4-34 混合系统 1

比例特性的改进及电子技术的综合应用使传统的伺服系统可以用比例系统代替,降低成本,其特点是:三个开关量控制、一个流量控制、用于多级动力分别工作情况、负载补偿(给比例阀提供压力补偿。即在负载或供油压力变化时保持恒定的执行器速度,其结构为恒压器 + 比例阀)。

恒压差:ΔP_{P-A} 或 ΔP_{P-B} 两个方向上实现进口节流压力补偿。

提升时:A 口压力大于 B 口压力,将使阀总向关闭位置移动,压力补偿起作用;下降时,即变成负性负载时(一般 $P_A > P_B$,图示例外),A 口压力可能会大于 B 口压力(入口压力降低),这时恒压阀总向全开位置移动,即压力补偿作用将会丧失,但减小了油缸气蚀的可能性。

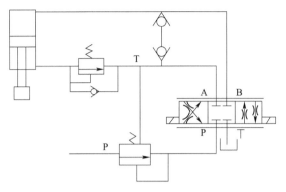

图 4-35　混合系统 2

一般受负性负载的缸组成结构为比例阀 + 进口节流补偿(恒压器) + 平衡阀,图 4-35 中梭阀可以用电磁阀代换,以便可靠地选择传感器,负载平动时不加平衡阀。

第5章 工程车辆自动换挡系统

自动换挡系统在筑路机械上的应用越来越普遍。它在提高筑路机械的使用效益及作业质量、改善使用性能、减轻操作人员的劳动强度、降低对操作人员的操作技术标准的要求等方面显示出了广泛的优越性。

由于工程车辆作业条件与作业工况复杂、多变,负载变化范围大、随机性强,而液力变矩器具有良好的自适应性能、提高车辆的舒适性、简化车辆操纵等优点,因此,工程车辆多采用液力自动变速器。但是液力自动变速器的效率低于机械变速器一直是困扰其发展的一个重要原因。为解决这个问题,液力自动变速器历经采用多元件液力变矩器、闭锁离合器、增加行星齿轮变速器挡位、电子控制等多种方法,使之综合经济性能得到了提高。其中,最有效的是最近十年来,在控制方面大量应用电子技术,使液力自动变速器的性能上了一个新的台阶。这方面的主要研究工作有改进换挡规律、变矩器闭锁离合器控制、变矩器的高效率化设计以及换挡品质控制等。

5.1 工程车辆自动换挡系统简介

电控机械式自动变速器(AMT)以其传动效率高、成本低和易于制造等优点在自动变速器家族中占有重要的位置。AMT 是在机械变速器原有基础上进行改造,主要改变手动换挡操纵部分。即在传统固定轴式变速器和干式离合器的基础上,应用电子技术和自动变速理论,以电子控制单元(ECU)为核心,通过液压执行系统控制离合器的分离与接合实现选换挡操作并通过对发动机油门的调节,来实现起步、换挡的自动操纵。因此,AMT 实际上是由一个机器人系统来完成操作离合器和选挡的两个动作。AMT 的核心技术是微型计算机控制,电子技术水平及质量将直接决定 AMT 的性能与运行质量。AMT 的发展可分为三个阶段。首先是半自动的 SAMT 阶段,通过全机械或液压控制实现离合器的自动化。第二阶段是全自动阶段,研究的重点是离合器的起步控制、换挡操纵规律。第三阶段是 AMT 智能化的研究,采用模糊控制、神经网络控制等智能控制方法,使离合器的起步控制和换挡操纵规律与外界道路情况、人的主观驾驶意图、车辆的运行状态密切相关,以提高 AMT 传动系统的智能化。由于机械自动变速器是采用现代电子技术改造传统手动变速器而得到的,其研究时的一个初衷就是考虑机械变速器部分可以借用原有的结构,因而新增生产设备较少。但这也限制了为改善自动变速器性能所要求的一些结构上的变化。这种电控机械式自动变速器既具有液力自动变速器自动变速的优点,又保留了原手动变速器齿轮传动的效率高、成本低、结构简单、易制造的长处。它糅合了二者的优点,是非常适合我国国情的机电一体化高新技术产品。它是在现有的机械变速器上进行改造的,保留了绝大部分原总成部件,只改变其中手动操作系统的变速杆部分,生产继承性好,改造的投入费用少,非常容易被生产厂家接受。它的缺点是非动力换挡,这可以通过电控软件方面来得到一定弥补。在几种自动变速器中,AMT 的性能价格比最高。在中低档轿车、城市客车、军用车辆、载货车辆等方面应用前景较广阔。

5.1.1 自动换挡技术在工程车辆上的应用

1945 年,美国通用汽车公司成功推出全世界第一台用于货车和公共汽车的全自动变速器,它的出现推动了自动变速技术在工程车辆上的应用。20 世纪 80 年代初期,Volvo 装载机变速器首次采用电子控制自动换挡。

德国 ZF 公司的 WG200 动力换挡变速器为"四前三倒",其中 1 挡只用于铲土阻力较大时。其换挡策略充分考虑了装载机作业时的特殊性,设置了 KD(Kick Down)键来快速降入 1 挡,增大推进力,铲土完成后,直接倒 2 挡退出。通过 KD 键的设置,大大简化了操作过程,提高了生产率,减轻了司机的劳动强度。但这套系统的缺点是自动化程度不高,虽然简化了操作,但所有操作都需要人的参与,仍不是真正意义上的自动变速。卡特比勒公司研制的电子控制变速器是一种整体控制系统,可对发动机-变速器-整机进行控制,可控制发动机转矩、油耗、油液液面高度等。

日本小松公司的 WA500-3 和 WA600-3 装载机可以根据工作方式和操纵杆位置的不同而在一定范围内实现自动变速,并且具有自动降挡开关(DDS),在 2 挡或 12km/h 的车速以下,操作降挡开关则可降为 1 挡。若想保持 3 挡或 4 挡,只需按下动臂操纵杆旁边的保持开关,便能保持该挡不变。目前,日本小松公司已经开始开发研制无人驾驶装载机,走在世界工程机械的前列。日本川崎重工公司的 KLD97Z 型轮式装载机采用的自动换挡控制变速器,由微型计算机判断车速与发动机匹配的最佳速度范围,并对变速用的电磁阀进行控制,实现自动变速或自动制动控制。其控制器易于进行动作的确认和故障诊断,并具有自诊断功能。由于采用电子式变速控制,变速杆的前进与后退及换挡操作就变成为指触(键盘)式,使运转操作十分轻便,减轻了司机的劳动强度。

瑞典 Volvo 公司开发使用的自动换挡变速器具有世界先进水平。该公司的轮式装载机配备了 APSII 全自动换挡控制器。变速器的换挡选择装置是由电磁阀控制的,电磁阀装在变速器壳上。装置在驾驶室内的微型计算机将变速器上的发动机传感器和车轮速度传感器所采集的信息加以处理,再把信息传送给电磁阀,令电磁阀控制装载机在最佳时刻换挡,且永不错位换挡,从而减少循环时间,提高生产率,降低油耗,提高作业经济性。

美国克拉克(CLARK)公司变速器设有自动换挡变速控制系统(PAS),该系统中的微处理器可收集变矩器、变速器等装置的各种信号并加以处理而变成电信号,使变速器在适当的时候自动换挡,缩短作业循环时间,燃油消耗量可降低 15%,同时减少换挡冲击,增加司机操作舒适性。

到 20 世纪 90 年代中期,美国 70% 以上的工程机械装备了自动变速器,日本达到了 60%,欧洲发达国家也达到了 30%。对工程车辆传动系实现自动控制,是提高整机自动化水平和产品性能价格比的一项关键技术。可以预见,将电子技术、自动控制技术和人工智能技术应用于工程机械,实现自动控制并达到较高的控制水平,是今后发展的必然趋势。

目前,我国工程机械的整体水平较低,许多关键性技术没有突破,特别是在提高作业效率、减小工作强度方面。以装载机为例,现在完全自主生产的各种装载机,都是使用手动换挡方式,最先进的也只是将传动装置中的纯液压操纵改为电液操纵,并无实质性突破。直到 20 世纪 90 年代,特别是"九五"国家重大引进技术消化吸收"施工机械""一条龙"的计划项目中,重大机械装备,如 5.4m^3 轮式装载机、42t 集装箱叉车上,为反映世界 20 世纪 90 年代水平要求才采用了自动变速器,但是自动变速器是从美国 CLARK 公司引进的,我们国家并没有自主知识产权。"八五"期间国家重大引进技术消化吸收"一条龙"项目中,引进美国 CAT966E 轮式装载机,但还是动力换挡变速器,而美国 CAT 公司自己生产的 966F 轮式装载机已经装备自动变速器。柳州工程机械股份有限公司生产的 ZL50D 轮式装载机采用和德国 ZF 公司合资生产的自动变速器,不仅价格昂贵,而且其核心的电控技术仍由德方控制。大连叉车总厂在 FD420 叉车上引进了美国 CLARK 公司的 APC100 自动变速系统。山东工程机械集团有限公司也已开始在引进的日本小松 D155 推土机上进行自动变速系统的开发。但是这些厂家仍只停留在引进传动装置总成的阶段,对于技术的引进力度仍很欠缺。因此,我国迫切需要加强对国产品牌的工程机械自动变速器的研究。

未来变速器发展的趋势是自动换挡,即变速器能随着使用工况的变化自动变换挡位。机械(人工手动)换挡的准确程度取决于司机的技术水平,司机往往不能准确地选择挡位,使得发动机功率得不到充分利用,也影响了燃料经济性,特别是对某些机械,例如铲运机,为了充分利用发动机功率,挡位数已增至 7~8 个,操作人员已很难正确地来选择挡位了。机械换挡操作非常频繁,司机劳动强度大,而且在作业过程中换挡,不仅要行驶驾驶,还要操纵工作装置,分散了司机的注意力,增加了行驶的不安全因素。例如:装载机进行 V 形作业时,每小时换挡操作近千次,平均 3.6s 一次。另外,人工手动换挡,换挡过程平稳性差,存在换挡冲击。当通过复杂的地面时,往往会因换挡不及时或换挡动力切断时间过长,造成机械停顿或发动机熄火,影响机械的通过性。

早在 20 世纪 40 年代,美国汽车上就采用了液压控制自动变速器。第一台电子控制自动变速器于 1969 年诞生,但当时电子技术水平不高,与液压控制相比没有显示出多大的优越性。直至 20 世纪 80 年代随着电子控制技术可靠性的提高和价格的降低,才真正开始进入应用阶段。

与液压控制相比,电子控制具有以下优点:能全面地反映发动机工况、外负荷工况以及作业行驶工况,使换挡控制更为合理;电子控制精度高且很灵敏,能精确地进行换挡点的控制,获得最佳的动力性能和经济性能;可以按不同的使用要求,实现多种换挡规律的控制。另外,电子控制可针对每一具体换挡情况,进行换挡品质个别控制,使得换挡迅速又平稳;电子控制还能实现各种辅助功能,例如自动故障诊断、防止意外挂高挡和倒挡等。电子控制技术还在进一步向智能化控制方向发展。

5.1.2 自动换挡系统简介

自动换挡系统根据其换挡信号的产生及控制换挡阀方式的不同,可分为液压式和电液式。液压式是将车辆的行驶速度 v、油门开度 x 等行驶状况参数转换成油压信号 P,由油压信号控制换挡阀完成自动换挡。电液式是将 v、x 等行驶状况参数转换成电信号后输入电子换挡控制器,由电子换挡控制器控制换挡阀而实现自动换挡。

自动换挡系统也可根据自动换挡的范围,分为部分自动换挡(半自动换挡)和全自动换挡两种形式。部分自动换挡是指常用的几个挡范围内实现自动换挡,司机只需在极少的几个换挡位置进行操作(一般高挡实现自动换挡,低挡手动操作换挡),也可用选择器手柄选择自动换挡的换挡范围,限制最高车速。这种自动换挡系统形式较好,应用较广。全自动换挡是指在全部前进挡范围内实现自动换挡,司机只需控制油门,便可控制车速。

5.1.2.1 自动换挡的形式

图5-1所示为国外几家公司生产的一组半自动与全自动变速器的结构原理简图。图5-1a)为一半自动变速器结构简图,它由一个变矩器、一个主离合器和一个带同步啮合套的定轴变速器组成。这种变速器还能装配一个液力减速器(下坡自动减速装置)。

半自动变速器优点是车辆起步过程自动化,较全自动变速器价格低廉,容易用于六挡、八挡或更多挡位的变速器,从而对各种不同车辆的需要具有较好的适应性,司机可根据自己的意图进行换挡。这种变速器特别适用于常在无路地段行驶的车辆和特重型车辆。它的缺点是换挡时牵引力中断、质量大。

图5-1a)~图5-1d)所示为不同挡位数的自动变速器,它们均是由变矩器、行星轮系和控制系统三个部分组成。有的自动变速器内还装置了液力减速器(当下长坡时,一种使车辆产生自动减速作用的机构),类似于上述半自动变速器。这些变速器的区别主要在于变矩器的结构和载荷分配的不同。图5-1a)所示为由变矩器、普通液力减速器和同步啮合变速器组成的半自动变速器(ZF公司,Fiat300型,Idromaccanico);图5-1b)所示为带单级变矩器、功率不分流的四速自动变速器[ZF公司,367.5kW,阿利森(Auison)公司,MT640型、DBW4A080型];图5-1c)所示为带两级单向变矩器和功率内部分流的三速自动变速器[菲亚特(Fiat)公司,SRM·DRS0.9型;莱克(Renk)公司,DOROMAT873型];图5-1d)所示为带单级变矩器、功率外部分流的三速自动变速器[道依茨(VOITH)公司,D851型]。

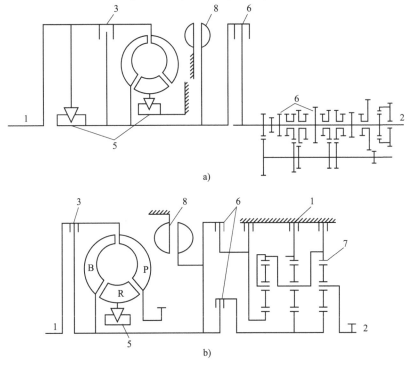

图 5-1

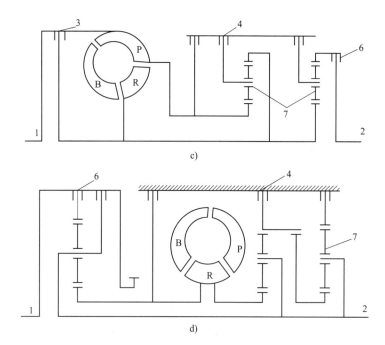

图 5-1 全自动和半自动变速器的结构布置简图
1-输入轴;2-输出轴;3-闭锁离合器;4-制动器;5-超越离合器;6-主离合器;7-行星轮系;8-液力减速器

自动变速器的优点是车辆换挡过程自动化,各挡变速均不需司机操纵变速手柄,变速器使用中可使发动机燃料消耗较少,换挡柔和、平稳,减小了整个传动系统零件的动载荷。全自动变速器加装液力减速器所增加的费用也较低。

自动变速器的缺点是比机械变速器和半自动变速器的价格昂贵,当应用于功率超过 186kW 的重型车辆时差别更大;维修复杂,维修费用也高。

5.1.2.2 液力自动换挡系统

一个典型的液力自动变速器电控系统,主要包括输入信号传感器及开关、ECU 和输出执行器件。传感器有与电子燃油喷射发动机控制系统共用的发动机转速、负荷、温度传感器,测量变速器输出转速的传感器以及换挡模式、强制低挡开关等。电子控制单元由输入/输出(I/O)接口、中央处理器(CPU)和存储器组成,其作用是决定最佳挡位及变矩器是否闭锁。而动作的实现则依靠电磁液压阀。为提高自动变速器的效率,可对液力变矩器实施闭锁,闭锁工作由闭锁离合器来完成,它受发动机负荷、输出轴转速、挡位和换挡模式共同控制。液力自动变速电控系统的主要任务就是根据外界环境和工况变化情况自动换挡。具体地讲,就是对动力系统、液力变矩器、动力换挡变速器和换挡执行机构协调工作实施控制。

工程车辆电控液力自动变速系统的组成和工作原理如图 5-2 所示。工程车辆电控液力自动变速系统由以下三部分组成:第一部分是车辆参数测量系统,主要是由检测发动机和液力变矩器运行状况的各种传感器、转换电路及相应的接口电路组成,任务是获得车辆的运行状态参数和司机操纵意图信号,并且转换成控制器可以接收的电信号。第二部分是电子控制单元(ECU),是车辆自动变速系统的核心部分,它主要由微处理器、程序存储器、执行逻辑电路和一些接口电路组成,结构如图 5-3 所示。它通过传感器对车辆的运行状态进行采样,结合对司机操纵意图的识别,根据存储在其内部的换挡程序,决策变速器挡位,并转变为相应的电信号输出,因此能够完成各种车辆运行参数的采集。ECU 决定整个自动变速电控系统的功能,并应具有较强的抗干扰能力和良好的可靠性。第三部分是执行机构,它通过电子控制单元的输出电信号控制各个电磁换向阀来操纵各个液压油缸运动,不同的油缸组合运动使变速器内不同的离合器和制动器分离或接合,实现不同挡位的变换。

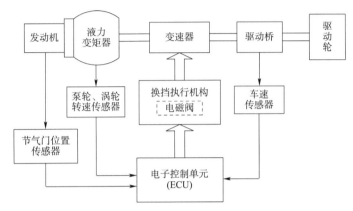

图 5-2 电控液力自动变速系统组成和工作原理示意图

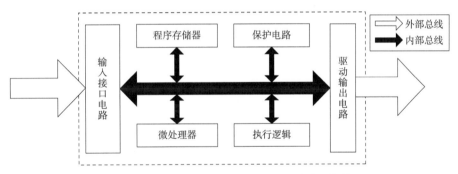

图 5-3 电子控制单元 ECU 结构集和挡位变换的控制

5.1.2.3 自动换挡系统的特点

自动换挡系统的优点主要有以下几个方面。

(1)操作简化、省力。

采用自动换挡变速器,一般取消了主离合器踏板和变速杆,但控制发动机供油的油门踏板仍保留着。这样就使操纵件减少了,动作也大大简化了。此外,还设置了一个自动换挡挡区范围的选择手柄。所以在一般情况下,即使在城市交通繁忙的街道上行驶,从起步到停驶期间,也不需任何换挡操纵动作,而由自动控制系统控制自动换挡,甚至当遇到红灯需短暂停驶时,也可不移动手柄。司机控制车速时,只需控制油门踏板即可,必要时也可用制动踏板予以配合。如果道路条件变化,需要移动一下选择手柄时,其操纵也很简单省力,极易掌握,只要经过简单的训练,就能很快掌握好这些操纵技术。这点对操纵手柄多的工程车辆非常有利,它大大降低了对司机的培训要求。

(2)行车安全,作业生产率高。

由于简化了操作,使得司机可把注意力从频繁的换挡操纵中解放出来,集中精力地观察地面情况、掌握方向或进行作业。实际中经常有这样的情况,正当需要集中注意力掌握好方向驾驶或进行作业时,也正是需要频繁换挡操纵的时候。所以,采用自动变速器,能极大地提高行驶安全与作业效率。有人统计,在公共汽车上采用自动变速器后,交通事故可减少 1/3。工程车辆采用自动变速器,由于简化了操作,减轻了司机疲劳程度,减少了注意力分散,可使生产率提高近 1/3。对于军用车辆,自动变速器的使用则有利于提高战斗力,提高司机根据战场情况灵活进行战术处理的机动能力。

(3) 乘坐舒适性好。

车辆的乘坐舒适性,取决于许多因素。例如悬挂装置、发动机的振动与噪声,以及换挡过程的平顺性等。自动换挡变速器能把发动机的转速控制在一定范围内,避免过高、过低或不平稳的急剧变化,有利于减小发动机的振动和噪声。自动换挡变速器通过专门的控制系统,可以得到很平稳的换挡过程。液力传动本身还能吸收和减弱换挡过程中的冲击。对于需要经常换挡的车辆,自动换挡控制系统的设计可设法减少换挡次数,以提高行驶平稳性。在手动变速器中,司机的疲劳与换挡冲击等因素有关。而在自动变速器中,换挡都是自动地进行,不会因司机的主观因素而异。所有这些,都可有效地改善车辆的乘坐舒适性。

(4) 机件的使用寿命长。

因为自动变速器采用液力元件,可以消除或减弱在动力传动装置中的动载荷,特别是工程车辆、载货车辆在地形复杂、路面恶劣的现场作业或越野行驶的条件下。此外,由于自动换挡避免了粗暴换挡所产生的冲击与动载荷,所以,一般自动换挡变速器车辆上传动零件的使用寿命较长。据统计,在最坏地段行驶时,装自动换挡变速器的车辆传动轴上,最大转矩振幅只相当于手动换挡机械变速器的 20% ~ 40%,原地起步时转矩峰值相当于 50% ~ 70%。因此,可使发动机的使用寿命提高 1.5 ~ 2 倍,而且自动换挡变速器的寿命可比机械换挡变速器提高 2 ~ 3 倍,其他传动零件的寿命也可提高 1.5 ~ 2.5 倍。这一优点,为扩大自动换挡变速器的应用、改善它在经济方面的竞争能力提供了有利条件。

(5) 改善了车辆动力性能。

这表现在提高起步加速性、功率利用及平均车速等方面。自动换挡变速器由于液力变矩器的变矩性能及能连续地自动换挡,起步加速性可得到极大提高。自动换挡过程中传动系统传递功率不中断,而且没有手动换挡的减小供油操作,再加上自动换挡在时刻控制上能保证发动机功率得到更充分地利用,所以自动换挡可以得到好的加速性能,提高了行驶的平均速度。试验统计资料表明:装用自动换挡变速器的公共汽车,起步加速至 20km/h 的车速,所需时间比使用手动换挡机械变速器的公共汽车节省 20%;而加速到 40km/h 车速时,则可节省 10% 的时间。因此,可使平均车速提高 10%。工程车辆及重型货车在恶劣路段及山地行驶时,其平均车速可提高 10% ~ 15%。

另外,考虑到前述有关降低动载荷的因素,采用自动换挡变速器后,能明显地提高工程车辆及载货车辆的生产率和承载能力。

(6) 改善车辆的通过性。

由于自动变速器绝大多数都是液力传动,加之自动控制换挡,便显著改善了车辆的通过性,使车辆能以较高的平均行驶速度通过雪地、松软路面。

(7) 空气污染减轻。

在手动换挡变速器中,由于换挡过程中常伴有供油量急剧变化,因此,发动机转速的变化也较大,导致燃烧过程变坏,使得发动机的排气中有毒成分增加(如一氧化碳、碳氢化合物及氮氧化合物等),造成对空气的污染。使用自动变速器,由于液力传动和自动换挡技术,能把发动机限制在污染较小的转速范围内工作,从而减少了发动机排气中有害物质的含量,有利于社会环境卫生。

自动变速器的优点很多,但是也有一定的局限性,其主要缺点如下。

(1)结构比较复杂、制造精度要求较高、成本较高及试制费用较大。

在不少国家的自动变速器生产中,由于采取了许多措施,如简化结构、采用先进的工艺,再加上批量生产,已使其成本明显降低。对于重型车辆和工程车辆的自动变速器,通过产品系列化、专业化生产,采用积木块式的结构设计原则,也能大大降低成本。

(2)传动效率低。

这主要是由液力传动所造成的,一般液力传动效率最高可达86%~90%,比机械传动效率低8%~12%。然而由于采取自动换挡,使之与发动机能更好地匹配,采用变矩器闭锁等措施,可使燃料消耗较比用手动动力换挡变速器为少。

此外,自动变速器由于结构复杂,在使用、修理、故障分析与处理等方面,要求有较高的技术水平。

5.1.2.4 液力自动换挡系统的现状及发展趋向

早期的液力自动变速控制系统主要是根据发动机转速的变化,利用离心机构使换挡齿轮副啮合或脱开实现换挡操作。换挡机构、执行机构较为简单。1934年,雷奥(REO)研制了由车速作为控制信号,由两个变速器串接而成的自换挡装置(Self-Shifter)。1938年出现了以车速和油门开度为控制参数,利用液压逻辑油路进行控制的自动换挡控制系统。随着液力变矩器的结构不断完善,后来的液力自动变速器主要由液力变矩器和具有若干个前进挡和后退挡的行星传动装置组成。操纵机构和控制系统都是通过液压系统实现的。利用油门调压阀产生控制变速器的控制信号,控制换挡执行机构动作,实现变速器内部离合器和制动器有规律的动作。但是这样的自动变速控制系统的缺点是:由于液压系统自身的缺陷,控制精度低,难以适应车辆行驶工况的变化;而且换挡规律较少,无法实现精确的换挡品质控制。

20世纪70年代以来,随着大规模集成电路和计算机技术的发展,出现了电控自动变速技术。与全液压自动变速控制不同的是,系统的输入信号均为电信号,利用电子传感器采集工况信号,电子控制单元(ECU)根据这些输入信号,进行计算来响应预置在其中的换挡规律作出换挡判断,从而向电磁阀发出是否换挡的信号,控制继动阀实现自动换挡。单片机和专用控制芯片的出现使电控自动变速技术更加趋于实用化。由于计算机的存储容量大,所以自动换挡有更多的换挡规律可供选择,操作更具柔性,而且司机还可以根据驾驶情况选择换挡模式。一般有三种换挡模式可供选择,即强调良好动力性的运动型、最少燃油消耗的经济型、动力性和经济性兼顾的通用型。控制过程由软件实现,这样车辆零部件更新和车型的改进都不会对变速控制产生重大的影响,使换挡策略的更新升级工作简化通用。在换挡品质控制方面,电控方式也较其他方式表现出明显的优越性。由于电子技术与微型计算机的发展,可以更加精确地设置自动变速的换挡时机,并且利用控制器域网(CAN)总线与发动机进行通信,实现与发动机的协调控制。这对减小换挡冲击、平滑换挡过程大有促进。自动变速的电子化可以和车辆上其他控制系统,如巡航控制、牵引力控制、四轮驱动控制和制动防抱死等系统很好地兼容,形成车辆电子控制系统一体化。

到了 20 世纪 90 年代初期,自动变速控制技术显露出了智能化的特点。大量的专用、高集成和高精度的参数传感器被用于变速控制。ECU 也趋于专用化和集成化,而且运行速度也在不断地提高。一些人工智能换挡控制手段被广泛采用,如模糊控制、神经网络控制等。最佳换挡点的识别具有智能特点,使自动变速系统能够智能地适应工况环境、车辆使用状态和参数的变化,及时调整最佳换挡点,控制系统可以根据不同的司机、不同的运行环境自适应地选择、修正原有的经验性换挡策略。

自动变速控制技术的发展还与传感器技术、执行机构技术、半导体技术、多路通信技术、故障检测与分离(FDI)技术以及辅助 ECU 软件开发技术等相关技术的发展有着密切的联系。自动变速控制系统有如下的发展方向。

(1)先进的电子元器件被越来越多地应用到自动变速控制系统中,执行机构中电动执行器被越来越多地采用。

(2)在控制方法和策略中,越来越多地应用了模糊控制技术和神经网络技术。

(3)传动与发动机联合控制技术将是发展方向,实施动力传动一体化可有效控制发动机输出转矩。

(4)通过改进软件来降低对电控系统硬件的需求,利用总线技术降低系统连线数目,从而提供系统可靠性降低系统成本。

5.1.3 工程车辆自动换挡系统的关键技术

根据当前的车况、路况和司机的意图确定工程车辆的最佳挡位,完成换挡过程的自动控制是自动变速器应实现的基本功能。为了高质量地完成这些功能,使其在使用中更加方便、可靠,工程车辆自动变速系统研究的问题在不断深化与扩展,已经涉及车辆系统动力学、信号测试技术及机电液一体化技术等多方面的问题。在工程车辆自动变速控制系统的研究中,以下几个问题一直是研究的根本和关键。

(1)挡位决策和控制。

挡位决策就是根据车辆运行情况、道路情况和司机意图,按照某些目标(如经济性、动力性)最优的原则确定当前车辆应处的挡位,并通过选换挡机构控制变速器进行换挡。从液压逻辑油路到全液压自动变速控制,发展到目前的基于微处理器的电控自动变速器,最佳挡位的决策方法一直在不断发展。挡位决策方法可分为两种:第一种是基于理论求解方法,即在选定一定的换挡控制参数后,按照某种指标最优求出换挡规律:主要采用两参数(车速、油门开度)或三参数(车速、加速度、油门开度),以最佳燃料经济性或行驶动力性为目标,求解最佳挡位,有较完整的理论或步骤获得换挡规律。但在实际车辆运行情况与理论求解条件不一致时,这种规律给出的挡位是不能令人满意的,集中表现在坡道行驶时会发生换挡循环和发动机动力不足现象,给车辆的动力性、安全性和舒适性带来影响。第二种是基于专家系统的换挡规律,即利用优秀司机的经验和其他专家的知识进行挡位决策,力争使自动变速器的挡位选择与人的操作过程相似。如可以采用车速、油门开度、发动机转速和挡位作为控制参数,归纳出控制规则,采用智能控制方法(如模糊控制、人工神经网络控制等)模仿熟练司机驾驶中相应的操纵,以改善自动变速器的性能。

(2)换挡品质控制。

换挡品质就是指换挡过程的平顺性,即希望换挡过程平稳而无冲击地进行。良好的换挡品质,是自动变速技术能够应用和推广的前提和保证。换挡品质的评价指标主要是纵向加速度对时间的一阶导数,称为冲击度。

(3)可靠性技术。

自动变速系统执行机构的可靠性、电子控制系统的抗干扰技术、故障诊断与容错控制技术是工程车辆自动变速系统可靠工作和功能准确实现的保障。

(4)试验仿真技术。

自动变速系统的开发离不开仿真与试验技术。通过对系统的分析和建模,进行有效的仿真研究,是减少开发费用、缩短产品开发周期的有力工具。通过试验,可以验证自动变速系统的性能和可靠性,降低试验费用,提高试验的精度、可控性和可重复性是试验技术的发展趋势。

5.1.4 自动换挡系统的控制要求及内容

自动换挡系统的发展目标与方向是简化驾驶换挡操作程序,减轻司机的劳动强度;选择最佳的换挡时刻,以提高车辆的动力性、经济性、加速性等。

5.1.4.1 自动换挡系统的要求

(1)操作变速杆应方便省力,操作次数少。

(2)司机可以在自动换挡状况下干预换挡,以适应交通情况和地形条件。如车辆在泥泞的道路上处于打滑状态时,车轮的转速仍比较高,发动机输出的转矩并不大,而自动换挡系统接收到的信号可能使挡位继续升高,这样显然不利于车辆摆脱困境;又如在车辆行驶过程中,根据交通情况及路面状况假设以5挡行驶最为合适,但此时行驶阻力较小,车辆可能升高到6挡或更高挡位工作,这样遇到紧急情况可能因来不及采取相应措施而发生危险。因此,自动换挡系统必须设置人为的干预换挡机构。

(3)升挡、降挡应顺序进行,以减少冲击及机件的损坏。

(4)应保证最佳的换挡时刻,以满足动力性及经济性的要求。

(5)当自动换挡系统发生故障时,应有安全挡位可进行应急行驶。

5.1.4.2 自动换挡系统的控制内容

自动换挡变速器控制的主要内容有换挡规律的控制和换挡品质的控制。换挡规律是指各排挡间随工况参数自动进行换挡的变化规律;换挡品质是指换挡过程的平稳性,常以冲击度来衡量。除此之外,还有闭锁离合器控制和液力制动器控制等。

5.1.5 自动换挡系统工作过程

自动换挡系统控制过程如图5-4所示。车辆行驶状况参数有车速v、油门开度x、发动机转速n、变速器涡轮轴转速n和车辆加速度a等。单参数控制最常用的参数是车速,当车速达到预定值时,换挡系统自动起作用。双参数控制最常用的参数是车速和油门开度,或发动机转矩和车速。油门开度对柴油机则是指齿条位置或其他方式表示的供油位置。现代液力传动中应用最广泛的是双参数控制的自动换挡系统。

图 5-4 自动换挡系统控制过程

5.1.6 自动换挡系统的基本组成

自动换挡系统有液压式和电液式两种形式。下面以日本小松 WS16S-2 自行式铲运机的电液式自动换挡系统为例介绍其基本组成。

(1) 供油系统由油滤器、油泵、变矩器、减压阀、背压阀、定压阀、锁止阀、顺序阀、冷却器等组成。

(2) 执行机构由 5 个制动器和 2 个离合器、闭锁离合器组成。制动器和离合器不同组合的接合,可构成变速器的 8 个前进挡和 1 个倒退挡。

(3) 换挡控制机构实际上是一个计算机控制的开关电路,它以速度传感器、油门开度电位计的电信号为依据,接受车辆的行驶状况参数,再根据变速选择器的电信号,自动计算合适的换挡时刻。在换挡时,向相应的电磁阀通电,使换挡阀动作而接通主压力油与执行油缸的油路,接合相应的挡位。为保证电磁阀和换挡阀正常工作,设有先导控制油路,形成电磁阀控制先导控制油路,先导控制油路再控制换挡阀的动作。变矩器上的闭锁离合器受电磁阀信号的控制。电磁阀控制的先导控制油路使闭锁阀动作,从而接通或切断压力油通往闭锁离合器的油路,使闭锁离合器闭锁或解锁。

(4) 信号转换系统,在电液式自动换挡系统中,速度传感器和油门开度电位计将车辆行驶状态参数转换成电信号送至计算机或电子控制机构,定位器和变速选择器也同样将相应的其他选择参数变为电信号输入。WS16S-2 的换挡控制过程如图 5-5 所示。

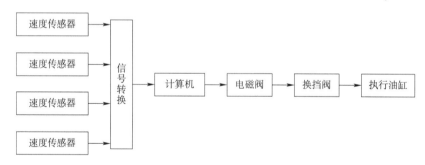

图 5-5 WS16S-2 自行式铲运机换挡控制简图

液压式自动换挡系统则将相应的参数转换成压力信号来控制换挡阀而实现自动换挡。如皮托管就属于一种液压式信号转换器,它一般用于变矩器闭锁离合器的控制。皮托管压力与流速的关系为:

$$P_v = P_0 + \rho \frac{v^2}{2} \tag{5-1}$$

式中: P_v——皮托管压力,Pa;

P_0——液流静压,在常压下为零;

ρ——油密度,0.882kg/m^3;

v——管口油流速,m/s,与涡轮轴转速 n' 成正比(皮托管一般装于涡轮轴上)。

由式(5-1)可知,P_v 与 $(n')^2$ 成正比。

图 5-6 为 Allison 公司生产的 MT-640 型自动换挡变速器的传动简图,与之相匹配的发动机额定功率为 186.4kW,额定功率时的转速为 4000r/min。

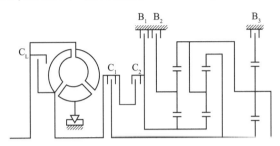

图 5-6 Allison 公司 MT-640 型自动变速器传动简图
C_L-闭锁离合器;C_1、C_2-换挡离合器;B_1、B_2、B_3-换挡制动器

MT-640 型自动变速器由一个可闭锁的变矩器和三个行星排的变速机构组合而成。变速器装置有一个变矩器闭锁离合器,两个换挡离合器和三个换挡制动器。表 5-1 是 MT-640 型自动变速器的换挡执行机构动作表。

MT-640 型自动换挡变速器各挡执行机构动作表　　　　表 5-1

挡位	执行机构						速比(i)
	C_L	C_1	C_2	B_1	B_2	B_3	
N(空挡)						○	—
1 挡		○				○	3.58
2 挡		○			○		2.09
3 挡	○	○		○			1.39
4 挡	○	○	○				1.00
R(倒挡)			○			○	-5.67

注:表中"○"表示执行机构执行动作。

MT-640 型自动换挡变速器具有四个前进挡(其中第 4 挡为直接挡)和一个后退挡。根据变速器的传动简图及其各挡执行机构动作表,可以分析得出它在不同排挡时的功率流传递路线图,如图 5-7 所示。各挡功率流传递路线如图中粗线所示。

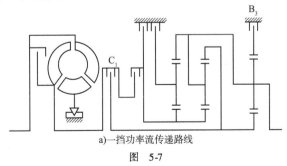

a)一挡功率流传递路线

图 5-7

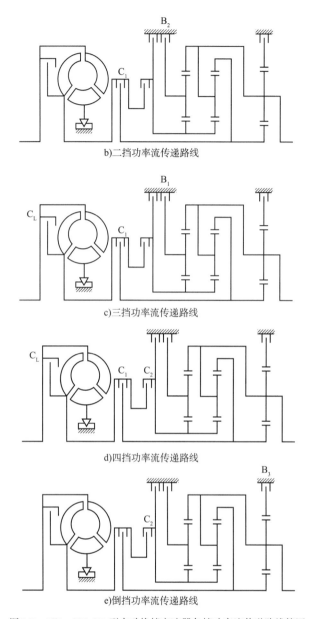

b)二挡功率流传递路线

c)三挡功率流传递路线

d)四挡功率流传递路线

e)倒挡功率流传递路线

图 5-7 AllisonMT-640 型自动换挡变速器各挡功率流传递路线简图

由功率流传递路线图及换挡执行机构动作表可知,当车辆以三、四挡高速行驶时,变速器可根据控制参数(车速 v 及油门开度 x)的变化而将变矩器自动闭锁,这时变矩器的泵轮和涡轮由离合器接合成一体旋转,成为机械传动,以提高传动系统效率。而当车速较低,变速器在低速挡工作时,则变矩器闭锁离合器分离,使功率通过变矩器传递。

MT-640 型自动换挡变速器的控制手柄位置(以下简称柄位)共有六个;即:

"1"位:固定使用 1 挡,此时变速器不会自动换至其他任何挡。

"1~2"位:车辆从 1 挡起步后,能在 1~2 挡内自动换挡。

"1~3"位:车辆从 1 挡起步后,能在 1~3 挡内自动换挡。

"1~4"位:车辆从 1 挡起步后,能在 1~4 挡内自动换挡。

"N"位:空挡,供发动机起动用。由于发动机起动电路的联锁控制,只有当手柄在"N"位置时,才能起动发动机。

"R"位:倒挡,供车辆倒退时使用。

从执行机构动作表可以看出,车辆在空挡"N"位起动发动机后,制动器 B_3 即起作用。然后,司机视行车条件选择挡位,但无论选在哪个挡位,1挡起步后自动换挡时,各挡都有两个执行机构工作。然而每次换挡变速器实际都只变换一个执行机构。用倒挡起步也只增加一个执行机构工作。这便保证了从"N"位(空挡)移至任何方向时,都只增添一个执行机构动作。这种换挡变换方案,给换挡操纵系统的设计带来了很大方便。同时在变速器自动换挡时,也增加了换挡过程的平稳性。

5.2 工程车辆液力自动换挡系统

5.2.1 控制策略

机械式变速器主要是靠司机根据作业任务、路面情况和车辆运行情况来确定车辆当前所处的挡位,工作效率主要取决于司机的经验。自动变速技术应用于工程车辆可以减轻司机的劳动强度,提高车辆的动力性、燃油经济性及对环境的适应性。要实现工程车辆自动变速,最关键技术之一是根据车辆行驶情况、道路环境情况、司机意图、作业工况等信息,按照某些目标最优的原则确定变速器当前的挡位,也就是制定合理的换挡规则。因而,换挡规律的研究和制定是车辆自动变速控制系统开发设计的核心。

工程车辆自动变速中被控对象是强非线性的时变系统,很难建立精确的数学模型,但优秀的司机能够根据作业任务、路面情况和车辆运行情况凭经验控制车辆合理换挡。新一代自动变速器的主要特征是换挡控制的智能化。智能控制系统能够模仿人的经验和智能进行推理决策,可以通过学习自动调节控制参数,具有处理大时变、非线性系统及控制环境和任务不确定问题的能力。通过将自适应控制、模糊控制和神经网络控制等智能控制理论引入自动变速器的换挡控制,学习优秀司机的驾驶经验,从而适应不同工况,大大改善了车辆的使用性能。

5.2.2 工程车辆换挡规律分类

由于工程车辆是以作业为主要目的,因此,工程车辆的换挡规律与以行驶为主要目的的汽车有所不同。工程车辆换挡规律按控制参数的个数可分为单参数、两参数、三参数及四参数换挡规律。

5.2.2.1 单参数换挡规律

工程车辆单参数换挡规律一般选择发动机转速作为控制参数,如图5-8所示,当发动机转速达到 n_2 时升入2挡;反之,当发动机转速降至 n_1 时换回1挡。n_1 和 n_2 之间是两挡均可能出现的工作区,这种在控制参数相同的情况下,往返挡之间的交错现象称为换挡重叠或换挡延迟,其作用如下。

(1)换入新挡后,不会因振动或车速稍有降低,而重新换回原来挡位,保证换挡过程的稳定性。

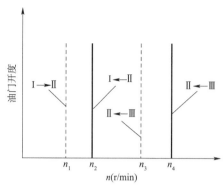

图 5-8 单参数换挡规律示意图

(2)有利于减少换挡循环,防止控制系统元件的加速磨损,并防止乘坐舒适性的降低。

单参数控制系统结构最简单,其主要目的是减少换挡次数。但不论油门开度如何变化,换挡点、换挡延迟的大小都不变,不能实现司机干预换挡。这种规律难以兼顾动力性与经济性的要求,故目前已很少采用。

5.2.2.2 双参数换挡规律

工程车辆传动系统多采用液力机械传动方式,最常用的形式就是在发动机和变速器之间插入一个液力变矩器,为了克服液力变矩器的低效性,提高工程车辆的作业效率,工程车辆两参数换挡规律的研究通常将泵轮转速和涡轮转速作为换挡参数。由液力变矩器的原始特性可知,当变矩器转速比在 0.4~0.8 之间时,液力变矩器效率在 75% 左右,此时工程车辆工作在高效区。为了保证液力变矩器经常工作在高效区,可以考虑将变矩器效率曲线与高效区最低限的交点作为换挡点。通过测量泵轮转速及变矩器涡轮转速,得到变矩器转速比 i,将 i 控制在 (i_1,i_2) 的范围内,从而使变矩器的工况点经常保持在高效区。

5.2.2.3 三参数换挡规律

工程车辆三参数换挡规律是以液力变矩器涡轮转速、泵轮转速以及油门开度为换挡参数的。工程车辆两参数换挡规律只考虑了液力变矩器效率随变矩器转速比的变化关系,没有考虑反映司机操作意图的油门开度信息,而行驶中的车辆是一个由司机-车辆-环境构成的闭环系统,在该系统中司机通过感觉器官来感知车辆的行驶状态和外界环境,然后依据其驾驶经验来判断需要采取的操纵方式。也就是说,车辆在行驶时要引入司机的干预。而油门开度在控制车辆的行驶速度方面反映最为灵敏,此外,它还反映了发动机的输出功率。因此,油门开度是工程车辆三参数换挡规律研究的一个重要控制参数。

5.2.2.4 四参数换挡规律

在工程车辆三参数换挡规律中,工作油泵消耗的功率被假设为定值,即工作油泵的额定功率。该换挡规律虽然提高了传动系统效率,但没有考虑工作油泵所消耗功率的变化,因而不能准确地把握发动机动力的流向,难以获得更好的自动换挡效果。实际上,工作油泵消耗的功率是随着工况变化的,最高时要占发动机功率的 40%~60%。将工作油泵所消耗的功率视为定值显然是不符合实际的,因此,在工程车辆三参数换挡规律的基础上,把工作油泵的压力 p 作为控制参数引入到控制系统中,根据测得的压力 p 和泵轮转速 n_B 等得出工作油泵实际消耗的功率,从而能够比较准确地确定出变矩器所传递的功率,并据此进行换挡。工程车辆四参数换挡规律满足了工程车辆作业工况时对动力性的要求。此外,根据换挡规律设计时所优化的目标不同,还可以分为以下几种。

(1)最佳动力性换挡规律。

最佳动力性换挡规律是指充分利用车辆的牵引性能,使车辆的动力性和加速性能最优。当选择动力性换挡规律时,不考虑发动机的燃油经济性,而只考虑车辆的牵引力。因此,在这种工况下,充分利用了发动机的牵引特性,车辆的动力性较好,但油耗较高。

(2)最佳经济性换挡规律。

最佳经济性换挡规律是指尽量使车辆的燃油消耗降低,使车辆的燃油经济性最优。当选择经济性换挡规律时,车辆在保证牵引力要求的前提下,充分考虑发动机的燃油经济性。在这种换挡规律下,车辆比较省油,但动力性相对较弱。

(3)节能换挡规律。

节能换挡规律是以提高工程车辆传动系统效率为目标,通过变速器换挡,使液力变矩器经常保持在高效区工作,从而使发动机功率得到充分的利用,同时改善了工程车辆的动力性和燃料经济性,达到节约能源的目的。

5.2.3 最佳工程车辆换挡规律

由于工程车辆在换挡频率、所受的外界负载、行驶速度以及使用目的等方面与汽车有所不同,因此,工程车辆的换挡规律不能照搬汽车换挡规律。自动变速技术应用于工程车辆主要是以节约能源、提高工程车辆作业效率、减轻司机劳动强度为目的,提高工程车辆传动系统的效率,改善工程车辆的经济性与动力性是工程车辆自动换挡控制的首要目标。工程车辆工作环境复杂,作业任务多样,应该有多种换挡规律与之相对应,传统的换挡规律确定方法主要是从车辆的燃油经济性或行驶动力性出发,按一定的影响换挡的参数进行优化,确定出挡位随这些参数的变化规律,从而得到最佳经济性或最佳动力性换挡规律。

5.2.3.1 最佳动力性换挡规律的确定方法

对于有级变速器来说,随着油门开度与负荷的变化,要获得最佳动力性就应适时地改变挡位,使发动机处于最大功率点附近工作。最佳动力性换挡规律通过车辆的牵引力曲线求得。因此,为确定最佳动力性换挡规律,首先应求得各挡位下,不同油门开度时,对应于不同车速的牵引力。图 5-9 为 ZL50 装载机前进挡牵引特性图。在牵引特性图上取同一油门开度下相邻两挡的牵引力曲线的交点即为最佳动力性换挡点,如图 5-9 中的 A 点。假设当前挡位处于 Ⅰ 挡,当车速由 A 点对应的速度升至 B 点对应的速度时,牵引力 P_{B2} 大于 P_{B1},Ⅰ 挡牵引力小于相同车速下的 Ⅱ 挡牵引力,此时车辆在 Ⅱ 挡的动力性比 Ⅰ 挡的动力性好;假设当前挡位处于 Ⅱ 挡,当车速由 A 点对应的车速降至 C 点对应的车速时,P_{C1} 大于 P_{C2},Ⅱ 挡牵引力小于相同车速下的 Ⅰ 挡牵引力,此时车辆在 Ⅰ 挡的动力性比 Ⅱ 挡的动力性好。由以上分析可得:当车辆在 Ⅰ 挡运行时,若车速大于 A 点对应的车速,应由 Ⅰ 挡换入 Ⅱ 挡,以保证最佳动力性;而当车辆在 Ⅱ 挡运行时,若车速小于 A 点对应的车速,应由 Ⅱ 挡换入 Ⅰ 挡,以保证最佳动力性。A 点即为低挡换入高挡或高挡换入低挡的动力性最佳换挡点。

如果在油门开度大或油门开度较小两曲线没有交点,这时采用低挡该油门开度下的最高车速为换挡点。用上述方法将各种不同油门开度下最佳动力性换挡点求出后,绘制在油门开度 a-车速 v 坐标系中,并连成一条曲线,如图 5-10 所示。为避免循环换挡,考虑适当的换挡延迟,即可得到最佳动力性换挡线。以上即为最佳动力性换挡规律。

5.2.3.2 最佳经济性换挡规律的确定方法

发动机的经济性与发动机燃油消耗特性及车辆行驶时的负荷率有关,不同油门开度下最佳工作点的位置是变化的。在使用中,根据车辆的使用负荷,利用发动机万有特性曲线,适时地更换挡位，可以使发动机按较理想的经济运行线运行。换挡规律对车辆燃油经济性的影响最终应反映到发动机的工作状况上来。如果发动机在最佳经济性工作线上运行，其燃油消耗量会最少，整车燃油经济性也就最好。有级传动的换挡规律不能保证发动机的工作点始终在发动机的最佳经济性工作线上，但如果发动机的工作点距离发动机的最佳经济性工作线较近，其燃油消耗量必然就减少，车辆的燃油经济性也就会有所提高。

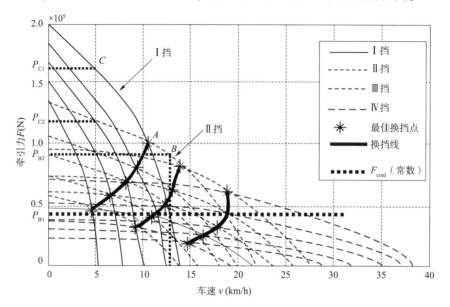

图 5-9　ZL50 装载机前进挡牵引特性图

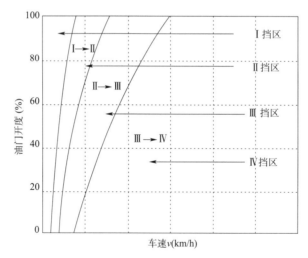

图 5-10　最佳动力性换挡规律

与动力性换挡规律相比，经济性换挡规律的求解相对复杂。在图 5-9 所示的牵引特性图上，按等牵引力条件，设定克服阻力 $\sum F$ 的牵引力为某一常数 F_{con1}，根据其和相邻两挡不同油门开度下的牵引力特性曲线的交点，可求出对应油门开度下的车速，根据相应挡位下的车辆的燃油消耗 Q 和车速 v 之间的关系求出相应车速下该挡位与油门开度下的油耗 Q，再根据不同牵引力曲线的交点可求出相邻两挡的不同油耗点，其连线为相邻两挡油耗线，其油

耗线的交点为 F_{con1} 下的相邻两挡最低油耗换挡点。图 5-11 为相邻两个挡位的油耗特性曲线，A 点为两挡油耗特性曲线的交点。A 点处两挡的油耗相同，为最佳经济性换挡点。当车速由 v_A 升至 v_2 时，相对应的Ⅰ挡 C 点的油耗大于相同车速下Ⅰ+1 挡 D 点的油耗，此时车辆在Ⅰ+1 挡的经济性比Ⅰ挡的经济性好；假设车辆在Ⅰ+1 挡行驶时，车速由 v_A 降至 v_1，相对应的 B 点的油耗大于相同车速下Ⅰ挡 E 点的油

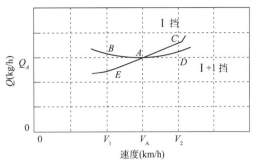

图 5-11　F_{con1} 下的经济性换挡点

耗，此时车辆在Ⅰ挡的经济性比Ⅰ+1 挡的经济性好。由以上分析可得，当车辆在Ⅰ挡运行时，若车速大于 v_A，则应由Ⅰ挡换入Ⅰ+1 挡，当车辆在Ⅰ+1 挡运行时，若车速小于 v_A，则应由Ⅰ+1 挡换入Ⅰ挡，以保证最佳经济性。按照上述方法依次类推可求出不同牵引力常数 F_{coni} 下的相邻两挡的最低油耗换挡点，其换挡点的连线为相邻两挡的经济性换挡线。为避免循环换挡，考虑适当的换挡延迟，即可得到最佳经济性换挡线。用此方法可得到其他相邻两挡的经济性换挡线。

5.3　自动换挡控制系统

自动换挡变速器控制系统的主要任务就是自动改变传动系的传动比，即根据外负荷的变化情况自动换挡。具体地讲，就是对变矩器的闭锁离合器、变速器等的控制。如日本川崎 KLD88ZⅡ型装载机、小松 WA 系列轮式装载机、瑞典 VOLVO-BM 型装载机、美国约翰迪尔公司的 JD862 型铲运机、卡特彼勒公司的 657E 及 651E 铲运机都采用了自动换挡变速器，它们的控制系统的组成及工作原理都基本相同。

5.3.1　控制系统基本组成

筑路机械自动换挡系统一般采用双参数控制：油门开度 a 和车速 v，或发动机转速 n_e 和车速 v。因为双参数控制基本上表达了机械的工作情况，同时也反映了其实际作业性能，因此，换挡规律通常按最佳牵引动力性能或最低油耗量予以确定。a 和 v 直接反映了机械工作时动力和传动装置所处的状况，在不同油门开度下各挡牵引特性曲线图上可看出牵引动力性能和燃油经济性能；n_e 和 v 间接反映了机械工作状况，因为 n_e 和 v 已知，则变矩器的速比 i 即可求得，根据 i 和 n_e，就可计算出发动机力矩 M_e，从而求得油门开度。用 n_e 和 v 双参数控制比用 a 和 v 来得方便，结构上易实现，因为油门开度传感器结构稍复杂些，而采用 n_e 和 v 双参数控制，就不需要油门传感器，检测 n_e 和 v 只需转速传感器，简单可靠。因此，不少装载机电子控制自动换挡变速器上都采了 n_e 和 v 双参数控制。

一般自动换挡变速器控制系统的传递路线如图 5-12 所示。动力的传递路线由发动机到变矩器、变速器至终传动。控制系统包括速度传感器、定位传感器、变速控制器（内装计算机）、各电磁阀及执行元件。

变速控制器的功用是按照速度传感器信号和选择器设定的位置信号，自动设定最佳的动力变速挡位和变速时刻。速度传感器及速度传感器控制器的功用是测试变速器输入轴

(变矩器涡轮轴)的转速,将转速转换成电信号并加工放大,整形成约 12V 的矩形脉冲信号,然后送到变速控制器中。定位传感器的功用是:它和踏板连接在一起,当踩下踏板时,定位传感器产生电信号并传至变速控制器,对正在接合的工作挡位进行限定。此时,自动变速控制器不再进行自动变速控制。这种情况用于操作人员认为保持当前速度不变为好而踩下踏板的场合,如在松软地、上坡等状况时。选择器的功用是:手动操作的选择器手柄用来选定工作速度的范围,并将选定的工作速度范围信号送到变速控制器中。

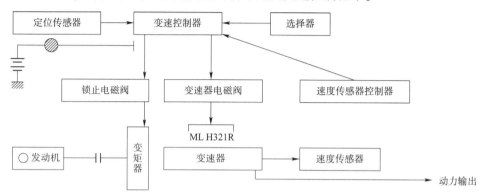

图 5-12 控制系统的传递路线

5.3.2 传感器结构及工作原理

5.3.2.1 速度传感器结构及工作原理

大部分工程机械上使用的传感器是一种接近开关式速度传感器,如小松 WS16S-2 铲运机、日产 EX200 挖掘机、意大利 BEN7.16 装载机等上使用的速度传感器。其作用主要是用来测试变速器输入轴或轮边减速器输出轴的转速。WS16S-2 铲运机变速器的输入轴每旋转一周,产生四个脉冲信号,微小的脉冲信号被送入速度传感器控制器,经过转换、放大和整形,然后传感器把每转产生的四个矩形脉冲信号送至变速控制器中,如图 5-13 所示。

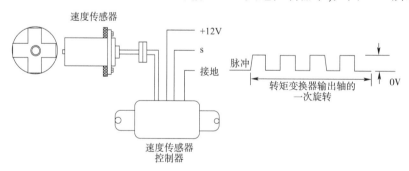

图 5-13 速度传感器及控制器

速度传感器的旋转齿轮轴穿过变速器中的两根轴与涡轮轴连接在一起,也就是速度传感器的齿轮轴与变速器的输入轴是同转速的。这种接近开关式传感器实际上是一个开关式变磁阻式速度传感器。被测轴旋转时,速度传感器的磁极芯轴与装在被测轴上的齿轮之间的间隙改变,磁路中的磁阻改变,因而通过芯轴线圈的磁通也将发生变化,线圈中产生感应电势,感应电势的频率 $f = nZ/60$,则输入轴的转速为:

$$n = \frac{60f}{Z} \tag{5-2}$$

式中：Z——与速度传感器芯轴相对的被测轴齿轮的齿数；

n——被测轴的转速，r/min；

f——感应电势频率，Hz。

检测出感应电势频率就可以计算出被测轴的转速。如 WS16S-2 上的被测齿轮是"+"字形的，有 4 个齿，则输入轴的转速 $n = 15f$。

5.3.2.2 定位传感器

定位传感器实际上是一个密封的开关，它和驾驶室中的定位踏板一起动作。当踩下定位踏板时，定位传感器受压而产生信号并将信号传至变速控制器，使变速器保持在被选定的速度位置上。如 WS16S-2 型铲运机在车辆 5 挡状态下踩下定位踏板，随后即使变速器输入轴转速超过 1950r/min，变速器仍保持 5 挡状态，并不变速到 6 挡；同样，即使变速器输入轴转速下降至 1350r/min 或更低时，仍保留在 5 挡啮合状态，不会发生降挡情况。

5.3.2.3 变速选择器

变速选择器由操纵杆和光电传感器组成，其功能是将操纵杆所在的位置（即人为选择的变速挡位位置）转换成电信号并送至变速控制器的计算机中。

5.3.2.4 变速控制器

依据从速度传感器送来的脉冲信号及变速杆位置信号，微型计算机通过驱动电路驱动相应的变速器电磁阀，利用电磁阀控制先导控制油路，进而控制换挡阀进行换挡。

WS16S-2 铲运机变速选择器与控制器联合工作时，其手动操纵不同位置时车辆的行驶速度范围见表 5-2。在表 5-2 中，R、N、3、2、1 分别为选择器操纵手柄的倒退、空挡、前进 3、前进 2、前进 1 位置。F_1、F_2、F_3、F_4、F_5、F_6、F_7、F_8 为车辆的各个前进行驶速度挡位。

变速杆在不同位置时行驶速度范围表　　　　　表 5-2

变速杆位置	变速范围								
	R	F_1	F_2	F_3	F_4	F_5	F_6	F_7	F_8
R	○								
N									
3			○	○	○	○	○	○	○
2			○	○	○	○			
1		○							

选择器手柄在"R"位置时是手动操作，电磁阀作用使左、右侧离合器接合，用于车辆倒退。选择器手柄在"N"位置时，电磁阀处于中立（即空挡）状况，不作用于任一离合器，但此时 M 离合器是结合的。起动发动机之前，要求将选择器手柄放在中立"N"位置上，否则，安全电路将使发动机不能启动。

选择器手柄在位置"3"上时，变速控制器根据速度传感器控制器传来的脉冲信号，自动

选择 $F_2 \sim F_8$ 之间的最佳速度挡位。自动转换点如下：

(1950±50)r/min：自动加速（升挡）；

(1350±50)r/min：自动减速（降挡）；

(1500±50)r/min：变矩器闭锁离合器闭锁；

(1150±50)r/min：变矩器闭锁离合器解锁。

在前进 3 位置上加速时，自动变速范围为 $F_2 \sim F_8$。踩下油门踏板，则发动机转速上升，如果变矩器涡轮轴速度（变速器输入轴速度）上升到 1500r/min，则闭锁离合器闭锁，发动机传来的动力不经变矩器变矩而直接传动至变速器。转速上升到 1950r/min 时，高一挡接合，在这一换挡过程中，首先闭锁离合器短时解锁，原来挡位脱开；随后高一挡平顺接合，闭锁离合器随高一挡位接合而闭锁。换挡后如果载荷小，则变速器输入轴转速继续上升，在转速达到 1950r/min 时，继续换升高一挡位，直到 F8 挡。

在前进 3 位置上减速时，自动变速范围为 $F_8 \sim F_2$。当载荷增加，输入轴转速下降至 1350r/min，则实现自动降挡（如原为 F_6 挡，则降至 F_5 挡）。随载荷继续增加，速度将在 $F_8 \sim F_2$ 范围内逐挡下降，当降到 F_2 挡，转速下降至 1150r/min 时，变矩器的闭锁离合器解锁，车辆恢复变矩器工况。

变速时，自动变速系统可防止速度的急剧变化。在变速之后，挡位总是在某一时间内（加速 1.5s，减速 0.9s）保持不变（不管载荷情况如何），防止变速过度而产生误操作。

选择器手柄位置在前进 2 上时，自动变速在 $F_2 \sim F_5$ 范围内，其变速方法同上所述前进 3 位置时相同。前进 2 位置用于山地或有许多转弯的地区。

选择器手柄位置在前进 1 上时，手动操作，电磁阀作用使得制动器 L 和制动器 1 接合，车辆以 F_1 速度前进。前进 1 位置用于铲土、卸土作业过程或坡度较大和从松软地脱出的场合。

5.3.3 电子控制换挡形式

在装载机上普遍使用的电子换挡系统的组成如图 5-14 所示。它和上述组成几乎完全一样，所不同的只是操作控制形式，它也是由传感器、换挡开关、控制装置以及换挡电磁阀等组成。换挡电开关有杠杆式和按钮式两种，工程机械一般采用杠杆式。如德国产的轮式装载机 F1310 上采用的就是这种操纵形式。司机操纵换挡开关将挡位选择要求以电信号方式输出给控制装置。

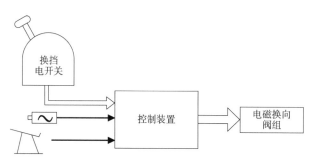

图 5-14 电子控制换挡系统

常用的转速传感器有电磁感应脉冲发生器和测速发电机。油门开度传感器常用的有电位传感器和旋转变压器。控制装置内有微处理机,它接收来自换挡电开关、转速和油门传感器的信号,进行计算、分析和判断,按照预先写入计算机中的控制程序所确定的换挡规律发出控制信号控制电磁阀,来进行换挡。电磁换挡阀组是一组电磁液压阀。如图5-15所示,6个电磁阀13~18分别控制19~24 6个离合器的分离和接合。它根据控制装置的信号起作用,进行换挡。下面以装载机微型计算机控制四速自动换挡变速器为例来说明。该变速器可以自动换挡,也可以手动换挡,通过转换开关来选择自动或手动,其换挡操纵情况见表5-3。它表示了换挡手柄在不同位置时的挡位情况,符号← →表示自动换挡。

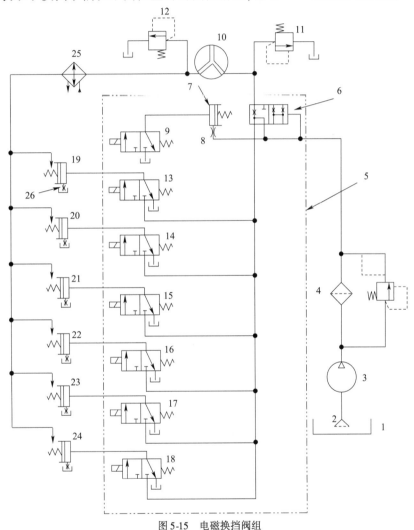

图5-15 电磁换挡阀组

手柄不同位置时的换挡位置 表5-3

换挡手柄位置	自动	手动
1	1	1
2	1← →2	2
3	1← →2← →3	3
4	1← →2← →3← →4	1← →2← →3← →4

5.4　机械换挡系统电子控制

在通常的啮合套(同步器)换挡机构的人工换挡定轴式齿轮变速器的基础上,加上电子控制系统,即组成电子控制的机械换挡变速器。这种自动换挡变速器采用了传统的变速形式,因而结构简单、生产成本低、传动效率高(不带变矩器)、燃料经济性好。

电子控制机械换挡变速器的基本组成如图 5-16 所示,它由传感器、微型计算机控制装置和执行机构等组成。

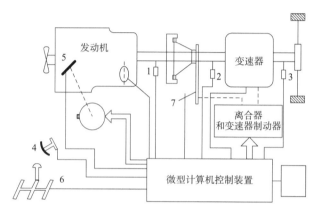

图 5-16　机械变速器电子控制

传感器检测出的信号传输给微型计算机控制装置。传感器包括发动机转速传感器 1、变速器输入轴转速传感器 2、车速传感器 3、油门踏板传感器 4、喷油泵控制杆角度传感器 5 和离合器行程传感器 7 等。微型计算机控制装置对传感器的信号进行分析判断,并发出控制信号,通过执行机构对变速器、离合器和发动机进行控制。机械式变速器换挡过程不仅要对变速器进行操纵,还需对离合器和发动机进行操纵。

5.4.1　变速器控制

变速器换挡控制是按提高动力性、降低油耗来制定换挡规律的,编制好的换挡控制程序存储于微型计算机内存中,微型计算机根据车速和油门开度两个参数发出控制信号,通过电磁阀控制换挡油缸,拨动啮合套进行换挡。

5.4.2　离合器控制

离合器的接合控制首先应确定离合器接合的启动点,即通过离合器行程传感器 7 检测出离合器接合过程中变速器输入轴刚开始旋转时的行程,并记忆在计算机中,这是离合器控制的参考点,从此点开始,微型计算机控制装置按最佳接合规律对离合器接合速度,即动作油缸的行程和移动速度特性进行控制,从而实现对离合器的平稳接合控制。具体有以下两种控制情况。

机械微动控制:有时机械需以很慢的速度移动一段很小的距离,这就需要控制离合器接合程度通过其打滑来实现。

机械起步控制:根据发动机转速、变速器输入轴转速和油门开度来决定离合器操纵特性,得到最佳的起步性能。

离合器分离控制:在机械制动时离合器有两种控制形式。正常制动,为了利用发动机制动,离合器处于结合状态,直至发动机到达怠速状态,离合器才分离;紧急制动,离合器迅速分离,让发动机空转。是正常制动还是紧急制动,由计算机根据制动气压的高低、制动气压的上升率和发动机减速大小来判别确定。

5.4.3 发动机控制

换挡时,微型计算机控制装置对发动机的控制主要是通过对油门开度(喷油泵)的控制而对其转速进行控制。对发动机进行控制的目的是使发动机转速适合于换挡后新的变速器输入轴转速,减小挂挡后离合器接合时的冲击,从而提高换挡平顺性。

5.5 工程车辆常用换挡控制器

本节介绍一种在铲运机上使用的变速控制器,即 A·E·S·C 控制器。图 5-17 为变速控制器组合体电路。变速控制器组合体电路由计算机印刷电路板组件和变速选择器印刷电路板组件两部分组成。

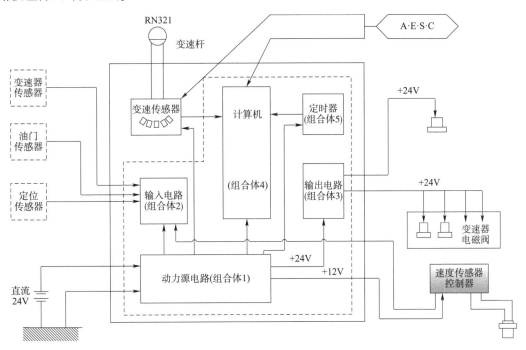

图 5-17 变速控制器组合体电路图

5.5.1 计算机印刷电路板组件

组合体 1:产生 +5V、+12V、+24V 的直流稳压电源,并具有对电路中发生反常电压的探测和保护电路的作用。反常电压的探测和保护电路由 19~32V 的输入电压操作,超过这一范围时,电路断开,防止高低电压输入。

组合体 2:用来记录速度传感器控制器传来的信号,并区别定位传感器、油门传感器、变速器传感器等来自车辆的所有传感器信号,同时将信号送至计算机(组合体 4)中。

组合体 3:输出驱动电路,它按照计算机发出的命令,对变速器电磁阀及变矩器闭锁电磁阀进行动作控制。

组合体 4:是控制器的大脑,它包括一个中央处理机(CPU)、一个只读存储器[ROM,具有 24k(k 为计算机存储器单位)的信息组]和周边电路。单片微型计算机还包括一个随机存取存储器(RAM),振荡器电路和用于计算机工作时的其他电路。

组合体 5:工作电压 +5V,1MHz 的时钟,这个正时器在速度传感器脉冲计数中作标准计时使用,同时用于变速时不可能计数的时间和闭锁延迟时间的控制。

5.5.2 变速选择器印刷电路板组件

变速选择器结构和光学原理如图 5-18 和图 5-19 所示。这个电路包括 5 个光电管,用于探测变速选择器手柄在 R、N、3、2、1 上的位置,它实际上是由发光二极管和光敏接受元件组成。

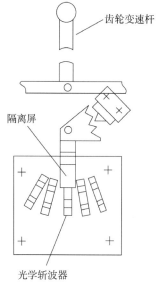

图 5-18 变速选择器结构图

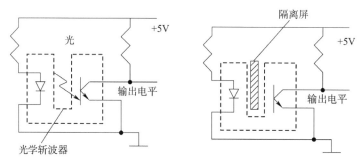

图 5-19 光学斩波器工作原理

隔离屏用于遮挡来自发光二极管的光束,并把各光电管元件接通至杆的"接通"或"断开"位置。它与选择器手柄相连而一起动作。

当隔离屏没有隔断来自发光二极管的光源时(即选择器没有在"接通"的位置),光敏管接受来自发光二极管的光而导通,此时输出电平为零电平。若选择器手柄接通某位置,即隔离屏隔断来自发光二极管的光源,相应的光敏管截止,输出为高电平。如选择器的手柄在 R 位,则 R 位置的光敏管被隔离屏遮挡无法接收发光二极管发出的光束而截止,R 位的输出电平为 1,其余 N、3、2、1 位输出电平为 0。选择器手柄在 N、3、2、1 位置时同理。

变速选择器和计算机组件之间的接线共 7 根,1 根为 +5V 电源线,1 根为接地线,其余 5 根分别为变速选择器 R、N、3、2、1 位输入计算机组件的信号线,其中线号①、②、③、④、⑤分别为变速选择器 R、N、3、2、1 位的信号线,⑦为 +5V 电源线,⑥为接地线。

5.5.3 换挡系统选择器电路检查

变速选择器与计算机之间的接线图如图 5-20 所示,控制器内部接线如图 5-21 所示。变速选择器电路板的电压是否为 5V,测点⑦(+)、⑥(-)。变速选择手柄在 N 位时,测点②(+)、⑥(-),电压约为 5V;其他测点为 0V。变速选择手柄在 R 位,测点①(+)、⑥(-),电压约为 5V;其他测点为 0V。变速选择手柄在 3、2、1 位时,测点电压变化同上。如果某一路检查结果不正确,则说明电路有故障,应进一步检查是线路断路、短路、接地或是传感器有故障。

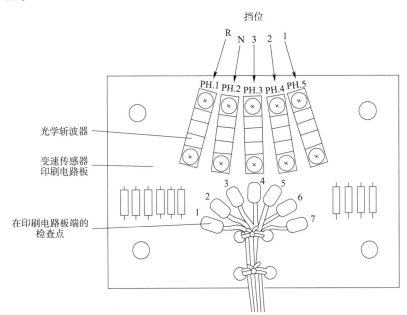

图 5-20 变速选择传感器与计算机之间的接线图

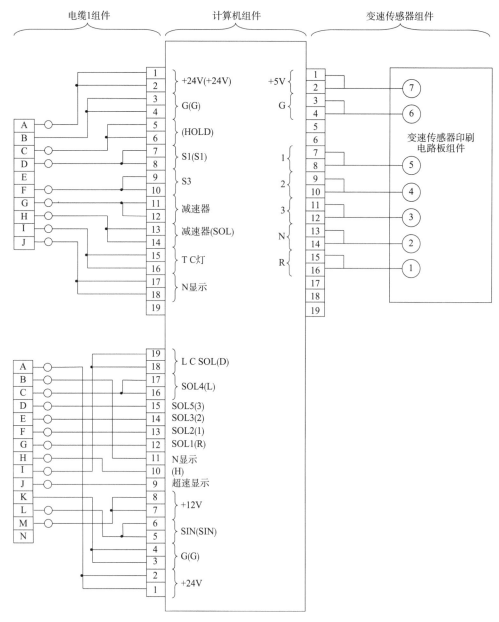

图 5-21 控制器内部接线

5.5.4 各构件与计算机的连接

控制器"进"处电气配线与计算机连接如图 5-22 所示。控制器"出"处电气配线与计算机连接如图 5-23 所示。

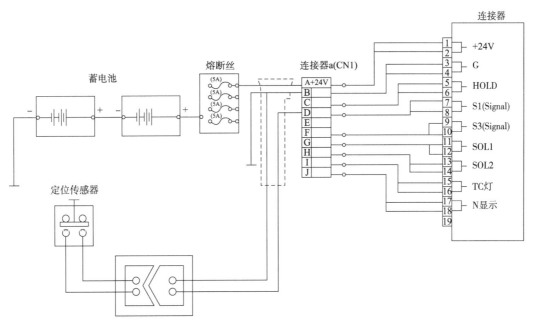

图 5-22 控制器"进"处与计算机的接线图

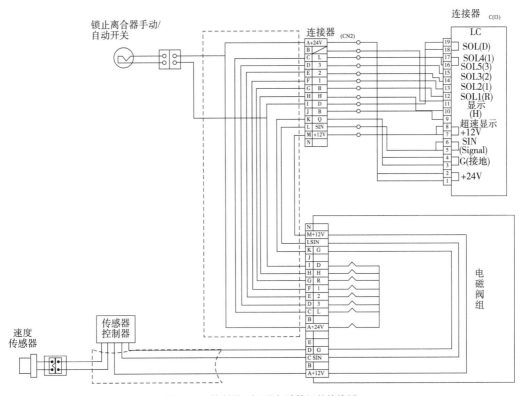

图 5-23 控制器"出"处与计算机的接线图

表 5-4 为控制器控制的速度级及相应操作的电磁阀、离合器。

控制器操作的电磁阀及相应的离合器表　　表 5-4

挡位	F_8	F_7	F_6	F_5	F_4	F_3	F_2	F_1	N	R
电磁阀	H	0	H	0	H	0	L	L	0	L
	3	3	2	2	1	1	2	1	0	R
	D	D	D	D	D	D	D	D	0	0
离合器	H	M	H	M	H	M	L	L	M	R
	3	3	2	2	1	1	2	1	0	L

注：表中"0"表示不操作电磁阀或离合器。$F_1 \sim F_8$ 指 1~8 挡，N 是空挡；R 是倒挡。H、M、L、R 是指图 5-23 中的触点。

D 为操作闭锁离合器的电磁阀，$F_2 \sim F_8$ 挡位自动变速时均与 D 相接，也就是在 $F_2 \sim F_8$ 范围内任一挡位均可用 D 的通、断电使闭锁离合器闭锁或解锁。这种情况主要用在自动升、降挡时，需定时解锁后又闭锁，或在定位踏板踩下且载荷较大，涡轮轴转速低至 1150r/min 时闭锁离合器解锁，随后若载荷减小，涡轮轴转速升高到 1550r/min 时，闭锁离合器又闭锁。F_1 和 R 挡位车速较低，变矩器在变矩或偶合工况下工作，D 不通电。

5.6　自动换挡液压系统

现代筑路机械自动换挡均采用液力传动的自动变速器。早期液力传动的液压换挡或自动换挡是液压控制的，随着电子技术的发展，出现了现代电控液压手动换挡系统和电子控制液压换挡的电液自动换挡系统。尽管应用了电子控制技术，液力传动动力换挡的基本部分仍是液压系统。

现代筑路机械自动换挡液压系统因是液压式换挡或电液式换挡，所以其机构和装置不大相同。液压式换挡系统结构较复杂一些，它包括供油机构、调压机构、换挡选择控制机构、换挡顺序及品质控制机构、换挡执行机构和某些特殊装置(如联锁、限制、安全装置)等。

电液式换挡的液压系统包括供油系统、换挡执行机构、电控液压机构和预防系统冲击的安全装置等。

下面我们以日本小松 WS16S-2 型自行式铲运机的电液换挡液压系统为例进行分析介绍。

5.6.1　液力变矩器及行星变速器

5.6.1.1　液力变矩器

WS16S-2 铲运机的液力变矩器为 TCA43-2B 型，其形式为三元件一级两相带闭锁离合器。变矩器的变矩器系数为 2.4。闭锁离合器为湿式双板盘式，由电控压力油液控制其接合。

单级：指涡轮的翼栅只有 1 列(即只有一个涡轮)。

两相：导轮固定不动时，得到变矩工况；导轮旋转时，得到耦合器工况。当外载荷较大，涡轮转速较低时，导轮固定不动(此时，由涡轮出口处流出的液流冲击导轮叶片的正面，单向离合器起作用将导轮固定不动)；当负载较小，涡轮转速较高时，从涡轮出口处流出的液流冲击导轮叶片的背面，使得单向离合器不再固定导轮，导轮与涡轮同时转动，变矩工况转变为偶合工况，提高了高速小转矩时变矩器的传动效率。

三元件:1个泵轮、1个导轮、1个涡轮。

5.6.1.2 行星变速器

WS16S-2采用行星齿轮式自动换挡变速器,其传动简图如图5-24所示。

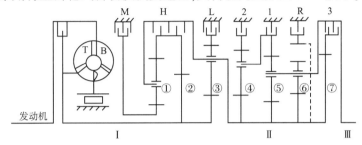

图 5-24 WS16S-2 型铲运机采用的变速器传动简图

该变速器有8个前进挡、1个倒退挡,可由电子计算机进行自动换挡控制。

变速器的输入轴用花键与液力变矩器的涡轮轴相连,变矩器壳体固定在变速器器体上,成为一整体结构。变速器由前、后两部分组成,前部包括①、②、③号行星排及 M 制动器(控制中速)、H 离合器(控制高速)、L 制动器(控制低速)。后部包括④、⑤、⑥、⑦号行星排和1、2、R 制动器及3离合器。1、2制动器和3离合器为速度级离合器,R 制动器为倒退速度离合器。⑥号行星轮为双列行星轮。变速器传递动力时,需分别接合变速器前部和后部相应的制动(离合)器。

如挂 R 倒挡,L 和 R 制动器接合,动力由输入轴Ⅰ输入,经③号太阳轮、③号行星轮、③号行星架、Ⅱ轴、⑥号太阳轮、⑥号行星轮(通过两列偏置式行星小齿轮改变旋转方向)、⑤号行星架后将动力传递到输出轴Ⅲ。

再如挂 F_3 挡,M 和 1 制动器接合,动力由输入轴Ⅰ输入,经齿轮②、①号行星轮(①号太阳轮不转)、①号行星架、Ⅱ轴、⑤号太阳轮、⑤号行星轮、⑤号行星架后将动力传递到输出轴Ⅲ。各挡位相应接合的换挡离合器及变速比,见表5-5。

各挡位相应接合的离合器及变速比　　　　表 5-5

挡位	R	N	F_1	F_2	F_3	F_4	F_5	F_6	F_7	F_8
前部	L	M	L	L	M	H	M	H	M	H
后部	R		1	2	1	1	2	2	3	3
速比	4.58		7.64	4.44	3.45	2.53	2.00	1.47	1.08	1.00

其他挡位的动力传递路线请读者自行分析。

5.6.2 供油系统

供油系统是液压控制系统的一个基本的组成部分,其功能是向整个自动操纵控制系统提供具有一定的油压、足够的流量及合适温度的油液。具体如下:

(1)向变矩器(或耦合器)供油,并维持足够的补偿油压,以保证该系统中油温不致过高及在液力元件中不产生气蚀。

(2)在一部分工程车辆和重型运输车辆中,还需向液力减速器提供足够流量、温度适宜的油液,以便能适时地吸收车辆的动能,得到满意的制动效果。

(3)向控制系统供油,并维持主油路的工作油压,以保证各控制机构顺利地工作。

(4)保证各换挡离合器、闭锁离合器等的供油,以满足换挡、闭锁等操纵的需要。

(5)为整个变速器各运动零件-齿轮、轴承、止推垫片、离合器摩擦片等提供润滑用油,并保证正常的润滑油温度。

(6)通过油料的循环对变速器进行散热冷却,使变速器保持在合理的温度范围内工作。

整个供油系统的结构组成,因其用途而异,种类繁多。但其主要组成包括:各分支供油系统-变矩器及液力减速器的供油系统、冷却系统、润滑供油系统等;油泵及辅助装置-供油泵、油箱、各种滤油器、管道等元件;压力调节与控制机件-调节系统压力的调压阀,以及各种溢流、安全压力控制阀等。

图 5-25 所示为 Allison 公司 CLBT-750 型自动变速器的供油系统。这是一种供铲运机和 20~35t 工程自卸载货车辆使用的重型自动变速器。CLBT-750 型自动变速器对供油系统的要求如下:

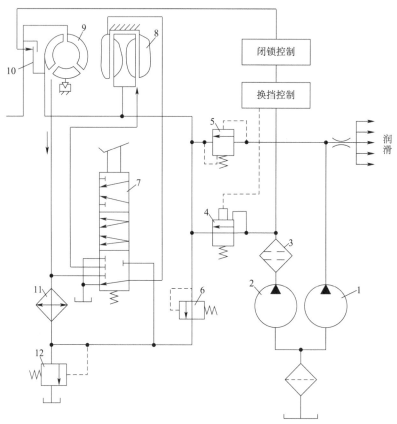

图 5-25　CLBT-750 型自动变速器的供油系统

1、2-油泵;3-滤油器;4-主压力阀;5-润滑油路调压阀;6-溢流阀;7-液力减速器控制阀;8-液力减速器;9-变矩器;10-闭锁离合器;11-冷却器;12-变矩器背压阀

(1)向变速器自动换挡操纵及变矩器闭锁控制系统供油。包括向自动控制系统及各离合器的供油。这部分流量消耗不大,实际供油量不超过 15L/min。

(2)变矩器补偿。考虑到在 20% 坡道上长期上坡行驶时仍能保持适当油温,变矩器的供油量不得少于 68L/min。

(3) 变矩器各部件润滑冷却。为保证离合器正常使用和适当的寿命,最小供油量为 23L/min。

(4) 向液力减速器的供油。耦合器型的液力减速器容积是 3.8L,应保证在一定时间内能充满容积以获得最大制动力矩。

5.6.3 换挡品质控制

为了实现平稳而又迅速地换挡,就要进行换挡品质控制,即离合器接合与分离控制。它具体包含以下两个内容:

换挡搭接控制:换挡过程是一个结合元件脱开和另一个结合元件结合的转换。脱开和结合的时间配合必须恰到好处,脱开过早,接合过慢,会产生动力中断;脱开过晚,接合过早,会同时挂上两个挡,互相抵触制动。两者都是不好的,都会产生冲击振动。因此,换挡时结合元件的分离和接合应进行精确定时控制。

离合器接合过程油压上升规律的控制:一般动力换挡变速器是由液压操纵来完成换挡的,结合元件摩擦力矩的大小取决于油液压力,为了使换挡过程平稳圆滑,要求油压平稳地上升。电子控制采用微型计算机(或定时装置)来实现换挡搭接控制是不难的,也是容易理解的。下面对如何用电子控制方法来实现离合器油压平稳上升的方法进行探讨。

5.6.3.1 在调压阀基础上加定时控制

图 5-26 为溢流型调压阀加上电磁阀控制的蓄能器放油装置。溢流阀 1 的压力弹簧的另一端支承在蓄能器柱塞 2 上,当离合器充满油后压力上升时,油通过节流小孔 3 进入蓄能器,推动蓄能器柱塞左移,使弹簧力逐渐增加,使溢流阀控制油压平稳上升。蓄能器充放油通过电磁阀 4 来控制。图 5-27 表示了从前进挡转换成后退挡时,各有关电磁阀的动作情况和液压压力变化情况。当前进离合器电磁阀断开和后退离合器接合后,蓄能器放油电磁阀滞后一段微小时间 t_1 才通电将蓄能器中的油放掉。t_1 是为了使离合器能很快地充满油液所需要的时间。t_2 是蓄能器放油时间,只有将蓄能器的油放掉,油路压力充分降低,才能从低压开始调压,取得良好的调压效果。t_3 为压力平稳上升时间。

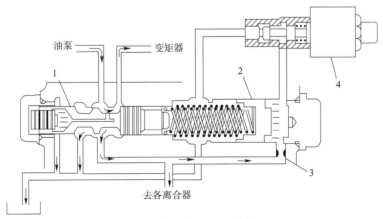

图 5-26 电控溢流调压控制
1-溢流阀;2-蓄能器;3-节流孔;4-电磁阀

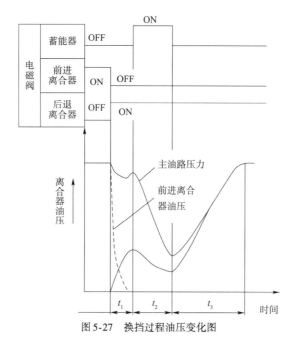

图 5-27 换挡过程油压变化图

5.6.3.2 比例电磁铁调压阀

比例电磁铁调压阀的具体结构如图 5-28 所示,它由一个电磁比例减压阀和一个溢流阀组成。电磁比例减压阀的阀杆上作用着向下的电磁力,该力与加在线圈中的电流值成比例,此阀杆上又作用着向上的油压力,通过电磁力和油压力平衡来控制 A 腔的油压。显然,此油压与线圈中的电流值成比例。A 腔的油压作用在溢流阀的右端,控制了溢流油压,从而决定了离合器的油压,因此,可以通过控制电磁比例减压阀的电流来控制离合器的油压上升。

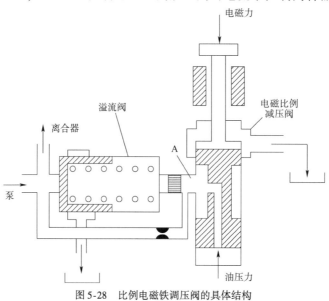

图 5-28 比例电磁铁调压阀的具体结构

5.6.3.3 步进马达驱动数字式调压阀

图 5-29 是步进马达驱动数字式调压阀具体结构图,它由线性执行机构(由步进马达加

上旋转运动转为直线运动机构)、液压位置伺服阀和减压阀组成。其工作原理是：计算机发出脉冲电信号，传送给线性执行机构(步进马达)，线性执行机构带动位置滑阀来回移动；位置滑阀和作用柱塞组成液压位置伺服阀，即位置滑阀的位置确定了作用柱塞的位置；减压阀压力弹簧是支承在作用柱塞上的，因此，作用柱塞的位置决定了压力弹簧的压缩程度，通过减压阀主控制滑阀去离合器的油压取决于压力弹簧的作用力，也即作用柱塞的位置确定了离合器油压。通过这样一系列关系，计算机可以控制离合器接合过程的油压上升。

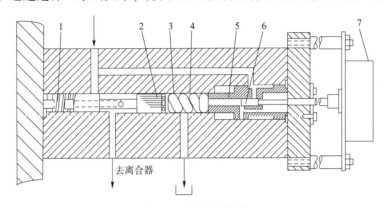

图 5-29　数字调压控制
1-复位弹簧；2-主控滑阀；3-高压弹簧；4-低压弹簧；5-作用柱塞；6-位置滑阀；7-线性执行机构

5.6.3.4　脉宽调制控制调压阀

脉宽调制控制的调压阀具体结构如图 5-30 所示，它由三路高速电磁阀和滑阀式减压阀组成。高速电磁阀为三通路的球阀，有两种状态：接合状态时，供油口(p_s)闭锁，信号输入口(p_p)回油；断开状态时，供油口通信号输入口，回油口闭锁。高速电磁阀在一定的供油压力下工作，由计算机发出周期性的脉宽调制信号，控制其接合和断开，改变一个循环中接合时间的比例(称为变调率，变调率 $= t_合/t_s \times 100\%$)，如图 5-31 所示，就可改变信号输入压力 p_P(即指令信号压力 p_G)的大小。减压阀左端受 p_G 压力与作用，右端承受小柱塞面积的离合器压力 p_C 和弹簧力作用，因此，离合器压力将随着指令信号压力的变化而变化，从而实现了由计算机控制离合器油压上升规律的目的。

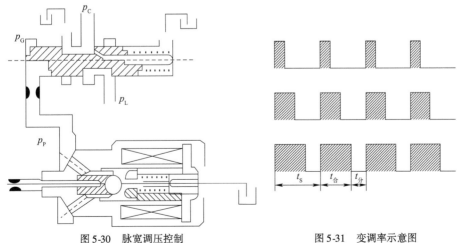

图 5-30　脉宽调压控制　　　　图 5-31　变调率示意图

5.7 典型车辆自动换挡液压系统及控制

仍以 WS16S-2 型自行式铲运机自动换挡液压系统为例,分析其控制工作过程。

5.7.1 供油系统

来自油泵的液压油,通过滤清器后分三路,再进入四个循环系统,即先导油路系统、液力变矩器循环系统、换挡主油路循环系统和闭锁离合器油路系统。

5.7.1.1 先导油路循环系统

它是在压力油输入顺序阀 6 之前,把油导入变速控制阀(各电磁阀 D、H、L、3、2、1、R 及相应的滑阀)中。先导油路的压力控制为 800kPa(由定值减压阀 19 调定)。先导油路将压力为 800kPa 的压力油作用在各换挡滑阀上,以保证换挡阀工作圆滑,能平稳、快速地换挡。

为了保证先导油路油压保持不变,即使主要循环管路的油压下降,在液压系统中采用压力顺序阀,主要循环系统中的油压下降至 1000kPa 时,压力顺序阀切断流入主要循环系统的油路,即切断去变矩器和变速离合器的油路(图中顺序阀 6 的开启压力为 1000kPa,进口压力控制)。油压下降到 1300kPa 时,切断去闭锁离合器的油路(定值减压阀 8 的开启压力为 1300kPa,出口压力控制,一般进口压力大于 1300kPa),这样就保证了压力油优先输入先导油路中去。因此,在先导油路减压阀 19 的出口处,油压总是保持在 800kPa(进口压力可大于 800kPa)。

5.7.1.2 换挡主油路

进入顺序阀的压力油,经过溢流调速阀 7(流量为 90L/min)后,一部分经外控减压阀 18 (外控至 1500kPa)或无载荷减压阀 28(入口压力控制和外控,设定压力为 3000kPa,与外控减压阀 18 在油路中并联)进入液力变矩器;另一部分则经先导加压调节阀进入换挡阀控制的换挡主油路。经过外控压力的调节,可以使主油压在 $F_3 \sim F_8$ 挡位时为 1500kPa,R、F_1、F_2 挡位时为 3000kPa,保证低速大转矩时换挡离合器可靠地接合,高速小转矩时减小传动系统的功率损失。当变速器在 $F_3 \sim F_8$ 挡位时,油压小于或等于 1500kPa,或变速器在 R、F_1、F_2 挡位时,油压小于或等于 3000kPa,压力油优先直接通过先导加压调节阀 27,然后进入换挡滑阀及相应离合器。

5.7.1.3 变矩器油路

由外控减压阀 18 或无载荷减压阀 28 流出的压力油经快速回流阀 20 与溢流调速阀 7 溢流出来的油汇合后进入变矩器。当变矩器入口处油压大于或等于 800kPa 时,减压阀 14 开启泄油。一路从变矩器出来的油经背压为 250kPa 的减压阀 13(入口压力控制),进入冷却器 15 冷却,冷却后的油同减压阀 14 泄出来的油汇合后进入变速器润滑系统对变速器中的齿轮、轴承、离合器摩擦片等进行润滑;另一路是当去变速器润滑系统的油压超过 150kPa 时,经开启的溢流阀 16(调定压力 150kPa)流回油箱。

5.7.1.4 闭锁离合器油路

压力油在进入顺序阀 6 之前,根据需要可经定值减压阀 8(1300kPa,出口压力控制)减压后,到外控闭锁阀 9(外控压力为 400kPa),若闭锁阀为闭锁位时,减压后的压力油进入闭锁离合器。这里定值减压阀采用出口压力控制,是为了满足闭锁离合器的工作需要,做到结合平稳,且具有足够的压力,保证力矩可靠传递,同时分离彻底,防止离合器在半结合状态下工作。

5.7.2 电控液压系统及换挡执行机构

WS16S-2 型铲运机电控液压系统为计算机控制的 H、L、3、2、1、R 及 D 电液控制阀组。电液控制阀控制先导油路中的压力油使换挡滑阀换位,主压力油进入换挡执行机构而接合相应的离合器。换挡执行机构为变速器中的 5 个制动器和 2 个离合器,它们均采用接合柔和的多片湿式离合器。

电液控制阀 D 控制的闭锁先导油路与其他每一个电液控制阀控制的换挡滑阀先导油路并联,只要在 $F_2 \sim F_8$ 挡位范围内自动换一次挡位,闭锁离合器在 D 电液控制阀的控制下则要各解锁、闭锁一次。

车辆在各速度下接通的电磁阀及相应的液压系统中控制的离合器及接合压力见表 5-6。

车辆在各速度下接通的电磁阀及相应的液压系统中控制的离合器及接合压力　表 5-6

挡位	控制中的离合器(MPa)							使用中的电磁阀(自动)						锁止离合器		变速器入口(MPa)
	R	1	2	3	L	M	H	SOLR	SOL1	SOL2	SOL3	SOLL	SOLH	自动	手动	
R	○ 3.0		○					○				○				3.0
N					○										○	1.5
F_1		○ 3.0		○					○			○				3.0
F_2			○ 3.0	○						○			○	○		3.0
F_3		○ 1.5			○						○		○	○		1.5
F_4		○ 1.5				○			○			○		○		1.5
F_5			○ 1.5		○						○		○	○		1.5
F_6			○ 1.5			○			○			○		○		1.5
F_7				○ 1.5	○						○		○	○		1.5
F_8				○ 1.5		○			○			○		○		1.5

注:标记"○"表示电磁阀是励磁的。

电磁阀与其控制的先导油路二位二通阀,合称电液控制阀。

5.7.3 预防换挡系统中冲击的安全装置

在自动换挡过程中,我们希望平稳、无冲击。有多种控制平稳性的方法,其中有一种是重叠式,主要用于工程机械在低速大负荷工况下。在这种换挡方式中,离合器的分离与结合有一定的重叠时间,动力不中断,但在离合器中有瞬时的摩擦功率损失。还有一种是切断动力换挡式,这种方法主要用于工程机械高速小负荷工况下,在这种换挡方式中,动力中断时间短(一般为0.3~1s),没有摩擦功率损失。WS16S-2型自行式铲运机在铲土和卸土时负荷较大,用手动F_1挡工作;在运土过程中,负荷较小,需快速行驶,因而采用切断动力换挡式。

WS16S-2型铲运机设有专门的防换挡冲击装置,利用D电磁阀控制在换挡过程中先解锁,滞后0.6s再闭锁,使动力不能机械式传递到变速器输入轴(闭锁双动阀21在自动位,若在手动位,则动力机械式传递);先导加压调节阀27与快速回流阀20在换挡过程中联合动作,使流往变矩器的油液一部分直接回油箱,流往变矩器的油液压力下降,流量减少,使变矩器传递动力的能力下降;变速器的换挡方式是先将前一挡位的离合器脱开,然后接合新挡位的离合器;液力传动具有减振缓冲作用,因此,可防止换挡过程中的冲击。

5.7.4 换挡离合器油路的变压方式

R、F_1、F_2挡位时,变速器入口油压及离合器工作油压为3000kPa。F_3、F_4、F_5、F_6、F_7、F_8和N挡位时,变速器入口油压及离合器工作油压为1500kPa。系统压力的建立一方面与载荷有关,另一方面与系统的减压阀有关。WS16S-2型铲运机的变速压力控制有两路并联的减压控制油路:1500kPa外控减压阀18油路和3000kPa外控加进口油压控制的无载荷减压阀28油路。车辆在R、F_1、F_2挡位工作时,L制动器必须接合,这样就使得流经L滑阀而去外控减压阀18的压力油路被切断,减压阀18油路不导通,此时只有无载荷减压阀起作用。这就限定了系统的工作压力为3000kPa,满足了低速大转矩下传递动力时,离合器的接合压力应足够大的要求。

在F_3~F_8挡位范围内时,车辆是在高速小转矩工况下工作的,且L制动器在这几个挡位都不参与工作,控制L制动器的滑阀不动作;而流经L滑阀而去外控减压阀18的压力油路导通,使得外控减压阀18将换挡液压系统的主压力调节至1500kPa以内,这既满足了高速小转矩工况下离合器接合的要求,又避免了因油压过高造成液压系统功率的损失。在N挡时,只有M制动器接合,系统主压力同上所述,为1500kPa。M制动器是一个常结合式离合器,即在N挡时它也是接合的,它在F_3、F_5、F_7挡位时也参与工作。

5.7.5 应急行驶挡

F_3速手动行驶是应急行驶挡位。在发生电气故障,所有电液控制阀停止工作时,用手动阀26将车辆行驶速度挂在F_3挡位,使车辆能返回场地或修理厂。此时M制动器接合,1制动器由手动阀控制接合。其换挡过程如下:

手动阀26用手动移到左位,换挡滑阀因压力差左移换至右位而接通去制动器1的压力油路,1制动器接合(M制动器常结合),实现变速器手动F_3挡位。

在手动F_3挡位应急行驶时,车辆既可在变矩工况下工作,也可在偶合工况下工作。闭锁双动阀 21 在右位(自动控制位)时,先导油压将闭锁阀 9 移至左位,闭锁离合器解锁,动力由发动机传递到变矩器,经变矩或偶合后传到变速器;当闭锁双动阀手动换至左位(手动位)时,先导油路被切断,闭锁双动阀出口至闭锁阀 9 之间的油泄回油箱,闭锁阀在弹簧力的作用下移至右位,闭锁油路接通,闭锁离合器接合,发动机的动力直接传递到变速器。因此,在应急行驶手动 F_3 挡位工作时,既可在高速小转矩工况下行驶,也可在低速大转矩工况下行驶。

手动阀的结构如图 5-32 所示。其工作原理是:在正常工作情况下,螺栓 A 将钢球顶住封闭先导油路,使先导压力油不能经钢球放泄回油箱,换挡滑阀的动作由电液控制阀控制。当需用应急行驶手动 F_3 挡位工作时,将锁紧螺母 B 放松,旋出螺栓 A,先导压力油可冲开钢球放泄回油箱,此时,弹簧室的先导油压因放泄而降低,换挡滑阀因作用在阀芯两端的压力差克服弹簧力使阀芯左移换右位,使制动器接合。

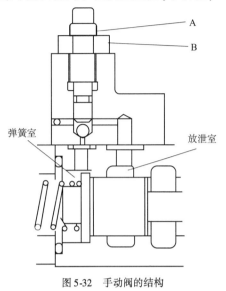

图 5-32 手动阀的结构

5.7.6 部分元件的工作过程

5.7.6.1 换挡滑阀

WS16S-2 型铲运机的变速器换挡滑阀共有 6 个。

图 5-33 为 H 换挡滑阀结构简图,它是由电液换向阀控制的。图示为断开状态,此时油室 6 和通过节流孔 8 节流的油室 3 中充满先导油,由于电磁阀断电,使电液控制滑阀 1 移右位截止,油室 3、6 内油压相等,承压面 7、9 压力相等、方向相反,在弹簧 2 弹力的作用下滑阀被推向右位,直到与左边的止动凸台相接触,离合器油路与泄油口 4 相通,离合器分离;当电磁阀通电使电液控制 1 移左位,将油室 3 的先导油泄回油箱时,油室 6 先导油通过节流孔 8 流入油室 3,由于 8 节流孔的作用,油室 3、6 产生压力差,承压面 9 的力与左阀的力之和小于右阀的力,阀压左移,阀芯左移,接通压力油到离合器的油路(同时将泄油口关闭),离合器接合。电磁阀的动作受换挡控制器信号的控制。其他各换挡滑阀工作原理与 H 滑阀相似。

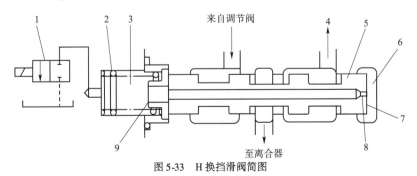

图 5-33 H 换挡滑阀简图

1-电液控制滑阀;2-弹簧;3、6-油室;4-泄油口;5-阀芯;7、9-承压面;8-节流孔

5.7.6.2 闭锁离合器

闭锁阀的液压特性如图5-34所示,它反映了在自动换挡过程中闭锁离合器中油压随时间变化的情况。

闭锁离合器在自动换挡过程中的工作过程为:计算机驱动电路"断开"电信号使电磁阀断电,电液控制阀换右位,先导压力油使闭锁阀换左位,闭锁离合器解锁。由电信号提供一个0.6s的解锁滞后时间后,计算机驱动电路"接通"电信号使电磁阀通电,电液控制阀换左位,先导压力油泄压,闭锁阀在弹簧力的作用下换右位,闭锁离合器随油压的上升而闭锁(起始闭锁压力为500~700kPa,限定压力为1200~1400kPa),发动机动力直接传递到变速器。

5.7.6.3 先导加压调节阀和快速回流阀

先导加压调节阀和快速回流阀的作用是:决定需接合的离合器中的油压特性,使液压系统中的变矩器油路中的压力油在换挡过程中部分直接泄回油箱,消除换挡过程中的振动、冲击,使换挡平稳,接合圆滑。换挡时需接合的离合器中的液压特性如图5-35所示。在此必须说明的是,图5-15中,离合器接合的限定压力由外控减压阀或无载荷减压阀确定。

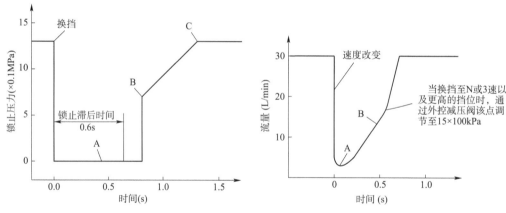

图5-34 闭锁阀的液压特性图　　　　图5-35 换挡时离合器中的油压特性

为了说明先导加压调节阀和快速回流阀在换挡时的工作过程,以车辆由 F_4 升为 F_5 挡位为例进行分析。在换挡开始时,计算机发出指令使相应电磁阀动作,1、H离合器因油路接通泄油口而分离,2、M制动器接通压力油时开始接合。当压力油刚接通2和M制动器时,由于先导加压调节阀在左位时的节流作用,造成其出口压力下降,在调节阀芯两端面压力差的作用下,先导加压调节阀换位到右位,无节流地快速向2、M制动器供压力油。此时,变矩器油路中快速回流阀的外控油压因调节阀换位而为0Pa,快速回流阀换下位,使通往变速器的油部分直接泄回油箱,液力变矩器传递动力的能力因此而下降;当2、M制动器中充满油液后,先导加压调节阀出口的油压上升,调节阀因两端受力面积不同而换左位,快速回流阀的外控油压随调节阀的换位而通过节流孔逐渐上升。当外控油压上升到330kPa时,快速回流阀换到上位,关闭泄油口,由外控减压阀流出的油全部流往变矩器,变矩器恢复正常的变矩或耦合工作状态。

由图 5-15 和图 5-35 中可以看出,换挡离合器从脱开到限压接合一般需 0.5~0.7s,而经滞后 0.6s 解锁时间再开始闭锁的闭锁离合器完成一个解锁到限压闭锁过程需 0.8~1.3s,换挡切断动力时间小于 0.7s。在自动换挡过程中,发动机的动力经变矩器变矩能力下降传递、液力传递和直接传递三个阶段由小到大地传递动力到变速器,使得变速器的换挡离合器在传递的转矩由小到大,接合压力也由小到大的工况下牢靠而且柔和地完成接合过程,避免了换挡冲击、峰值转矩传递,提高了传动系统的工作寿命和驾驶的舒适性。

第 6 章　摊铺机电液控制技术

6.1　智能化摊铺机发展与现状

随着科技的进步和现代施工项目大型化的要求,新一代摊铺机不仅需要实现集成化和智能化控制,而且需要它们能够组成基于网络的智能化机群协同控制系统,以获得项目施工的高效、低耗,并在尽可能短的时间内完成项目施工任务。摊铺机的智能化、集成化正在成为 21 世纪摊铺机的重要发展方向之一。智能化摊铺机的主要技术特征如下:

(1)程序化作业:所有操作均按预定程序进行。

(2)智能化作业:能根据摊铺的材料、摊铺厚度、摊铺的宽度、路面状态(如转弯)自动选择最佳的作业速度、振动频率、振捣频率自动协调作业。

(3)智能诊断与报警:能对作业参数、状态进行显示及对其技术状态进行监控与报警。

6.1.1　摊铺机智能化的现状与趋势

目前,摊铺机的智能化主要体现在三个方面,即摊铺机单机集成化操作与智能控制技术,摊铺机的智能监控、检测、预报、远程故障诊断与维护技术,以及基于网络的机群集成控制与智能化管理技术等。

6.1.1.1　摊铺机单机集成化操作与智能控制技术

摊铺机集成化操作与智能控制技术包括机电液一体化控制技术、负荷传感全功率控制技术、可编程控制与无人操作技术等。

负荷传感全功率控制是一个具有压差反馈的伺服系统,由于泵的输出流量和压力能根据负载的变化作出相应的变化,克服了恒流量和恒压系统中的能量损失,从而提高了系统的工作效率。负荷传感系统具有节能、控制性能好、动静特性好、寿命长和元件规格小等特点。应用计算机控制技术,可以依次确定负荷传感系统中发动机与变量泵的匹配特性,并采用负荷传感微机节能控制系统实现全功率控制,达到最佳的经济匹配。

无人驾驶技术也是摊铺机的一个发展方向。在特定的施工作业中,如易塌方区、辐射或有害健康的作业区等地方作业,就需要带有遥控装置的、采用专用的、高智能的、无人驾驶的摊铺机。随着自动控制、机器人以及网络通信技术对摊铺机领域的不断渗透,采用定向导航和位置诱导原理,依靠无线/有线通信、自身机械操作和自身监控信息反馈处理系统,通过计算机控制和自行判断,无人操纵的摊铺机正在逐步得到应用。

国外已研制出的无人操纵摊铺机,无疑使当今世界摊铺机的发展沿着机电信一体化技术道路又前进了一步。与此同时,我国也在致力于遥感控制和无人驾驶技术的研究和产品开发,并取得了一些成果。但是,我国摊铺机的无人驾驶技术还处于较低的技术水平,要形成产业化尚需付出更大的努力。

6.1.1.2 智能监控、检测、预报、远程故障诊断与维护技术

电子监控与故障诊断技术主要是指对摊铺机进行在线的智能监控、检测、预报、远程故障诊断与维护，实现摊铺机的监控与故障诊断智能化。国外有关研究内容及其今后的发展方向主要体现在智能化的电子监控系统,多传感器融合技术和故障预测、诊断与维护技术等方面。

从20世纪80年代开始,随着微型计算机的普及,国外知名的摊铺机厂家开始将微型计算机应用到摊铺机上,并取得了良好的效果。近年来,国外厂商在电子监控系统上加装了故障数据的记录存储和输出接口,维修人员可将故障代码读出,进行分析,确定故障的类型和故障点。相比之下,我国摊铺机在这方面的研究与应用还比较落后,电子监控与故障诊断技术正处于初始应用阶段。

传感器是电子监控与故障诊断技术应用的关键部件。世界传感器市场的渐趋成熟,为摊铺机的发展提供了有力支持。多传感器融合技术是在诊断系统中设置多种类型的传感器,用来探测摊铺机部件由于磨损、疲劳断裂、弹性或塑性变形而在振动、温度、压力、流量等物理现象上的不同反映。对参加施工作业的摊铺机,一般都要求具有很强的工作能力和较低的故障率,因此在作业中要求对多目标进行准确的定位、跟踪和分类识别。多传感器融合技术包括数据融合、信息融合以及数据与信息的融合,它是把从多个信息源得到的数据结合起来,以获得数量更多、质量更高的信息。

我国的传感器技术的发展大大落后于世界领先水平,至今,高可靠性的温度、压力、角度、速度、加速度和力矩等传感器大多只能引进。可以说,传感器技术仍将在今后一段时间内制约我们研制具有完全自主知识产权的电子监控与故障诊断系统。

6.1.1.3 基于网络的机群集成控制与智能化管理技术

在高等级公路路面施工项目中,由于施工机械品种及数量较多,各种机械的运行状态具有一定的随机性,施工项目的最优配置一直是实际施工中未能解决的问题。在需要由多机种、高性能机械联合作业施工的情况下,不仅施工机群的投资巨大,机械设备的使用费用高,而且机群作业的协调工作决定着整个工程的进度、质量和效益。因此,对机群进行优化配置和调度,充分发挥机群协同作业的工作效率,降低施工成本,已成为大型工程项目施工中十分重要的问题。近年来,国内外在这方面做了大量研究,在理论上取得了一些成果,但由于缺乏相应的技术手段,所取得的理论研究成果尚未在施工中得到检验,因此积极开展工程化研究尤为重要。当前,基于网络的机群集成控制与智能化管理技术应用在大型工程项目显得十分迫切。该项技术包括虚拟现实与机群控制技术、智能管理系统、协同控制及数据通信技术等。

(1)虚拟现实与机群控制技术。

机群控制技术指的是机群的最优配置或最佳组合,即以机械化作业机群系统为对象,运用统计学、运筹学、模拟仿真等方法,经分析、判断,建立系统目标函数,进而采用最优化的方法求得系统的最佳结果,使系统中各种机械与设备之间在作业施工中相互协调,在施工方法上相互配合,从而获得技术先进、经济合理、运行可靠、工作效率高的机群控制系统。

虚拟现实与机群控制技术是对工程施工进行分析与控制的两种手段。虚拟现实技术是对实际施工过程的一种动态仿真,为机群的多种组合寻找最佳配置;机群控制技术是对多种施工机械(车辆)所组成的施工群体进行优化调度和实时监控,确保整个施工安全、高效地完

成。计算机仿真技术是虚拟现实的重要手段之一。随着全球定位系统(Global Positioning System,GPS)和地理信息系统(Geographic Information System,GIS)的发展,对地理位置、工程施工的虚拟现实技术显得越来越重要。

通信系统可能采用无线通信或者无线与有线相结合的通信方式。由于各摊铺机的施工位置和时序的不同,它们工作状态的随意性比较大,因此,它们与中央控制中心之间的通信一般采用全数字式无线通信方式。

(2)智能管理系统。

大型工程项目具有投资大、工程复杂、作业点多、涉及面广和建设周期长等特点,在项目开工前必须做施工组织设计,把工、料、机等多种资源以及整个工程的施工进度计划安排好。在工程的实施过程中,经常会遇到一些不可预见的突发事件,直接影响工程的正常进行,因此,需要对工程建设项目实施动态管理,对施工机械进行调度,重新配置各种资源,实现工、料、机的优化组合和最佳协同工作方式,以达到灵活运用施工资源、提高施工效率、降低施工成本的目的。这就需要建立一个与之相适应并且具有扩展功能的施工机械智能化管理系统。

6.1.2 摊铺机核心技术发展前沿

6.1.2.1 CAN 总线技术

控制器局域网(Controller Area Network,CAN)总线技术适应了工业控制系统分散化、网络化与智能化的发展趋势,自20世纪80年代以来,已在一些领域得到了成功的应用。工业应用最广的八大总线中的 CAN 总线技术具有突出的可靠性、实时性和灵活性等优点。目前,CAN 总线技术在工程机械上的应用越来越普遍,欧洲新开发的大型工程机械基本都采用 CAN 现场总线控制,大大提高了整机的可靠性、可检测和可维修性,同时提高了智能化水平。CAN 总线是德国 Bosch 公司 1986 年为解决现代汽车中众多控制与测试仪器间的数据交换而开发的一种串行数据通信总线,具有以下特点。

(1)CAN 总线数据段长度最长 8 个字节,通信速率可达 1Mb/s,保证了通信的实时性,同时受干扰的概率低,可满足工程机械控制的需要。

(2)多主站依据优先权进行总线访问。

(3)无破坏性的基于优先权的仲裁。

(4)具有良好的抗干扰性与纠错功能,每帧数据都含有循环冗余校核(Cyclic Redundancy Check,CRC)及其他校验措施,总线节点在严重错误情况下可自动切断与总线的联系,以使总线上的其他操作不受影响。

因此,CAN 现场总线非常适合在条件恶劣的环境中使用,现已广泛应用于移动车辆、军事设备、工程机械。尤其在欧美市场,CAN 总线几乎成为工程机械现场总线的唯一选择。CAN 总线技术在智能摊铺机"LTU90A"中应用如图 6-1 所示。

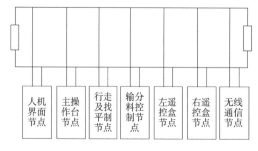

图 6-1 LTU90A 摊铺机控制系统结构图

6.1.2.2 自动找平技术

随着微电子技术和计算机技术的发展以及

成本的降低,数字式控制系统在现代工程机械中得到了越来越广泛的应用,基于微处理器或单片机的控制系统在现代工程机械中正在逐渐普及,并成为施工质量的保证。国外有些工程机械生产厂家,如布鲁诺克斯、维特根等已研制出基于微处理器的数字式自动调平系统控制器,并已成功应用到产品中,取得了比较满意的效果;国内也有采用数字式自动调平系统控制器的报道。数字化自动调平系统的应用,不仅提高了系统的控制精度,而且也提高了系统的综合技术性能。目前,非接触式自动找平技术已经成为找平技术的主流。在这方面主要有两种技术:超声波找平技术和激光找平技术。

(1)超声波非接触电子调平系统。

超声波非接触电子调平系统以纵坡形式控制松铺层的厚度,由多个超声波探头、非接触平衡梁、电缆线及附件构成的超声波非接触电子调平系统具有优越的找平性能。其工作原理是非接触平衡梁通过安装座与牵引臂相连,各个超声波探头分别固定在非接触平衡梁的不同位置上,并通过 RS 485 差动串行总线与控制盒构成主从式多级通信系统。每个超声波探头分别测试探头到路面之间的距离,并上传控制盒,控制盒按预定算法处理这些数据,得到各个超声波探头到路面之间的平均距离。

(2)激光找平技术。

激光基于一种全新的扫描技术,Roadware 已经开发出一种性能先进的摊铺机非接触式激光扫描自动找平系统,以取代传统的传感器式、机械平衡梁式和多声呐非接触平衡梁式自动找平系统。RSS(标准互联网信息传送系统)的工作原理是:RSS 使用一种激光扫描器,由其发射出多束不可见激光波 A 到路面上,这些激光波从路面反射回扫描器 B(图6-2),扫描器内的电子装置计算出从发射到接收激光波所经过的时间,从而测量出激光波所运行的距离,时间越长,距离越大。机器工作时,通过安装在扫描器上的旋转镜头,从扫描器到路面各个角度的距离都可以测量,而所有数据从扫描器送入 RSS 计算机,路面的详细信息经过 RSS 计算机进行处理。当然,RSS 计算机首先会将进入系统的大物体(如人体、熨平板等部件)信号进行过滤,筛选出有用信息。筛选物的尺寸可预先设定;机器前后方向的扫描范围可在7~30m 之间调整,一般推荐16m;测量点数可多达150个(图6-3)。

图6-2 工作原理

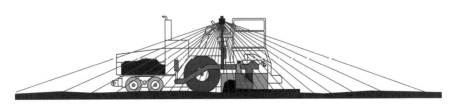

图6-3 扫描范围及测量点

(3)行走控制技术。

国内外应用较多的为德国力士乐的 MC6、MC7 行走控制器。但其价格较高且技术保密，国内厂家不能自己进行二次开发。因此，实现行走控制器国产化是必由之路。国内诸多单位已经在这方面作了很多研究，如长安大学工程机械学院先后用单片机、可编程逻辑控制器（Programmable Logic Controuer，PLC）、数字信号处理（Digital Signal Processing，DSP）进行行走控制器的开发，成绩斐然。特别是在国家"十五""863"重点项目"智能化工程机械"子项目支持下完成的摊铺机 DSP 数字行驶控制系统研究。该控制器可以实现恒速控制、起\停、转向等功能，并且系统的实时性好、控制精确，具有抗振、耐高温等优点。系统采用了模糊 PID 参数自整定的控制算法，弥补了外界环境对摊铺机行驶速度的影响，实现了对摊铺机行驶速度的精确控制。

(4)GPS 技术。

全球定位系统（GPS）最初是美国国防部为军事目的而研制的导航定位授时系统。随着时代的发展，GPS 逐渐地转化为军民两用，这种高科技越来越多地应用在工程测量、地质勘探、陆海空交通工具的定位与导航上。国外 GPS 在民用方面的应用正在不断拓展，呈快速发展之势。

GPS 在智能化摊铺机中的主要作用是显示摊铺机的工作位置，向中央控制系统发送摊铺机的位置信息、地理信息，以便于中央控制系统对工程进行智能管理，它是机群控制体系得以实现的技术支持之一。具体来说，它主要完成以下工作：完成施工工地的大地信息的高精度测量；完成施工工地摊铺机的位置、作业速度和时间等信息的采集；根据需要，数据对话框能实时在屏幕上显示所需测量数据；记录目标的原始测量信息，经事后处理得到精确的目标数据；经过处理后的数据，可以用于控制摊铺机的行走方向和坡度控制；对多目标采集的信息和数据具有事后回放、显示记录的功能。通过 GPS 可以实时地对摊铺机实行定位和地貌测量。

6.1.3 国内外智能化摊铺机的代表产品

国内外智能摊铺机主要有国内的徐州工程机械集团有限公司的 RP1250 型智能化多功能摊铺机、镇江华晨华通路面机械有限公司的 SP125 型多功能摊铺机、三一重工股份有限公司的 LTU90A 智能沥青摊铺机；国外的戴纳派克 F181CS、ABG525 和福格勒 2500 等超级大型沥青混凝土摊铺机。这些智能摊铺机的共同特征是：

(1)运用了控制器域网（Controller Area Network，CAN）总线技术；
(2)数字式自动调平、行走控制器；
(3)友好人机界面；
(4)振捣频率与振动频率的自动调节；
(5)故障智能诊断；
(6)无线通信。

在今后的发展中，我国的摊铺机生产商应该采用自主创新和引进技术相结合的方式研究新一代智能摊铺机，提高其智能化水平。这样才能提高我国摊铺机的竞争力，在国际市场竞争中赢得先机。

6.2 行驶系统

6.2.1 行驶液压驱动系统

现代全液压摊铺机的行驶驱动系统框图如图6-4所示。

发动机驱动左、右侧行驶驱动液压泵,分别驱动左、右行驶驱动液压马达,左、右侧驱动轮都安装转速传感器,测得实际行驶速度,同时反馈给电子控制器,在两个驱动泵上安装有比例调节装置,由电子控制器控制行驶速度大小、前进、后退、转向、制动等。

摊铺机左右行驶液压系统相互独立,两个回路既可以联动,实现直线行驶,又可以单独工作,实现转向或在弯道上摊铺作业。每一回路都有一个补油泵,对闭式回路进行补油、散热、提供控制压力油路。

我们以单边行驶回路为例叙述其工作原理(图6-5)。

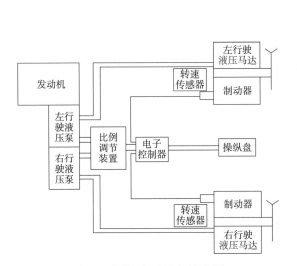

图6-4 摊铺机行驶驱动系统框图

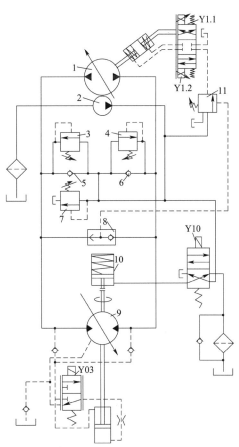

图6-5 单边液压驱动行驶回路

1-行驶变量泵;2-补油泵;3、4-安全溢流阀;5、6-止回阀;7-补油泵安全溢流阀;8-梭阀;9-行驶液压马达;10-制动器;11-外控减压阀;Y1.1、Y1.2-前/后行驶控制电磁阀;Y03-液压马达电磁阀;Y10-解除制动电磁阀

通过电磁阀 $Y_{1.1}$ 和 $Y_{1.2}$ 二者之一的通电来实现泵的正转或反转,从而实现摊铺机的前后控制行驶。而行驶速度大小的调节则依赖于 $Y_{1.1}/Y_{1.2}$ 工作电流的大小:工作电流大,则泵的排量大,行驶速度也就大;反之亦然。变量液压马达采用双位置变量控制系统,由电磁阀 Y_{03} 调节其排量,排量大小只有两种状态,即最大和最小。当排量最小时,为高速小转矩工况;当排量最大时,为低速大转矩工况,即一般的作业工况。

摊铺机行驶的先决条件为解除制动。只有制动解除(Y_{10} 通电),才能建立补油压力和控制压力油。补油泵 2 是该系统的一个重要元件,它具有补油、散热、提供控制油压的三重作用。

当油路中压力过高时,安全溢流阀 3 或 4 打开,防止油路过载保护液压元件。止回阀 5 和 6 用于补油泵向回路补油。补油泵安全溢流阀 7 调定补油泵的最高压力,保证足够的补油量。

当调节左右行驶电磁阀,使其工作电流(或工作电压)的大小不同,使得左右行驶产生差速,从而实现转向。当左右侧前后行驶电磁阀加电,即左右两侧行驶速度相反时,可实现原地转向。

6.2.2 行驶电控系统

图 6-6 为行驶驱动与制动控制电路图。

手动/自动切换开关 S70 及相应继电器 K29、K30、K23。液压马达输出轴制动解除电磁阀 Y10(带续流二极管和发光二极管指示),左、右液压马达制动共用一个 Y10、制动指示灯 H8、制动解除继电器 K6(220～640mA)。

行驶控制电子调节器 A5 的工作电压由继电器 K25,通过熔断丝 F4(7.5A)提供,电源电压为 +12V DC。该系统有自动和手动两套速度控制系统,实现车辆的前进、后退、转向及速度大小的调节。

B3 和 B4 为摊铺机左右驱动轮转速传感器,用于测量行驶速度,实现摊铺机在作业工况下速度恒定控制及直线行驶控制。R15 为行驶速度大小调节电位器,R17 为左转向调节电位器,R18 为右转向调节电位器,S77 为车辆原地转向控制开关,S78 为消除喇叭报警开关,S6 为高/低速控制开关。用于控制左右液压马达的电磁阀 Y3、Y4(串联电路,每个电磁阀工作电压为 +12V DC),通电时车辆为高速行驶,即液压马达在最小排量下工作(高速小转矩工况),用于车辆非作业工况(如转移场地等),断电时为低速工况,即液压马达在最大排量下工作(低速大转矩工况)。

Y11、Y12 为左侧行驶泵前/后控制比例电磁阀;Y21、Y22 为右侧行驶泵前/后控制比例电磁阀。S24 为手动操纵切换开关,K29、K30 分别为前进/后退手动操纵切换开关。

行驶控制手动操作系统熔断丝 F5(7.5A),R25 为固定限流电阻,R26 为手动速度大小调节电位器,R27 为左右转向调节电位器。

行驶控制手动操作系统由 F5、K22、R25、R26、R27 及四个电磁阀 Y11、Y12、Y21、Y22 组成。它是在电子控制系统出现故障之后的应急电路,此时行驶系统属于一种开环控制,才能实现恒速控制。熔断丝 F5 为 7.5A,R25 为固定限流电阻,对电磁阀最大工作电流进行限定,R26 为手动速度大小调节电位器,R27 位左右转向调节电位器。其工作原理图可转化为图 6-7 所示形式。

第6章 摊铺机电液控制技术

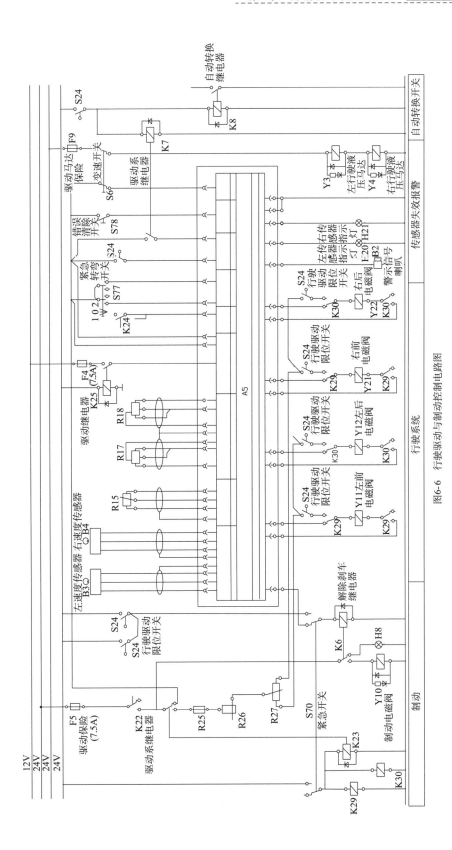

图6-6 行驶驱动与制动控制电路图

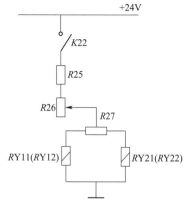

图 6-7 手动行驶控制电路

实际上,图中 $R25$ 为固定电阻,$R26$ 为速度大小调节电阻,$R25$、$R26$ 电阻值大小是由电磁阀允许工作电流和死区补偿工作电压(电流)大小决定的。

当 $R26$ 调至最小时($R26=0$),$R27$ 调至最左端或最右端时,由电磁阀的最大允许工作电流 I_{max} 得关系:

$$V = [R25 + R_L/(R27 + R_L)]I_{max} \quad (6-1)$$

式中:V——电源电压;

R_L——其中任意电磁阀电阻,且 $RY11 = RY12 = RY21 = RY22 = R_L$,死区补偿工作电压 V_{min} 或最小工作电流 I_{min}($I_{min} = V_{min}/R_L$)一般由电磁阀技术参数决定。

因此,$R26$ 在最大电阻值时,有关系:

$$V = [R25 + R26 + (0.5R27 + R_L)/(0.5R27 + R_L)]I_{min} \quad (6-2)$$

式中:I_{min}——最小允许工作电流。

车辆直线行驶最高作业速度($R26=0$,液压马达电磁阀 Y3、Y4 在断电状态)时,有电磁阀上的额定工作电流 I_e 或额定工作电压 V_e 的关系:

$$V_e = VR_L/[R25 + (0.5R27 + R_L)/(0.5R27 + R_L)] \quad (6-3)$$

由式(6-1)~式(6-3)可求得 $R25$、$R26$ 和 $R27$ 的值,但其功率的选取为大于或等于两个电磁阀功率之和。

6.2.3 行驶系统控制原理

6.2.3.1 摊铺机行驶系统的基本要求与控制

早期的摊铺机找平控制采用手动操作,即利用手动控制换向阀来控制油缸的升降,从而达到控制熨平板仰角的目的。由于手动操作不能保证对速度的精确控制,因此,无论在提高摊铺机的作业质量上,还是在简化操作、降低司机的劳动强度上,都无法得到满足。随着机电液一体化技术的发展,逐渐出现了摊铺机的自动找平电控技术,即以控制器代替原来的手动操纵阀,从而利用电子技术和测试技术设计一套系统实现对电磁阀的自动控制,最终控制摊铺机的自动找平。

在摊铺机自动找平控制技术的发展中,出现了两种类型的系统:模拟式自动控制系统和数字式自动控制系统。模拟式自动控制系统出现于 20 世纪 80 年代,此类系统以模拟电路为主,结构简单,成本低廉,但其控制不够精确且系统工作不太稳定,多用于前期的产品及适宜修筑低等级路面的摊铺机中。进入 20 世纪 90 年代后,出现了以数字电路为主的数字式自动控制系统,此类系统结构较为复杂,成本与前者相比也较高,但操作方便、控制精确且工作稳定可靠,不易受外界环境的影响,因此在大型高性能摊铺机中得到广泛应用,成为目前的主流方向。

摊铺机行驶控制包括前进/后退逻辑控制、直线行驶(纠偏)控制、转向控制、制动控制、作业工况下的恒速控制、高/低速转换控制(作业工况和行驶工况)、舒适性控制、起步或停机过程中的斜坡控制等。现代数字控制器的一般形式如图 6-8 所示。

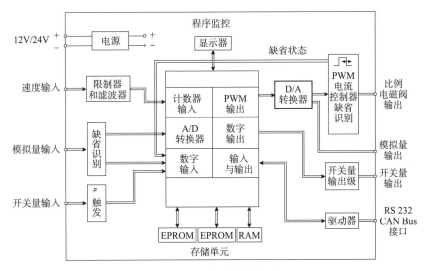

图 6-8　行驶控制系统框图

6.2.3.2　比例放大控制器的技术要求与控制原理

电液比例控制系统在功率传递方面利用液压传动的大功率、响应快速的优点,在信号处理方面利用电气信号处理运算方便的优点,对被控液压阀自动参与各种自动控制过程,无须像常规控制中经常需要人工控制的参与,从而使整个液压系统的控制水平得以大大提高,使得电液比例系统获得广泛的应用。

(1) 放大器的分类。

可以从不同的角度对比例放大器进行分类。按适应性可分为通用比例放大器和专用比例放大器。按输出控制通道数量可分为单通道比例放大器和双通道比例放大器或多通道比例放大器,单通道比例放大器用于控制电磁铁的比例元件,如比例流量阀;双通道比例放大器用于控制三位四通比例方向阀的控制,多通道比例放大器用于组合控制。按比例电磁铁的形式可分为力控制型比例放大器和行程控制型比例放大器。按功率放大级控制型比例放大器分为连续电压控制式比例放大器和脉宽调制(PWM)式比例放大器。

(2) 放大器的基本要求。

在车辆行驶控制系统中,除基本的前进、后退、左右转向逻辑判别外,一个重要的组成部分就是比例放大器,它是一个功率驱动元件,其功能是对比例阀进行正确的控制。概括起来,比例放大器的基本要求是:首先,防振动、防水、耐高压,能及时地产生正确有效的控制信号。及时地产生控制信号意味着除了有产生信号的装置外,还必须有正确无误的逻辑控制与信号处理装置。正确有效的控制信号意味着信号的幅值和波形都应满足比例阀的要求,与电-机转换装置相匹配。为了减小比例元件零位死区的影响,放大器应具有幅值可调的初始电流功能;为减小滞环的影响,放大器输出电流应含有一定频率和幅值的颤振电流分量;为减小过渡过程的冲击,对阶跃输入信号能自动产生速率可调的斜坡输入信号。此外控制系统中用于处理的电信号一般为弱电信号,而比例电磁铁的控制功率一般都在 15~40W 之间,因此,放大器应具有功率驱动电路。

（3）死区补偿。

死区补偿控制滑阀式比例阀在阀芯运动起点（节流阀）或中位附近（方向阀）带有一定的遮盖量（即死区）。该死区减小零位阀芯泄漏，并在例如电源失效或急停工况提供更大安全性。然而阀芯遮盖的影响意味着必须向阀电磁铁线圈提供一定的最小信号值，然后系统中才出现可感觉到的动作。如图6-9a）所示。为了降低成本，改善工艺性，比例方向阀的节流边有（15%～20%）I_{max}的覆盖量，通常正反两个方向均有死区存在，且其大小不同。为了提高控制质量，需要设法消除该死区，常用的方法是利用阶跃信号产生快调电路，使阀芯迅速越过死区，如图6-9b）所示。

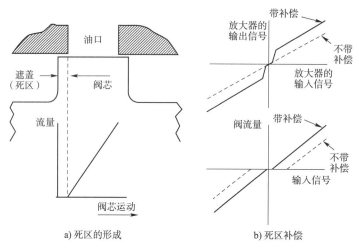

a) 死区的形成　　　　　　b) 死区补偿

图6-9　死区

（4）斜坡控制与方向识别。

斜坡信号用于控制信号的上升变化和下降变化的速度（如摊铺机的起步、停机过程，前后行驶控制中死区的过渡等），使当输入阶跃信号时，能够以可调的速率无冲击地到达给定值的要求，从而获得平稳而迅速的起动、转换或停止，进而提高机器的作业效率。放大器上的可调的斜坡函数发生器实际上是通过电位器调整斜坡信号的角度，而不是斜坡时间，如图6-10a）所示。现代数字控制技术中，为了实现更精确和舒适性的要求，其斜坡的形式利用软件技术可以按人为设计的曲线形式来控制。

在比例方向阀放大器中，象限识别（即方向识别）用于两个运动方向的加速和减速控制，如图6-10b）所示。图6-10b）中，比例阀控制执行器，电磁铁a通电使缸活塞沿"前进"方向移动。加速度可由加速斜坡A来控制。为了使活塞运动反向，活塞先以由减速斜坡D确定的变化率减速，随着阀芯越过中位和电磁铁b通电，缸在此以由加速斜坡A确定的变化率沿后退方向加速。因而可以看到，在X与Y点之间阀芯在阀体中沿同一方向运动，但阀芯运动速度会在它越过中位时改变。这一自动的改变就成为象限识别，即方向识别。

在某些情况下，放大电路可提供带有四个单独斜坡调整的放大器，即两个运动方向的加速度和减速度可以分别控制。

（5）脉宽比例调节技术。

采用脉宽比例调节控制技术，阀芯的运动响应PWM信号的平均值，使阀芯工作处于微动状态，大大减少了滞环现象，它不仅可以取消颤振信号，而且功率驱动电路的功率管工作处在饱和工况和截止工况,即功率管基本上用作一个通/断开关,并且以恒定的电压向电磁铁供给一系列的通/断脉冲,这些脉冲有固定的频率(一般取 1kHz),而信号值取决于每个"通"脉冲相对于"断"脉冲的持续时间(信号-空挡比)的变化。由于脉冲频率太高,阀不能响应每个脉冲,阀和电磁铁的效果是信号平均。这种技术的优点在于:在每个断脉冲期间,没有电流通过功率管;而在每个通脉冲期间,功率管上有很小电压降(一般为 0.7~1.4V)。同时,通断也是在一定时间内完成的,因而仍要产生少量热量。不过所需冷却器的尺寸显著小于普通模拟直流输出信号所需要的尺寸。其工作原理如图 6-11 所示。在控制器设计中,一般的电路采用三角波发生器和电压比较器组成实现 PWM 脉冲输出,在 DSP 或高档单片机中,可直接利用芯片中的 PWM 脉冲配以适当驱动电路实现。

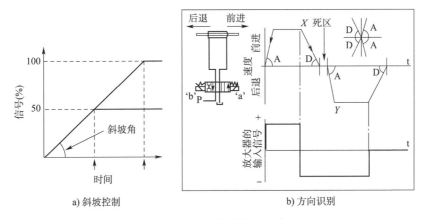

图 6-10 斜坡控制与方向识别

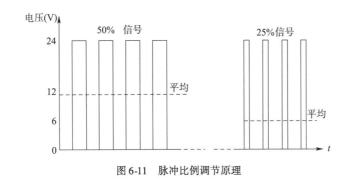

图 6-11 脉冲比例调节原理

6.3 驱动系统的速度刚度特性

行驶驱动系统的速度特性是指整车行驶速度与行驶变量泵输入电压之间的关系。该特性不仅是摊铺机作业性能的一个重要指标,而且是行驶控制系统初设计时的重要依据。在绝大多数采用电液控制的摊铺机的行驶控制平台上,普遍设置有两个速度控制装置,一为速度预选旋钮,一为速度控制手柄。如图 6-12 所示,速度控制手柄是用来调节车辆行驶方向(前进/后退/停止)及速度大小无级调节的装置,其位置对应于输入行驶变量泵的电压(电流)的大小和极性。同时,速度控制手柄位于极限位置时所能提供的最大电压又受速度预选旋钮的限制和设定,也就是说,速度预选旋钮的每一选定位置,决定着一个能够供给行驶变量泵的输入电压的最大值,从而决定了该状态下车辆所能达到的最大行驶速度。因此,一个重要的问题是,速度预选旋钮位于某一调定位置时,应该限定控制系统多大的输出电压,才能使得该状态下车辆的最大行驶速度与所调节速度相一致,即解决电压信号幅值与行车速度二者之间的对应关系。这一关系是建立在静态特性的基础上,对摊铺机行驶速度与控制电压作一个基本的预测或设计。

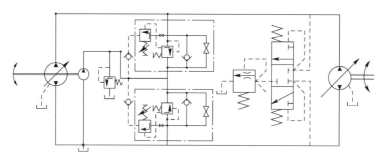

图 6-12 摊铺机单边行走液压驱动系统原理图

6.3.1 基本假定

由于负载转矩与速度特性之间的制约关系,在推导速度特性方程之前,先作如下假定:
(1)负载恒定不变,负载转矩不发生突然的增大或减小;

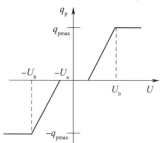

图 6-13 比例调节变量泵排量调节曲线

(2)发动机转速恒定不变(在正常行驶状态下,发动机转速等于最大油门转速);
(3)负载转矩计算选用匀速行驶摊铺作业工况,公式涉及的各参数采用常用值。

6.3.2 建立速度特性方程

在设计行驶控制系统时,行驶液压系统是已经给定且已知不变的,在行驶变量泵的技术资料中,可以得到泵排量 q_p 与输入电压 U 之间的变化关系,如图 6-13 所示。

由于曲线关于原点对称,故仅考虑曲线在第一象限的情况。调节段方程为:

$$q_p = \frac{q_{pmax}}{U_b - U_a}(U - U_a) \tag{6-4}$$

式中:q_{pmax}——变量泵最大排量,m^3/r;

U_b——最大排量对应的电压值,V;

U_a——变量泵斜盘开始动作时的临界电压值,V。

由于变量机构的非线性,$U_a \neq 0$。

变量泵输出流量为:

$$Q_p = \frac{n_p q_p}{60} - C_{ip}(P_p - P_r) - C_{ep}P_p \tag{6-5}$$

式中:n_p——变量泵输入转速,r/min;

C_{ip}——泵的内部泄漏系数,$m^5/(N \cdot s)$;

C_{ep}——泵的外部泄漏系数,$m^5/(N·s)$;

P_p——泵的出口压力,N/m^2;

P_r——低压管道补油压力(常数),N/m^2。

液压马达高压腔流量方程为:

$$Q_m = \frac{n_m q_m}{60} + C_{im}(P_p - P_r) + C_{em}P_p \qquad (6-6)$$

式中:n_m——液压马达的输出转速,r/min;

q_m——液压马达的排量(在所研究的问题中,q_m有两个值),m^3/r;

C_{im}——液压马达的内部泄漏系数,$m^5/(N·s)$;

C_{em}——液压马达的外部泄漏系数,$m^5/(N·s)$。

根据流量的连续性,有:

$$Q_p = Q_m \qquad (6-7)$$

联立式(6-5)~式(6-7),并化简得:

$$\frac{n_p q_p}{60} + (C_{ip} + C_{im})P_r = C_t P_p + \frac{n_m q_m}{60} \qquad (6-8)$$

式中:C_t——泵和液压马达总泄漏系数之和,$C_t = C_{ip} + C_{im} + C_{ep} + C_{em}$。

这里,忽略了管道的泄漏和压力损失,认为泵的输出流量等于液压马达的输入流量,液压马达高压腔的工作压力等于泵的输出压力。

液压马达和负载的静态力矩平衡方程为:

$$(P_p - P_r)\frac{q_m}{2\pi} = T_D + T_L \qquad (6-9)$$

式中:T_L——作用于马达轴上的外负载转矩,N·m;

T_D——液压马达阻尼转矩,N·m,取 $T_D = B_m \omega_m = B_m \frac{2\pi}{60} n_m$,其中,$B_m$ 为液压马达黏性阻尼系数,N·m·s。

联立式(6-8)、式(6-9),消去中间变量,整理得:

$$n_m = \frac{n_p q_m q_p - 60 q_m P_r (C_{ep} + C_{em}) - 120\pi C_t T_L}{q_m^2 + (2\pi)^2 C_t B_m} \qquad (6-10)$$

车辆行驶速度为:

$$v = \frac{2\pi}{i} n_l r_k = \frac{2\pi n_m r_k}{i}(1 - \delta_H) \qquad (6-11)$$

合并(6-10)、式(6-11),得:

$$v = \frac{2\pi r_k (1 - \delta_H)}{60 i} \cdot \frac{n_p q_m q_p - 60 q_m P_r (C_{ep} + C_{em}) - 120\pi C_t T_L}{q_m^2 + (2\pi)^2 C_t B_m} \qquad (6-12)$$

将式(6-4)代入式(6-12),得到速度特性方程:

$$v = kU + b \tag{6-13}$$

式中: $k = k' \cdot n_p q_m q_{pmax}$;

$b = -k'\{n_p q_m q_{pmax} U_a + (U_b - U_a)[60 q_m P_r (C_{ep} + C_{em}) + 120\pi C_t T_L]\}$;

$k' = \dfrac{2\pi r_k (1 - \delta_H)}{60 i (U_b - U_a)[(q_m)^2 + (2\pi)^2 C_t B_m]}$。

这样,根据摊铺机作业工况和非作业工况下对应的液压马达排量 q_m 和负载转矩 T_L,就可以得到两种工况各自的速度与电压幅值之间的函数关系。

6.3.3 速度特性分析

从式(6-13)中可以看出,在计算假设下,行车速度与电压幅值之间呈良好的直线关系,这主要是变量泵排量直线性变化的缘故。图 6-14 所示为在液压马达排量不变时的速度特性曲线。

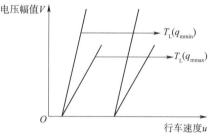

图 6-14 速度特性

但在实际行驶中,外负载不可能是恒定不变的,负载的变化直接影响行车的速度,这一点从速度特性方程中可以看出。另外,对于容积调速回路,液压元件的泄漏是影响速度稳定性的另一因素。负载越大,回路中的压力温度越高,泄漏就越大,车速下降就越严重。总而言之,负载的变化将造成速度值与电压值之间的不确定性。

但推导速度特性方程的初衷,是为了在系统设计时对车速与电压幅值之间的大致关系有一个了解。因为摊铺机在非作业工况下行驶时,对速度的精确性要求不高,行驶速度可以是变化的,也可以与预设值有一定的误差。而摊铺机在作业工况下行驶时,因引入闭环控制,使得最终行驶速度与预设值相符且恒定不变。在这种意义下,式(6-13)给出是具有使用价值的,它为控制系统设计中针对预选速度进行电压幅值的设定提供了参考。

6.3.4 负载对行车速度的影响

为了定性分析负载变化对行车速度的影响,引入容积调速回路速度刚度的概念,将速度刚度定义为:

$$T = \dfrac{\partial M_{ks}}{\partial n_m} \tag{6-14}$$

式中: M_{ks}——履带驱动转矩,也即外负载对驱动链轮施加的力矩。

该参数表示容积调速回路中速度受负载影响的程度,亦即负载变化时系统阻抗速度变化的能力。

$$M_{ks} = \dfrac{q_m (P_p - P_r) i}{2\pi} \eta_{mt} \eta_L \tag{6-15}$$

式中: η_{mt}——液压马达机械效率;

η_L——传动效率。

将式(6-8)代入式(6-15),化简得:

$$M_{ks} = \frac{iq_m \eta_{mt} \eta_L}{2\pi} \left(\frac{n_p q_p - n_m q_m}{60 C_t} - \frac{C_{ep} + C_{em}}{C_t} P_r \right) \quad (6\text{-}16)$$

$$T = -\frac{q_m^2 \eta_{mt} \eta_L i}{120\pi C_t} \quad (6\text{-}17)$$

式中：q_m——液压马达排量；

η_{mt}——液压马达机械效率；

i——终传动总传动比。

从上式中可以看出，要想减小外负载变化对行车速度（即液压马达转速）的影响，可以采取以下措施：提高元器件的制造精度和质量，从而减小泄漏；加大液压马达排量，即使用大排量液压马达；增大液压马达减速器机械效率；增加轮边减速比。

6.3.5 闭式回路的速度刚度实验研究

选用力士乐公司的 A4VG125 型液压泵、力士乐公司的 A6VM107 型液压马达，通过另一台 A4VSG125 液压泵对液压马达加载。液压泵-液压马达闭式回路如图 6-15 所示。试验开始时，预热液压系统，液压油油温到 50℃时，设定液压马达初始排量为 15.9mL/r，设定液压马达初始转速 1000r/min，通过调节 A4VSG125 液压泵出口压力给液压马达加载。逐渐增大液压马达排量，重复上述实验。记录液压马达的输出转矩和转速，并对试验结果采用数学方式拟合，得到液压泵-液压马达闭式回路速度刚度随液压马达排量及液压马达斜盘角度比变化的趋势线（图 6-16~图 6-18）。

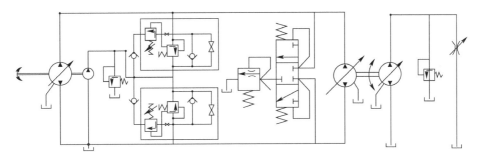

图 6-15 液压泵-液压马达闭式回路

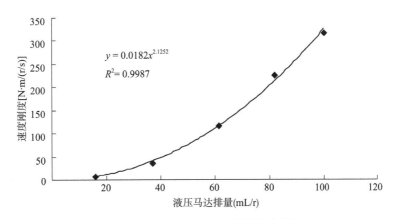

图 6-16 速度刚度随液压马达排量变化趋势

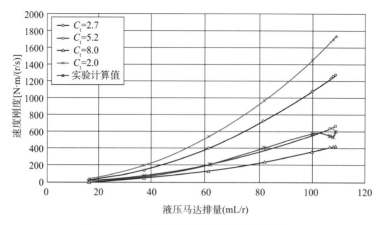

图 6-17　速度刚度随液压马达排量变化趋势线

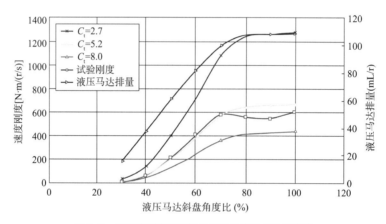

图 6-18　速度刚度随液压马达斜盘角度比变化趋势线

液压马达速度刚度随液压马达排量比的增大而呈非线性增大,与液压马达的排量成正比(图 6-19)。当液压马达排量达到满排量的 70% 时,速度刚度变化不大(图 6-20)。

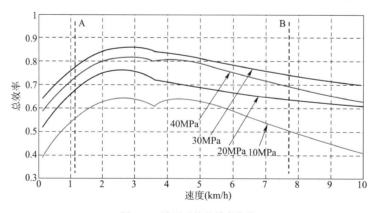

图 6-19　液压系统的效率曲线

排量越大,速度刚度越大(图 6-21、图 6-22)。通过统计国外一些著名全液压推土机产品可知,其液压马达与泵的排量一般为 2∶1,它们一般为小泵大液压马达的配置,以提高机器抗负载变化能力。

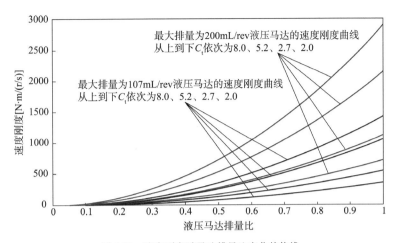

图 6-20 速度刚度随马达排量比变化趋势线

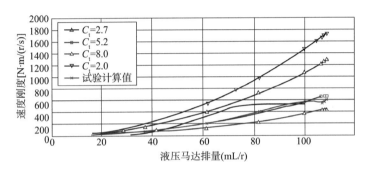

图 6-21 样机试验速度刚度曲线(一)

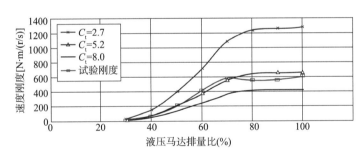

图 6-22 样机试验速度刚度曲线(二)

提高速度刚度的措施主要有:

(1)提高元器件制造精度,减少泄漏。

(2)在传动比不变的情况下,选用排量较大的液压马达,减小减速机的减速比。显然,在其他参数不发生改变的情况下,液压泵-液压马达闭式回路速度刚度与液压马达的排量呈平方关系。即:液压泵-液压马达闭式回路的速度刚度随液压马达排量的加大呈平方关系增长,对于试验所用的液压回路,要获得较高的速度稳定性,液压马达应该在排量比尽可能高的状态下工作,这与提高液压系统效率的要求是一致的。

试验结论:

(1) A4VG125 液压泵在转速小于 1000r/min 的情况下运转,其效率较低,容积效率在

77%～97%之间,总效率在47%～88%之间,如果排量减小,其效率还要降低。液压泵排量为总排量的30%时,总效率降到45%～76%之间。即液压泵在低速区效率较低,应尽量避免油泵进入低速区工作。

（2）A6VM107液压马达在转速低于1000时,推土机运行速度在0～1.5km/h之间,液压马达属于低速区工作,液压马达的总效率在80%～95%之间,且随压力的变化而变化。容积效率随转速逐渐增大,全排量时容积效率在90%以上,30%排量时容积效率在78%～94%之间。

（3）A6VM107液压马达在转速低于400r/min,即推土机速度低于0.6km/h时,液压马达总效率低于85%,甚至下降更多,特别是较大作业阻力、液压马达高压工作,驱动效率明显下降。随着液压马达排量的变化,液压马达容积效率产生明显变化,排量越大,容积效率越高,压力越大,效率越低。液压马达转速在超过700r/min,即推土机速度大于1.0km/h后,液压马达容积效率均大于85%。

（4）A4VG125液压泵的排量调节范围为0～125mL/(r/min),电磁阀的调节电压从6.0V开始调节,到18V结束调节,即调节范围26%～76%。低于26%属于死区,大于76%属于饱和区,其电压变化对液压泵排量没有影响。

（5）A6VM107液压马达调节范围为电磁阀电压在5.0～13.2V之间,电压比在22%～55%之间,液压马达排量在12～107mL/(r/min)之间。

液压马达速度刚度随液压马达排量的增大而成非线性增大,与液压马达的排量成正比。当液压马达排量达到满排量时,速度刚度变化不大。从试验数据来看,液压油泵马达系统的泄漏系数在4.8～5.2之间。速度刚度越大,系统抗负载变化的能力越强。因此,应避免液压马达在低排量条件下长时间工作。

6.4 摊铺机作业速度的确定

6.4.1 工程条件下摊铺机作业速度现状

我国目前摊铺机在实际作业工况下速度为3～5m/min,而大部分为3m/min,对不少的工地进行现场考察,情况确实如此,而摊铺机设计的最大作业速度都在12～20m/min之间,这样实际上摊铺机在工程条件下的使用速度为设计最大作业速度的1/4～1/6,同样的机型,或技术性能参数大致相同的机型国外使用的作业速度大都在10m/min左右。国内试验结果表明,压实度随摊铺速度的提高而降低,摊铺速度在2～6m/min之间时,压实度变化比较大；大于6m/min时,压实度变化很小。摊铺速度对路面平整度的影响,一是当作业条件和路况条件相同时,速度高,路面平整度好；二是当低速摊铺时,变量泵在极小排量下工作,泵的容积效率随工作压力的变化特别大,造成摊铺速度不稳定,导致路面平整度降低。

低速控制仍是目前液压系统研究的主要问题之一,普遍认为摩擦特性是影响低速爬行的主要原因。同样工程条件下国内外使用时作业速度差别如此之大,面对国内工程条件下的配合能力,作业速度究竟如何确定,应该包括两方面的内容：一是设计时根据液压传动的基本理论如何合理配置摊铺机的作业速度；二是根据已有的摊铺机液压系统的相关参数如何正确选择作业速度。下面我们从理论上作进一步探讨。

6.4.2 变量泵效率计算与分析

变量泵的容积效率 η_{pv} 和机械效率 η_{pt} 形式如下：

$$\eta_{pv} = 1 - C_s \left(\frac{60\Delta p}{\mu n}\right)\left(\frac{1}{\beta}\right) \tag{6-18}$$

$$\eta_{pt} = \frac{1}{1 + C_v\left(\frac{\mu n}{60\Delta p}\right)\left(\frac{1}{\beta}\right) + C_f\left(\frac{1}{\beta}\right) + \left(\frac{2\pi T_c}{\Delta p q_{max}}\right)\left(\frac{1}{\beta}\right)} \tag{6-19}$$

$$\eta_p = \eta_{pv} \cdot \eta_{pt} \tag{6-20}$$

式中：C_s——层流泄漏系数；

Δp——进出口压差，N/m^2；

μ——油液动力黏度，$N \cdot s/m^2$；

n——泵转速，r/min；

β——排量比，q/q_{max}；

C_v——层流阻力系数；

C_f——机械阻力系数；

T_c——与进出口压差和转速无关的转矩损失，$N \cdot m$；

q_{max}——泵全排量，m^3/r；

η_p——泵的总效率。

上述表达式中，容积损失主要是从运动副间隙里泄漏了流量，由 C_s 项表示。作为机械损失，一部分为油液黏性产生的摩擦损失，与 n 和 μ 成正比，由 C_v 项表示；一部分为与高低压移动界面前后的压差 Δp 成正比的摩擦损失，由 C_f 项表示；一部分为与工作压力和转速无关的定量的转矩损失，由 T_c 项表示。表达式中，把间隙内油液的流动看成为层流，忽略了运转中间隙的变化以及油液压缩性的影响，但实际情况要复杂得多。

根据式(6-18)~式(6-20)，并将其中变量 $\beta = q/q_{max}$ 换算成摊铺机的作业速度，且暂时不考虑液压马达的效率(认为液压马达在最大排量下工作)，理论计算现有的两种样机在不同作业速度下变量泵的容积效率，总效率关系曲线如图6-23~图6-26所示。此时假设发动机转速不变，即泵的转速不变，其中的参数取值为：

$$C_s = 0.8 \times 10^{-9} \quad C_v = 0.2 \times 10^6 \quad C_f = 0.01$$

根据多数试验研究得知，随着排量 q 的减小，泵容积效率 η_{pv} 和机械效率 η_{pt} 一般都降低很快，其乘积总效率也显著降低。关于这方面的理论分析虽然很多，但由于泵的效率问题很复杂，结构问题和流体力学的问题交织在一起，影响因素很多，至今还没有一个圆满的效率表达式，一般都是由试验的方法对具体的泵在不同使用条件下实测取得。同样，前述的定量泵效率理论表达式，只适用于估算和分析在各种使用条件下效率的变化趋势及影响因素，准确的效率值必须通过试验取得。尽管如此，这些理论分析式同样有着重要意义，可以通过对效率影响因素的分析，寻找最佳的使用条件，并将这种分析结果用于泵的参数匹配和使用过程的控制中。以上各典型样机的理论曲线图总的趋势与下面给出的有关试验曲线是一致的。

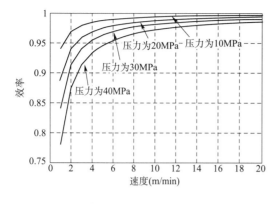
图6-23 样机1不同速度下泵的容积效率

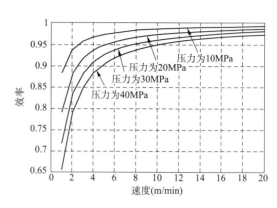
图6-24 样机2不同速度下泵的容积效率

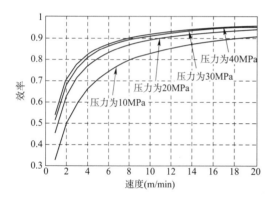
图6-25 样机1不同速度下泵的总效率

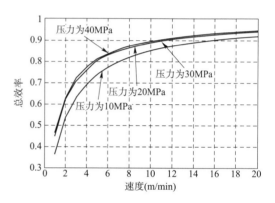
图6-26 样机2不同速度下泵的总效率

图6-27~图6-29给出了SAUER90系列斜盘式高压柱塞泵提供的特性曲线,结合第2章内容,可以得出以下结论:

(1)由图6-27知,在低转速时(小于25%n_H),柱塞工作循环周期长,泄漏量大,加之补油泵吸油能力差,因而泵的容积效率较低,且随转速增加而增加的梯度很大;当转速增加到中高速范围内(50%n_H~100%n_H),由于补油充分且泄漏减小,泵的容积效率几乎不变并保持最高值;在中低速转速范围内(25%n_H~50%n_H),容积效率随转速增加而平缓增加。

(2)如图6-28所示,在中高速范围(50%n_H~100%n_H)和很宽的压力范围(1/6p_H~5/6p_H,相当于15%p_m~75%p_m)内,具有90%以上的总效率值;在25%n_H~n_H转速范围及10%p_m以上的全部压力范围内具有85%以上的总效率(p_m为泵的最高压力,p_H为泵的额定压力)。

(3)如图6-29所示,在小排量范围内(β<0.25),总效率不高于0.6~0.7,随着排量比增大总效率提高,β达0.5时总效率达0.75以上,β达0.75时,总效率达0.85以上,在全排量时总效率达最大值。

6.4.3 液压马达效率计算与分析

液压马达的容积效率η_{mv}和机械效率η_{mt}和总效率η_m表达式如下:

$$\eta_{mv} = \frac{1}{1 + C_s \cdot \Delta p/\mu n} \quad (6\text{-}21)$$

$$\eta_{mt} = 1 - C_f - C_v \cdot \mu n/\Delta p \quad (6\text{-}22)$$

$$\eta_m = \frac{1 - C_f - C_v \cdot \mu n/\Delta p}{1 + C_s \cdot \Delta p/\mu n} \quad (6\text{-}23)$$

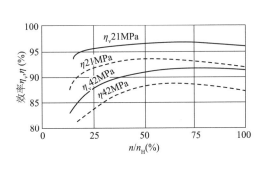

图 6-27 全排量时泵的容积效率与转速的关系

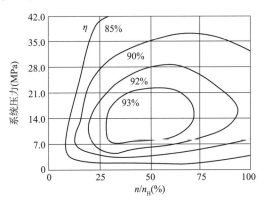

图 6-28 全排量时泵的总效率与转速的关系

下面给出国内摊铺机目前使用较多的 SAUER 公司的 90 系列斜盘式轴向柱塞液压马达和 51V 系列斜轴式轴向柱塞液压马达的效率曲线,如图 6-30 ~ 图 6-32 所示。图 6-30 说明了在低转速时,由于流量小,泄漏比例大,容积效率低,又由于接近静摩擦,阻力大,总效率降低。在中速(50% n_H)和中压(50% p_m)区域效率最高。在转速比 n/n_H 为 0.15 ~ 1 的范围内几乎在全部压力区域均保持 0.85 以上的高效率。

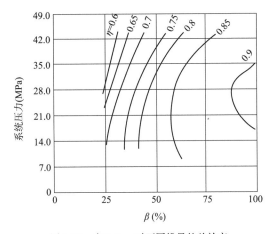

图 6-29 在 2/3n_H 时不同排量的总效率

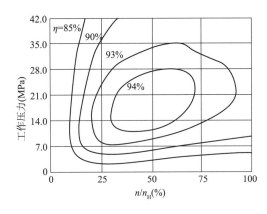

图 6-30 90 系列斜盘式液压马达全排量时输出特性

图 6-31、图 6-32 说明了在中速中压区效率最高,几乎在所有的压力和转速范围内都有较高效率。它与斜盘液压马达显著的差别为在启动工况有较高的效率。

6.4.4 摊铺机作业速度的匹配设定

通过以上分析,综合考虑转速、压力和排量(排量对作业速度有重要影响)对效率的影响,得出以下结论:

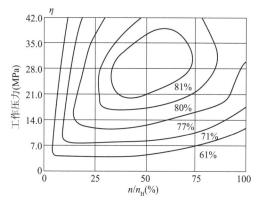
图 6-31 51V 系列斜轴液压马达全排量时输出特性

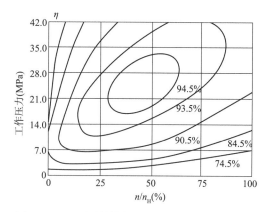
图 6-32 51V 系列斜轴液压马达 $\beta_m = 0.3$ 时输出特性

(1) 压力对泵效率的影响不明显,在很宽的压力范围内均具有较高效率。因此,进行泵工作压力配置时主要从工作寿命(可靠性)和功率利用率角度考虑,并尽量使泵在高效率的压力范围内工作。工程机械的负荷额定压力取 $0.6p_m$ 左右,负荷最高压力为 $0.8p_m$ 左右,负荷最低压力为 $0.2p_m$ 以上。

(2) $50\% n_H \sim 100\% n_H$ 的中高转速区是泵的高效转速区,在 $0.25n_H$ 时总效率低于 $0.5n_H$ 时 2~5 个百分点,当转速低于 $0.25n_H$ 以后,随转速降低效率急下。因此,泵的正常工作转速应取 $0.5n_{bH} \sim n_{bH}$ 的中高转速域,泵的排量启动转速应不低于 $0.25n_H$。在讨论与发动机自动控制的参数匹配时取泵的排量启动转速 $n_0 = (1 \sim 1.3)n_{min}$,工程机械柴油机的怠转速 n_{min} 为 $(0.25 \sim 0.35)n_H$,参数配置后一般有 $n_0 > 0.3n_H$,假定泵的额定转速 n_H 与发动机额定转速 n_{eH} 相匹配,这就使泵的排量启动转速也处于较高效率区,从而保证液压传动装置有较大的启动转矩,车辆有较大的起步牵引力。

(3) 液压泵总效率随排量比 β 增大而增大,因此,泵的变量范围最好控制在 $\beta = 0.5 \sim 1$ 的范围内,以使泵的总效率高于 75%;排量比 β 为 $0.25 \sim 0.5$ 的范围(总效率为 $0.6 \sim 0.75$)仅用于车辆要求的特殊的低速工作,而 β 在 0.25 以下的区域仅作为起步、加速的过渡过程而不用于正常作业。由此可以说明,变量泵的排量在低于其额定排量的 1/4 时,不但容积效率降低,而且随载荷压力的变化比较大,从而引起速度的波动量增大,进而影响作业质量。

(4) 减小排量,液压马达效率降低,特别是小排量低转速区效率偏低,工作能力变弱。因此,对液压马达进行排量控制时,应该使其工况为:负荷增大时,液压马达为大排量低转速,负荷减小时为小排量高转速。这一情况表现在摊铺机上目前几乎都采用的是双速液压马达,即摊铺作业时为最大排量,非作业工况为最小排量。但最大排量时液压马达也要求有一个最低的稳定转速,而这一转速实际使用时受泵的流量和作业速度所限定。研究表明,液压马达在这一转速领域工作,其压力的脉动量超过 40%,抗外载荷干扰能力下降,使速度极不稳定。

对国内现使用的典型沥青混凝土摊铺机和稳定土摊铺机做了一些相关参数的校验,其结果很不乐观,在 3m/min 左右速度下作业,有个别机型液压马达工作在邻近低速非稳定状态,而变量泵的排量绝大部分都工作在最大排量的 1/4 左右,甚至更低,这种情况液压系统的工作效率极差,同时液压系统也不稳定。因此,提醒业内人士必须尽快改变这种状态,要么增大液压马达减速比,或改变液压系统配置从设计上降低摊铺机最高作业速度;要么改变工程作业环境和条件,提高摊铺作业速度,以使机器工作在液压系统比较稳定和效率比较高的区域。恰恰这一不合理的实际作业速度成为影响目前施工作业质量的一个根本原因,而试图从控制上完全解决这一不稳定问题显然是十分困难的,系统的匹配也是不合理的。

6.4.5 摊铺机作业速度不匹配原因

(1)最主要的是管理:近年来,多篇关于机械化施工组织管理方面的文章中,摊铺机的作业速度大都选择在3m/min左右,这一问题本质上反映了我国目前机械化施工组织的管理水平。作业速度提高后,机械操作者的水平、机器的技术状态、施工人员的相互配合等都跟不上,只能靠降低机器的作业速度,即降低机器的作业效率为代价来保障施工质量,而大部分人认为越慢越好,相互配合容易些。

(2)机器设备不配套:由于配套设备如沥青混凝土拌和设备,压路机组与主导设备摊铺机生产能力不配套,导致经常性的等料现象,为了防止等料出现的接缝,不得不降低摊铺机作业速度。

(3)国内生产厂家对这一问题没有完全消化和理解,由于国内外施工的工程条件不同,国外设计的作业速度不符合国情。如果说国内的单位将同一液压系统原有的作业速度从18~20m/min降至10m/min左右,那么,这一问题就得到了解决。

(4)摊铺机现行的技术指标不尽合理。一般摊铺机给出的作业速度是0~20m/min,导致用户认为机器可以工作的速度是从零开始,无级调速。实际上,过低速度不仅造成速度不稳,同时系统的总效率降低,动力性和经济性都变差。

车辆的最低作业速度受两个条件的限制:一是液压马达最低允许工作转速,国内外的研究证明,若低于这一允许值,液压马达的压力波动量可达到40%左右,这时柱塞工作周期增加1/4,压力波动增大,不仅抗负载能力降低,而且寿命也大大缩短;二是液压马达的最低允许转速决定了泵必须的输出流量。若泵的转速一定,那么排量的大小就决定了流量,若这一排量大于最大排量的1/4,则系统匹配,或者说车辆的最低稳定作业速度就是确定的。若这一排量小于最大排量的1/4,则泵的排量还要加大,最终引起系统最低稳定作业速度的提高,因此,最低稳定作业速度受限于这两个条件。排量的变化是现象,它的实质是容积效率随排量的大小而变,容积效率的变化引起速度的波动才是本质,这是研究容积效率的主要原因。

6.4.6 摊铺机设计的作业速度

国内外沥青混凝土摊铺机设计的最大作业速度见表6-1,可以看出,大部分都在18m/min左右。

国内外沥青混凝土摊铺机设计的最大作业速度　　表6-1

国内外厂家	摊铺机型号	设计作业速度(m/min)
IR-ABG	Titan326	0~16
IR-BK	PF-5500	0~73
德玛格	DF145CS DF135C	0~23
戴纳派克	F181CS F141C	0~20

续上表

国内外厂家	摊铺机型号	设计作业速度(m/min)
福格勒	超级 1800 超级 2500 超级 2100-C	0~18 0~18 0~25
天津鼎盛	WT7500 稳定土摊铺机	0~12
三一重工	LTU120 LTU90	0~19 0.8~12
华晨华通	WLTL12500 型多功能摊铺机 WLTL9000 型多功能摊铺机 LTL4500B	2.00~3.34 2.00~6.25 2.03~6.07
中联重科	LTU120 沥青摊铺机	0~19
西筑	LT1200 LT1500 LT700	0~16 0~16 0~19.6
陕建	TITAN 423 TITAN 325	0~18 0~16
徐工	RP450L RP700 RP600	Ⅰ档:3.3,Ⅱ档:7.0 0~18 0~18

6.4.7 行业标准对摊铺机作业速度的要求

《公路沥青路面施工技术规范》(JTJ 032—94)规定:"沥青混凝土合料必须缓慢、均匀、连续不断地摊铺。摊铺过程中不得随意变换速度或中途停顿。摊铺速度应根据拌和机产量、施工机械配套情况及摊铺层厚度、宽度按式确定,并应符合 2~6m/min 的要求。在铺筑过程中,摊铺机螺旋送料器应不停顿地转动,两侧应保持有不少于送料器高度 2/3 的混合料,并保证在摊铺机全宽度断面上不发生离析。在熨平板按所需厚度固定后,不得随意调整。"

摊铺速度在《公路沥青路面施工技术规范》中规定为 2~6m/min,计算公式为:

$$v = \frac{100Q}{60DWT}C \tag{6-24}$$

式中:v——摊铺机摊铺速度,m/min;

D——压实成型后沥青混合料的密度,t/m³;

Q——拌和机产量,t/h;

W——摊铺宽度,m;

T——摊铺层压实成型后的平均厚度,cm;

C——效率系数,根据材料供应,运输能力等配套情况决定,宜为 0.6~0.8。

根据施工规范,"摊铺速度应控制在6m/min以内,若速度过快,单位面积沥青混凝土受振捣、振动强度不够,易出现摊铺层拉毛,从而影响路面平整度和摊铺初密实度。另外,速度过快易造成自卸车连续供料困难,需由转运车中转供料,否则会导致停机,影响路面平整度。"大多数情况下,在摊铺下面层时摊铺速度一般取 $v=2\text{m/min}$,在中、上面层时一般取 $v=3\text{m/min}$。

6.4.8 摊铺机行驶液压系统效率与作业速度

6.4.8.1 理论研究结论

液压泵总效率随排量比 β 增大而增大,因此泵的变量范围最好控制在 $\beta=0.5\sim1$ 的范围内,以使泵的总效率高于75%;排量比 β 为 $0.25\sim0.5$ 的范围(总效率为 $0.6\sim0.75$)仅用于车辆要求的特殊的低速工作,而 β 在0.25以下的区域仅作为起步、加速的过渡过程而不用于正常作业。

由此可以说明,变量泵的排量在低于其最大排量的1/4及以下时,不但容积效率降低,而且随载荷的变化比较大,从而引起速度的波动量增大,进而影响作业质量。

6.4.8.2 实验研究

我们对摊铺机典型用液压泵进行了台架实验,并按典型样机计算出了摊铺机行驶速度与泵效率间的关系。

从图6-33中可以看出:在摊铺机在低速工况下工作时,液压系统实际效率低于理论效率;摊铺机在遇到载荷变化时的速度波动较大,抗击载荷变化的能力变差。

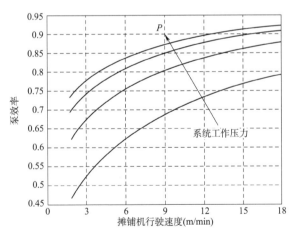

图6-33 摊铺机行驶速度与泵效率间的关系

从理论与实验研究可以看出,当摊铺机工作在3m/min,设计的最大摊铺速度又在18m/min左右时,泵正好工作在额定排量的1/4及以下,造成了不仅整个行驶液压系统的效率很低,而且机器的动力性和经济性也下降,恒速控制也比较困难,其结果施工质量也不十分理想。

6.4.8.3 改进方案

(1)从管理的角度。

提高拌和设备的生产效率、机群协同作业的能力和机械设备施工组织与管理能力,将现有摊铺机的作业速度在工程实际应用中提高至 6m/min 以上,使液压泵的排量工作在最大排量的 1/4 以上,使变量泵工作在高效区,液压系统的工作效率提高后,机器的作业效率、动力性与经济性也随之大大提高。

(2)从设计的角度。

国内的摊铺机设计单位将同一液压系统摊铺机原有的作业速度从 18~20m/min 降至 10m/min 及以下,即低速摊铺的稳定性问题就得以彻底解决。可以通过增大轮边减速比或提高液压马达最大排量或采用高速小排量液压泵来降低摊铺机的最大作业设计速度。

第7章 振动压路机电液控制技术

7.1 振动压路机智能化控制技术

在智能压路机压实控制与压实检测方面,欧洲许多国家已经开始采用连续压实控制(CCC)和表面动态压实测试(SCCC)对压路机进行定位,连续记录并输出刚度模量曲线。CCC或SCCC的最大优点在于可以测出被压表面各处的材料特性,而不再是测量几个采样点值,其优越性显而易见。图7-1所示为智能压路机联合施工。Caterpillar智能压路机"VariVibe"显示界面,利用彩色位图显示被压表面各点的材料刚度,如图7-2所示。根据土壤振动压实学说,振动压实的最好效果出现在振动波使土壤产生共振,或发生在土壤内摩擦力最小时。德国宝马公司采用的密实度检测管理系统,由自动变幅压实系统(BVM)、变幅控制压实系统(BVC)、全球定位系统、ASPHALT MANAGER、压实管理系统(BCM)等部分组成。机器可以根据土质的变化情况不断调整自身各项参数(振动频率、振幅、碾压速度、遍数)的组合,自动适应外部工作状态的变化,使压实作业始终处于最优条件,并可应用机载计算机进行工作过程的监测、机器技术状态的诊断、报警及故障分析。日本酒井公司将传统的SW 850型压路机改装成了智能压路机。

图7-1 智能压路机联合施工图

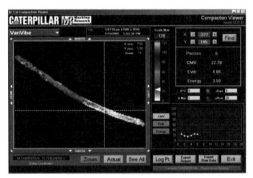

图7-2 Caterpillar智能压路机"VariVibe"示意图

瑞典戴纳派克公司开发的CompBase(土石方压实)和PaveComp(沥青摊铺与压实)施工方案软件也具有压实过程预测及智能机型和施工工艺选择的功能。国防科技大学和长沙江麓-浩利工程机械有限公司合作开发的W1102DZ型自动驾驶压路机,是智能化振动压路机的另一个研究方向。该公司自行研制生产的WZOOSD/PD全液压振动压路机在加装密实度检测仪后,可大幅提高设备的压实质量。合肥永安绿地工程机械有限公司经历多年,在国内率先成功试制了具有垂直激振功能的20t压路机-LSV200型垂直振动压路机,是世界首创重型超大激振力液压双驱垂直振动压路机,与同类产品相比工作效率提高了2~3倍。同时还推出一款被誉为"中国首创无级可调垂直振动压路机"的LSA120型振动压路机,如图7-3所

图7-3 LSA120无级可调垂直振动压路机

示。LSA120无级可调垂直振动压路机是一种运用垂直振动技术取代现行的振动技术生产的新型压路机,其工作效率、工作质量等多项指标都大大优于同类其他产品。

美国Ingersoll-Rand公司在Pro-Pac系列振动压路机上实现了八级手动振幅调节。日本Sakai公司的双钢轮振动压路机均有两种振幅:高振幅(0.55mm)和低振幅(0.33mm)。振幅采用电子调节,前后轮振幅可分别调节。而Bomag公司用于双钢轮压路机的Variomatic系统,通过在双钢轮压路机的前滚轮中安装两根偏心轴,再由变幅液压缸无级调节它们的相对相位关系,通过改变振动方向,使振动轮处于纵向振动或横向振动,以实现振幅的无级调节。

德国Bomag公司的智能自动调幅压实系统能自动选择与被压实材料的密实度参数相匹配的振幅,从而避免材料出现压实不足或过压实现象,提高了压实度的均匀程度;能够消除振动轮的跳振,避免粗集料破碎;该系统具有手动控制和自动运行两种模式,手控时有六个挡位的垂直振幅(由0到最大)可供操作人员选择;当压路机改变运行方向时,智能系统可使激振力的方向随之自动切换,从而提高了压实质量。

振动压路机无级调幅技术向智能化压路机方向发展。智能化振动压路机采用计算机技术、精密传感技术、电液控制技术、卫星通信和遥感控制技术,将自适应和自学习技术引入到压实控制中,在密实度测量仪器的基础上,根据被压实材料的密实度变化情况来不断调整自身的各项工作参数(振动频率、振幅、行走速度等),使压实作业始终处于最佳工作状况。智能化振动压路机主要由以下几个系统组成:

(1)激振器无级调幅系统;
(2)车载密实度测量系统;
(3)压实过程中自动化控制系统;
(4)实时状态监测和故障诊断系统;
(5)远程综合控制系统(图7-4)。

图7-4 远程综合控制系统

7.2 振动压路机行驶控制

振动压路机行驶控制不仅要求作业过程中速度恒定,还要求其加减速过程均匀平稳,当改变行驶方向后,振动块的旋向也要作相应变化。对于双钢轮振动压路机,在作业过程中有时要实现前轮静压、后轮振动,且与行驶方向一致,这就要求在前进和后退行驶中需要不断改变振动轮的工作状态。另外,还需进行振动频率、振幅的控制等。

7.2.1 行驶系统控制

行驶系统的控制主要是速度控制,包括起动、制动和换向时的加速、减速控制,工作时的恒速控制,以及换向和变速控制等。这些控制性能的优劣不仅影响压路机生产率的提高,而且决定了压实表面质量能否提高。

(1)加减速控制。

对于薄而软的混合土压实作业,振动滚轮的急剧加速或减速将会在压实表面形成不应有的波纹。所以,压路机起动、制动时的加速、减速,特别是在前后换向过程中,都要保证速度变化的平稳和灵敏。这就要求液压泵有灵敏的变量控制,目前应用较多的控制方式是机械控制、凸轮控制和电气控制。机械控制时油泵的斜盘倾角,即流量和机械杠杆的转角成比例,如图 7-5 所示。在零位附近存在死区,加减速比较急促。采用凸轮控制时,液压泵的流量和凸轮的转角关系如图 7-6 所示。适当地设计凸轮的升程曲线,可以获得较好的加减速性能和换向性能。

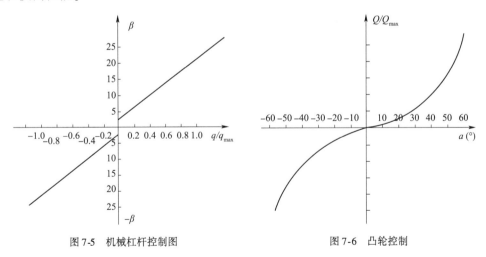

图 7-5 机械杠杆控制图　　　　图 7-6 凸轮控制

(2)恒速控制。

为了得到均匀的压实度,振动滚轮的行走速度应保持恒定,不应受路面状况和内燃机转速变化的影响。图 7-7 是液压行走驱动系统保持速度稳定的原理图,采用 PID 控制来修正偏差,以保持液压马达速度的恒定。为了获得快速的响应性能,可以增加前反馈控制。

(3)行驶方向改变时的配合控制。

对于双压轮振动压路机,为了增大压实度,常进行预压实作业,此时前轮为静压,后轮为振动;运行方向变换后,前后轮工作状态应反过来,根据运行方向自动地变化前、后轮的工作状态,如图 7-8 所示。用电气控制振动压路机的液压系统能较好地满足以上要求。

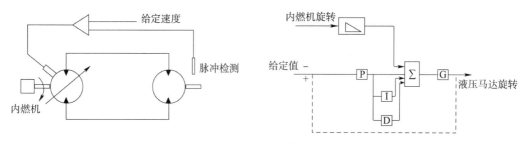

图 7-7 行走驱动恒速控制

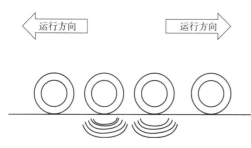

图 7-8 振动和行走方向的配合

图 7-9 是德国生产的振动轮控制器,该装置有一特殊的放大器,可根据输入电压得到如图 7-10 所示的输出电流,以此控制液压泵的排量。内燃机的启动,只有主令开关处于中位,液压泵斜盘倾角在零位时,凸轮操作开关才能接通。电源电流经紧急按钮的闭合接点与被压下的启动按钮,经过继电器 2 的线圈,接通启动继电器,实现启动。方向和速度控制,通过主令开关中的电位器来实现,图 7-9 的位置正处于制动状态。通过调整电位器的位置来控制振动压路机的行驶方向和速度大小。

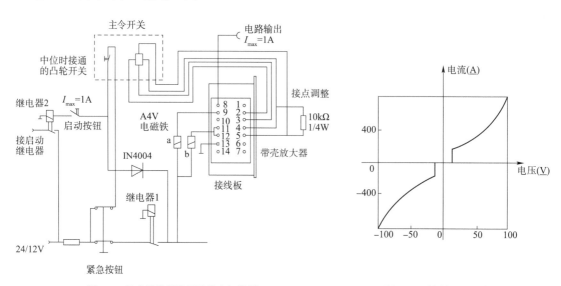

图 7-9 振动压路机液压系统电气控制　　图 7-10 控制电器的放大特性

伺服变量机构,该特性可改善液压泵的零位及低速性能。此装置包括车辆电源、主令开关、单独壳体的放大器、A4V 的液压泵比例电磁铁、紧急按钮和几个继电器,其作用和性能如图 7-11 所示。振动控制是一个独立的电磁开关控制,振动块的旋向控制是通过振动开关Ⅰ和Ⅱ分别给振动泵的电磁阀加电,改变泵的供油出口,从而改变振动液压马达的旋向。

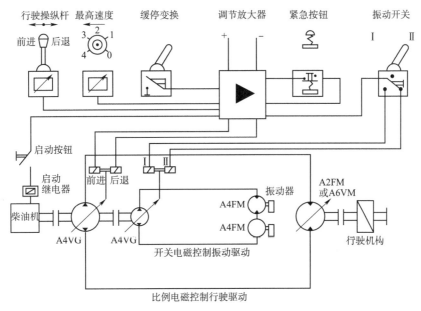

图 7-11 液压系统振动控制器件

7.2.2 振动系统控制

振动系统除了需要控制振动频率和振幅外,还需要实现振动系统与行驶系统的配合控制。因为振动轮不仅是行驶部件,还是振动和碾压部件,两者适当配合才能保证良好的压实效果。

7.2.3 振动频率的控制

压实表层土时,宜用高频、小振幅振动;压实基层时,宜用低频、大振幅振动。针对不同的土质,应选择适当的频率和振幅。振动频率的控制根据液压马达结构形式的不同,可以是双频、三频或在一定范围内无级调整。振动频率的选择应与滚轮行走速度相配合,一定的频率配合,恒定的运行速度,可以获得均匀的冲击间距,以保证压实均匀性和压实度。其配合关系如图 7-12 所示。

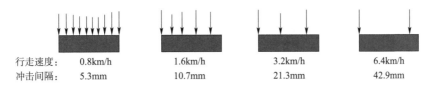

| 行走速度： | 0.8km/h | 1.6km/h | 3.2km/h | 6.4km/h |
| 冲击间隔： | 5.3mm | 10.7mm | 21.3mm | 42.9mm |

图 7-12 行走速度和冲击间隔(41.7Hz 时)

7.2.4 起振和停振的控制

起振和停振应与行驶速度实现连锁控制,滚轮行走加速到一定值时起振,减速到一定值时停振。起振和停振的速度值应是可以调整的,且这种调整不应因为前进、后退行驶状态变化而变化。同时,振动块的旋转方向应与振动轮行驶方向一致。目前常用的方法有两种:一种是在前进、后退操纵杆位置装两只行程开关;另一种是装两只接近开关,这两只开关分别控制振动泵的两个电磁阀,而两个电磁阀又分别控制泵的压力出油口,即控制了振动液压马达的旋向。

前进、后退行驶速度的大小靠操纵推杆的位置来决定,当推杆向前推(代表前进),行驶速度达到一定值时,操纵杆前行程开关或接近开关接通振动泵的一个电磁阀,开始起振;当后退时,操纵杆后行程开关或接近开关接通振动泵的另一个电磁阀。这样不仅保证了前进和后退作业过程中行驶方向与振动块旋向的一致,而且实现了起振与停振过程中速度的配合。

7.3 振动压路机振动与行驶系统功率错峰控制技术

振动压路机是一种主要用于压实沥青混合料的机器,在压实沥青路面时,机器的作业方式为典型循环作业工况,在每一工作循环均会出现前进起步加速和后退起步加速过程,因而起步加速过程是机器工作过程的重要组成部分。机器在起步加速过程中,行驶速度为一变量,由于机器质量将产生惯性力,这就要求机器行走驱动系统可提供更大的驱动转矩,用于克服机器的行驶阻力和加速惯性阻力。也就是说,在起步加速过程,振动轮与被压实路面间的切线作用力远大于机器正常作业工况值。由于在起步加速过程中,机器的行驶速度和振动轮与被压实路面之间的切线作用力均与正常压实作业工况有所不同,且机器的起步加速过程同时伴随着振动轮的起振过程,这些因素必将导致机器在起步加速过程中压实质量与正常作业时的压实质量很难保持一致。事实上,机器的起步加速时间越短,其速度变化率越快,振动轮与被压路面的切线作用力越大;机器的起步加速时间太长,起步加速过程占整个循环作业过程的比例增加,这些因素均会影响机器的压实质量。因此,机器的起步加速度设计不合理,很难通过适当的碾压工艺使被压路面的平整度、密实度及密实度均匀性达到施工质量要求。

双钢轮压路机的起步加速度不仅影响机器的压实作业质量,也会影响机器行走驱动系统的可靠性和使用寿命。这是因为该机型不仅有较大的工作质量,而且具有很大的转动惯量,即机器在起步加速过程,行走驱动系统必须克服由机器工作质量和转动惯量引起的加速惯性力,因而极易使行走驱动系统发生超载现象。如果机器的起步加速度设计过大,行走驱动系统将会频繁发生超载,造成行走驱动系统的工作元件故障率增高,使用寿命缩短。

双钢轮压路机制动减速性能同样会影响机器的压实作业质量,也会影响机器行走驱动系统的可靠性和使用寿命,而且影响方式与起步加速性能的影响方式基本相同。有所不同的是,在机器制动减速过程中,机器的振动轮由驱动轮变为被动(制动)轮,被压材料在轮前极易形成鼓包。当机器制动减速太快时,还有可能造成振动轮滑移现象,从而引发严重的压实质量问题。施工现场试验和观察结果表明,发生被压路面平整度不合格的区域大多出现在压路机的制动减速过程。这一结果进一步验证压路机的制动减速性能不仅是被压路面平整度的关键影响因素,更是机器设计者和制造厂商必须认真研究解决的核心技术问题。

压路机的制动减速性能也会严重影响发动机的可靠性和使用寿命。由于在机器制动减速过程中,行走驱动泵的排量会迅速从设定值变小到零排量,而行走驱动液压马达的排量并无变化,且在车辆减速惯性力的作用下继续旋转。此时,行走驱动液压马达的功能转变成泵,泵的功能转变成液压马达的功能。当机器制动减速性能不合理,即行走驱动液压马达在车辆惯性能和系统制动效能的综合作用下,液压马达转速衰减速率远小于泵排量的衰减速率时,系统将可能反拖泵,发动机转速失速,必将对泵和发动机的可靠性产生严重损害,同时由于钢轮的抱死也给施工质量带来隐患,使被压材料产生推移现象。

7.4 无级调幅机构与控制系统研究

通过分析国内外振动压路机无级调幅技术,现有的无级调幅形式可分为单轴式(套轴式)无级调幅、双轴式无级调幅、液压式无级调幅和机械连杆式的无级调幅等。

7.4.1 单轴式(套轴式)无级调幅

压路机的振动偏心轴是由位于同一条轴线上的内偏心轴与外偏心轴套组合而成,内偏心轴与外偏心轴套同向同步旋转,通过一定的机构调整内外轴的相位,即可实现调幅功能,如图 7-13 所示。

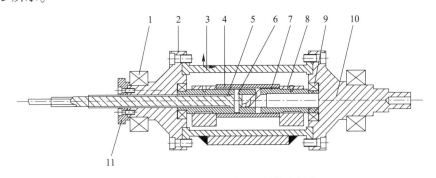

图 7-13　单轴无级变幅激振器结构示意图

1、9-轴承;2-振动轴左段;3-振动轴中间段;4-护筒;5-调幅轴;6-销轴;7-内轴;8-偏心块;10-振动轴右段;11-花键套

激振器主要是由内、外两个偏心轴部分组成,通过改变内偏心轴和外偏心轴的偏心相位差,使调幅激振器的质量偏心距在一定范围内变化,实现振动轮的振幅在一定范围内能够连续变化,从而达到无级变幅。

单轴激振器调幅机理如下:调幅轴 5 和销轴 6 是用来改变内、外偏心轴的偏心相位差的零件,调幅轴 5 上带有花键,通过花键套 11 与外偏心轴连接成整体,实现内外偏心轴同速旋转,同时调幅轴 5 还可轴向移动。花键套 11 可以轴向移动,内轴 7 上设计有双螺旋槽,推动销轴 6 在双螺旋槽的不同位置移动,能使内偏心轴偏转相应的角度。在整个推动过程中,假设内偏轴的转动角度为 180°,则内、外偏心轴部分偏心相位差的变化范围为 0°~180°。

其他结构形式的套轴式无级调幅激振器,内外轴结构与图 7-13 所示结构基本相同,也是通过改变内偏心轴与外偏心轴套的相位夹角来改变总偏心力,不同之处在于调整内偏心轴相位角的方式。

套轴式无级调幅激振器结构紧凑,占用空间小,但是结构比较复杂,零部件加工与装配困难,并且调幅范围小。

7.4.2 双轴式无级调幅

双轴式无级调幅激振器一般由两根水平布置的偏心轴组成,两根偏心轴由同步齿轮带动,保证相同的转速,旋转方向可以相同,也可以相反。

两根偏心轴同向旋转的激振器,其调幅原理是通过调整其中一根偏心轴相对于另一根偏心轴的相位角,使两根偏心轴的合成激振力大小发生变化,以达到调幅的目的。图7-14所示为一个多振幅振动轮的结构。

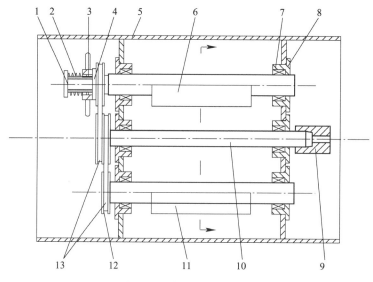

图7-14 双轴调幅机构示意图

1-挡板;2-弹簧;3-花键套;4、12-皮带轮;5-振动轮圈;6、11-振动轴Ⅰ;7-轴承;8-轴承座;9-花键套;10-传动轴;13-齿形皮带

双轴同向无级调幅机构与图7-14中结构大致相同,不同之处在于无级调幅激振器将调幅花键套机构换为液压油缸(或步进电机)与螺旋槽运动副。以液压缸式调相结构为例,当需要调节工作振幅时,液压缸活塞带动活塞杆向左移动,通过活塞杆端部的销子与螺旋槽运动副使振动轴产生旋转运动,从而改变了振动轴6与振动轴11上偏心块的夹角,即改变了合偏心距,达到调幅目的。

对于偏心轴同向旋转的激振器,由于需要在振动轮内部水平布置三根传动轴才能保证偏心轴的同向旋转,使其结构上相比传统的双振幅单轴激振器更复杂。

对于双轴反向旋转的激振器,调幅原理类似于德国BOAMG公司的Variomatic独立激振室结构,即双轴反向旋转,产生定向的激振力,双轴组合在一个独立的激振器室内,通过调整机构(如使用蜗轮蜗杆机构)使激振器室相对于机架旋转一定角度,以此来调整激振力的垂直分量,达到调幅目的。

如图7-15所示,起始时,两组单元激振器回转轴线决定的平面与水平面的夹角为0°,并且单元激振器中两个偏心块的相位差为0°。它们的水平分力互相抵消,仅产生垂直激振力,从而产生垂直振动。当两组单元激振器的回转轴线决定的平面与水平面夹角为90°,且两组单元激振器中的偏心块相位差为0°时,垂直分力相互抵消,仅产生水平激振力,从而产生水平振动,也就是振荡振动(图7-16)。

图7-17列举了这种激振器由从最大垂直激振力(垂直振动)到最小垂直激振力(振荡振动)的几种状态。可以看出,在垂直振动与振荡振动这两个状态转换过程中,激振力的垂直分量也由最大($2F$)向最小(0)逐渐变化,实现了振幅的无级调节。

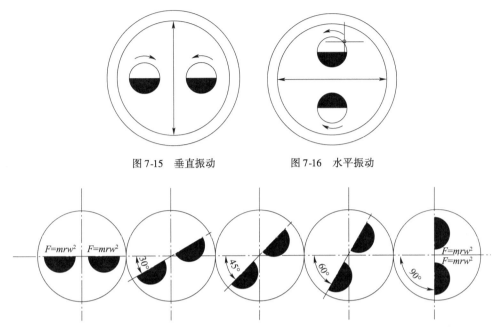

图 7-15 垂直振动　　　图 7-16 水平振动

a) 摆动油缸旋转0°　b) 摆动油缸旋转30°　c) 摆动油缸旋转45°　d) 摆动油缸旋转60°　e) 摆动油缸旋转90°

图 7-17 几种特殊位置的施力图

双轴相向旋转的激振器虽然可以实现垂直振动与水平振动压实，但是其总激振力是定值，调幅仅仅是改变垂直方向的分力，因此在垂直振动与水平振动之间的状态[图7-17b)~图7-17d)]，激振力斜向往复，在此状态下进行如沥青路面铺层的压实时，会不可避免地造成材料推拥、起路面裂纹等现象，这对大吨位振动压路机尤为突出。

第8章 平地机电液控制节能技术

8.1 工程机械节能

8.1.1 工程机械节能研究目的及意义

工程机械是为城乡建设、铁路、公路、港口码头、农田水利、电力、冶金、矿山等各项基本建设工程施工服务的机械。凡是土方工程、石方工程、混凝土工程及各种建筑安装工程在综合机械化施工中,所必需的作业机械设备,统称为工程机械。工程机械行业在其发展的历程中,一直承担着对自然界索取活动中的工具角色,在其活动中对能源消耗、资源消耗,对环境的负面影响也一直是较为显现的。因此,自20世纪80年代之后,工程机械行业在节能环保方面逐渐成为创新的重要内容。

工程机械产品都是耗油大户,每一次生产企业在"省油"方面的技术进步,都将成为产品推向市场的巨大卖点。如今,工程机械节能技术已经成为衡量其先进性的重要指标,研究工程机械的节能技术具有重要的实际意义。

8.1.1.1 工程机械传统节能策略

从全世界总销量来看,挖掘机素有"工程机械之王"的称号,销量也多过装载机占据首席,且其附加值和技术含量也高于其他工程机械产品。在节能环保方面,挖掘机也处于遥遥领先的地步。20世纪90年代,国外在液压挖掘机的整机方面,小型挖掘机以日本东芝公司产品为代表,中型挖掘机则多选择日本川崎公司 KMX15R 型多路阀和 K3V112DT-151R 液压泵组成的液压系统。该系统的节能性靠变量系统的恒功率调节和负流量控制调节。林德公司用于挖掘机的负荷传感同步(LSC)控制系统为闭中心负荷传感系统,因液压泵只向各执行机构提供其需要的流量,因而没有溢流损失。复合动作时,各个执行机构动作互不干扰,可操作性好。该系统还集成了电子控制功能,根据作业工况,可实现对柴油机油门、液压泵的排量的电子控制。该系统是目前挖掘机节能技术最典型的配置。国内厦工履带式液压挖掘机 XG820,采用 ESS 电子控制系统使液压系统可以充分利用发动机的功率,提高作业效率,节省燃油,机器可以在 H(重载)模式、S(标准)模式及 L(轻载)模式下工作,以满足机器各种工况。

在轮式装载机的整机方面,采用全液压同轴流量放大转向系统,双泵合分流、转向优先、等值卸荷液压专利技术,以及微型计算机控制(半自动或全自动)的电液换挡系统,保证液力变矩器在高效区工作;同时采用双泵合流、优先流量放大或负荷传感转向系统、双管路全液压制动系统,代表了目前国产装载机的最高技术水平。

柴油机的节能控制可以采用电子油门控制,卡特彼勒和小松公司联合开发的柴油机,采用了全电子控制技术控制柴油的喷射量和喷射时间,其特性曲线可以由软件来控制,根据不同的作业工况选取不同的特性,最大程度地提高了柴油机的动力性能、燃料利用率和排放质量。据资料,卡特彼勒和小松公司的关键配套件完全由自己生产,日立除发动机用五十铃外,其余全部为自己产品。

8.1.1.2 混合动力节能

混合动力技术对改善发动机的工作条件具有较大的促进作用,在电动汽车领域已经被成功应用。将混合动力技术应用于工程机械,同时配合混合动力驱动系统,开展液压马达能量回收、进出口独立调节、单独驱动等的节能研究具有良好的节能前景。

目前,国外以生产挖掘机为代表的工程机械企业已经开始了混合动力的新品研发,并取得了一定的成绩。2009年2月5日,斗山重工宣布开始研发一种混合动力挖掘机。该新型混合动力挖掘机的二氧化碳排放量将减少35%,节约35%的燃料,每台机器一年将节省约1700万韩元。2009年4月,美国凯斯公司在法国工程机械展上展出了与日本住友公司最新研制的CX210B混合动力挖掘机,该挖机回转采用电机驱动,连接可储存电能的超级电容器。另据了解,目前德国也正在研发新型混合动力挖掘机,预计降低能耗40%。日立建机、小松、神户制钢、卡特彼勒等公司纷纷也推出了自己的混合动力装载机和挖掘机。混合动力工程机械具有多个能源装置,一方面,使多能源动力总成控制系统的结构和控制策略变得十分复杂,且传动过程中的能量转换环节增多,系统效率低,初始成本高;另一方面,工程机械发动机功率较大,现有混合动力方案中小功率电传动系统难以满足大负载作业需求。因此,现有的混合动力工程机械均以小型5T挖掘机产品为试验对象,难以应用于中大型挖掘机。混合动力技术在工程机械上的推广应用短期内难以实现。混合动力工程机械的研发与应用需要技术的不断完善,相对传统产品,混合动力工程机械售价将会较高,其发展需要一个漫长的过程。

鉴于油电混合技术的不足,一些公司将研发方向转向液压解决方案,如美国环境署支持研究的液压混合动力装置。在这种解决方案中,利用蓄能器作为储能元件,采用静压传动技术,用于驱动以行走、回转等动作为主的行走设备,如汽车、装载机、推土机等。

8.1.2 工程机械节能技术发展方向

自20世纪90年代起,发达国家工程机械已经进入信息化发展时期,节能与环保被普遍重视,并出台了相应的技术标准。工程机械控制技术的电子化代表了当今技术的发展趋势,大多数国外工程机械均采用微型计算机控制技术,实现各种工况下自动判断、控制机器发动机的功率输出,达到发动机的最佳功率匹配,减少发动机的燃油消耗,并自动诊断机器状态,可以提醒司机及时修理机器,使其始终保持良好状态。为提高产品的节能效果和满足日益苛刻的环保要求,国外工程机械公司主要从降低发动机排放、提高液压系统效率和减振、降噪等方面入手。从长远的发展来看,工程机械的节能环保性能是其进入市场和被用户接受的基本要素,同时也将是该产品生存和发展的先决条件。此外,节能对于工程机械本身来说,也是非常重要的。节能研究有助于降低系统的发热,简化系统设计,提高系统设备的可靠性和工作寿命,降低系统的装机功率,在一定程度上有助于节约设备的制造和维护成本。对于工程机械的制造商和最终用户来说,节能将为其带来可观的经济效益。

8.2 工程车辆发动机动力储备性能评价

发动机作为工程机械的动力源,综合评价其整机性能及与工程机械匹配的合理性时,要考虑多方面因素,如基本参数、动力性能指标、经济性能指标和排放性能指标等。对于工程机械来说,其中最重要的是发动机的动力储备性能。对于工程机械用发动机(主要指柴油机)动力储备性能的优劣,目前主要依据发动机外特性转矩适应性系数 K_m 和转速适应性系数 K_n 来评价。然而,在研究过程中发现,K_m 和 K_n 用作评价发动机动力储备性能的量化指标,但在比较不同发动机的动力储备性能时并不能全面地反映发动机的动力储备性能。为此,通过对发动机外特性曲线的研究,提出了动力储备系数的概念,它不仅能够反映发动机转矩储备能力的大小,而且还能够体现发动机转速适应性能,并且还涉及动力储备面积和发动机的额定功率,是一个比较全面地反映发动机动力储备能力的综合评价指标。

8.2.1 现行评价指标的缺陷

工程机械在工作过程中常常出现短时间的峰值载荷(如双钢轮压路机在起步与起振时),使发动机转速急剧下降,甚至发生强制性熄火。为了避免发动机强制性熄火,并能更好地满足起步与起振性能,减少发动机转速的波动性,提高发动机的平均输出功率,除了在传动系统中增加不可透性的减振降扭装置外,通常还希望通过提高柴油机的动力储备性能来解决此类问题。发动机的动力储备性能主要以发动机的外特性来体现。所谓发动机外特性,是指发动机油量调节拉杆固定在额定功率循环供油位置时,发动机的性能指标(主要指功率 P_e、燃油消耗率 g_e 等)随转速 n 的变化关系,如图 8-1 所示。

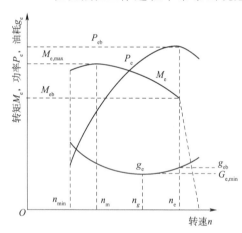

图 8-1 发动机外特性曲线

转矩适应性系数 K_m 和转速适应性系数 K_n 的定义式分别为式(8-1)和式(8-2),很明显,K_m 和 K_n 均大于 1。

$$K_m = \frac{M_{emax}}{M_{eb}} \tag{8-1}$$

$$K_n = \frac{n_b}{n_m} \tag{8-2}$$

式中:M_{emax}——最大转矩,N·M;

M_{eb}——额定功率对应的转矩,N·M;

n_b——额定功率对应的转速,r/min;

n_m——最大转矩对应的转速,r/min。

通常,发动机工作时的正常转速为 $n_m \sim n_b$,而 K_m 和 K_n 值的实际意义如下:

(1)系数 K_m 主要说明车辆在作业中阻力增大、发动机转速下降时转矩自动增加的能力,因而该值反映了车辆在不换挡的情况下发动机克服外载荷的能力;K_n 值越大,车辆克服外载荷的能力也就越大。

(2) K_m 和 K_n 作为发动机动力储备性能的公认评价指标,其意义是不言而喻的,但它们也存在着一定的缺陷。从图 8-2 中可以看出,3 条外特性曲线的 K_m 和 K_n 是相同的,但 3 台发动机的动力储备能力明显存在着较大的差异,发动机 1 的动力储备能力明显强于发动机 2 和发动机 3。这主要是因为 K_m 和 K_n 只考虑了发动机外特性曲线上的两个点,即最大转矩点和额定转矩点。很显然,用这两个参数来衡量发动机的工作性能,并不能全面地反映发动机的动力储备性能。

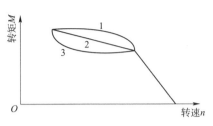

图 8-2 发动机外特性曲线对比(转矩)

上述两个指标虽都能在一定程度上反映发动机的动力储备性能,但却不能说明发动机转速与转矩之间的变化关系,因为 K_m 仅仅是 M_{emax}、M_{eb} 两个转矩的比值,其大小尽管能反映发动机克服瞬时超负荷的能力,但却不能说明发动机克服瞬时超负荷时的转速波动性。同样,K_n 仅是 n_b、n_m 两个转速的比值,没有反映出两转速间的转矩变化大小,因而其大小尽管可反映出发动机转速的波动性,但却不能反映发动机克服瞬时超负荷的能力。

8.2.2 动力储备系数

从前面的分析可知,发动机动力储备性能的好坏主要取决于发动机外特性曲线(转矩)上最大转矩点与额定转矩点之间非调速曲线(以下简称动力储备曲线)的形状,其动力储备能力是由动力储备曲线上所有的点共同构造而成的,并非只与最大转矩点和额定转矩点有关。故用来评价发动机动力储备能力的指标必须包含动力储备曲线上所有点的信息,这样的评价指标才能更全面、准确地反映发动机的动力储备性能。因此,提出了动力储备面积 S 和动力储备系数 K 的概念。S 是指由动力储备曲线、$n = n_m$ 和 $M = M_{eb}$ 两条直线围成的面积,如图 8-3 中实线阴影面积。

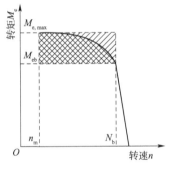

图 8-3 发动机转矩储备面积

发动机 P_e、M_e、n 具有如下关系:

$$P_e = \frac{M_e \cdot n}{9550} \tag{8-3}$$

而 S 也是由转矩和转速的乘积构成的,由此可知,动力储备面积本质上与功率是等同的,也是一个以 kW 为单位的量纲值。

在理想状态下,动力储备面积 S_{max} 为矩形,如图 8-3 中虚线阴影面积,也就是说,发动机为恒转矩,不管外界载荷如何变化,发动机在其工作转速内始终保持最大转矩输出,此时:

$$S_{max} = (K_m - 1)(K_n - 1)M_{eb}n_b = 9550(K_m - 1)(K_n - 1)P_{eb} \tag{8-4}$$

显然,这是发动机的理想动力输出特性,而发动机实际工作中要达到这一目标,实际上是不可能的,但它为我们提供了所期望达到的目标值。

为了能够得到一个无量纲值,将动力储备面积除以其理想状态下的最大值,再乘以相关系数,就得到了一个全新的发动机动力储备性能评价指标——动力储备系数 K:

$$K = \frac{K_m K_n S}{9550(K_m - 1)(K_n - 1)P_{eb}} \tag{8-5}$$

由式(8-5)可以看出,K整合了系数K_m、K_n、S和P_{eb},不仅能够反映发动机转矩储备能力,而且还能体现发动机转速适应性能,同时还涉及动力储备面积和发动机的额定功率,是一个更能够全面反映发动机动力储备能力的综合评价指标。

从式(8-5)中还可以看出,S的大小不仅只是与动力储备曲线上的最大转矩点和额定转矩点有关,而且与动力储备曲线上的每一点都有密切的关系,每一个点的值都会影响到S的大小,进而影响到K的大小,因此K能够准确、真实地反映发动机动力储备性能。

式(8-5)说明了K除了和S有关外,还与发动机的额定功率有关;相同的动力储备面积,额定功率越小,动力储备系数越大,也就是发动机的动力储备性能越好,这是符合客观规律的。因为相同的动力储备面积,其额定功率降低,K_m或K_n实际上是增大的(因为M_{emax}/M_{eb},n_b/n_m都是假分数,分子分母减去相同值后其结果会增大),从而也间接印证了式(8-5)的合理性。

在理想状态下,S达到其最大值S_{max},K也达到其极限值,将式(8-4)代入式(8-5)可得:

$$K_{max} = K_m K_n \tag{8-6}$$

显然,K值越接近$K_m K_n$,发动机也就越接近恒转矩的理想状态,其动力储备能力也就越好,故以动力储备系数K作为发动机动力储备性能的评价指标是合理的。

由于K的计算涉及转矩储备面积S,而计算S需要知道发动机外特性上的多个数据,数据越多,结果越准确,然而一般发动机的铭牌上只标有额定转矩点和最大转矩点的数据,这就给计算带来了不便之处。为了扩大式(8-5)的应用范围,可以采用以下简化拟合公式计算K值:

$$M_e = M_{eb}\left(a + b \cdot \frac{n}{n_b} + c \cdot \frac{n^2}{n_b^2}\right) \tag{8-7}$$

其中:$\quad a = \dfrac{K_m K_n (K_n - 2) + 1}{(1 - K_n)^2} \quad b = \dfrac{2(1-a)}{2b - K_n} \quad c = -\dfrac{b}{2} K_n$

从而由$S = \int_{n_m}^{n_b} M_e dn - (n_b - n_n) M_{eb}$可得:

$$S = M_{eb}\left[(a-1)(n_b - n_m) + \frac{b}{2n_b}(n_b^2 - n_m^2) + \frac{c}{3n_b^2}(n_b^3 - n_m^3)\right] \tag{8-8}$$

将式(8-8)代入式(8-5)得K的最终简化计算公式:

$$K = \frac{K_m K_n M_{eb}\left[(a-1)(n_b - n_m) + \dfrac{b}{2n_b}(n_b^2 - n_m^2) + \dfrac{c}{3n_b^2}(n_b^3 - n_m^3)\right]}{9550(K_m - 1)(K_n - 1)P_{eb}} \tag{8-9}$$

此时,动力储备系数K已经完全可以由发动机铭牌上的数据计算得出,扩大了K的应用范围,虽然式(8-9)的计算精度不如式(8-5),且也只涉及最大转矩点和额定转矩点两个点,是一种简化的评价指标,但它却综合了K_m、K_n和P_{eb}等参数,较单一评价指标K_m和K_n准确,实际运用中也是可取的。

8.2.3 整机节能设计

8.2.3.1 合理匹配

功率匹配损失是指由于工程机械的工况复杂,负载变化剧烈,导致柴油机严重偏离经济工作区,造成燃油利用率不高。为解决这一问题,国外很早就展开了研究,对发动机和液压泵采取功率匹配控制。

工程机械发动机的燃油经济性,是评价产品使用性能的重要经济指标。而燃油经济性很大程度上取决于发动机和传动系统的匹配程度。当发动机工作在最大功率点时,生产效率最高(效率点),但油耗也很高;当发动机工作在最佳比油耗曲线上时,燃油经济性最好(节能点)。在一个作业循环中,机器处于最大功率状态的时间比重并不大。因此,要进行发动机-传动系统的合理匹配分析。在传统的功率匹配控制中,为满足最大负载工况的要求,在工程机械的设计中按照工作过程中的峰值功率来选择柴油机,因此,柴油机功率普遍偏大,燃油经济性较差。以挖掘机为例,目前几乎所有的国外公司生产的中型挖掘机都配备了这一控制系统,控制柴油机在各种负载功率条件下都工作在经济工作区。在静液压传动中,根据挖掘机重载、低速的工作特点和作业过程中对动力及速度的要求,在发动机、液压泵、液压马达三者间,应用微型计算机和负荷传感技术,按照设定的工作模式(轻载、重载、空载)实现压力、流量和功率的节能综合控制,使液压系统和发动机的匹配尽可能地保证实际工作点处于效率点和节能点附近,以获得最高工作效率和最合理的燃油经济性。

8.2.3.2 合理确定工作载荷

传统的工程机械设计,无论是对发动机的选型还是对工作参数的选择,往往是"靠档选型"、层层加码,结果是设计裕量系数或功率裕量系数均被自然地放大了,最终导致产品结构、尺寸逐级增大。很多机械实际上是在"大马拉小车"的工况下工作,能源浪费严重。为了节能,应当在全面分析作业机理、条件和工况的前提下,运用优化设计、并行设计、试验设计或有限元分析等现代设计方法,取代传统的经验法、类比法,精确合理地确定工作载荷。

8.2.3.3 尽量减少液压系统流量和压力损失

液压系统回路设计合理与否对液压工程机械节能影响很大。如,在调速回路设计中,应避免将节流阀设置在液压系统的进油端(进油节流调速)。这样会使系统油温升高、效率急剧下降,甚至出现故障。在无特定要求时,一般选用变量泵-定量液压马达、定量泵-变量液压马达或变量泵-变量液压马达等容积式调速回路,因该回路的特点是温升小、效率高。Volvo公司的装载机液压系统采用的是负载敏感变量泵,能随荷载的变化而输出不同的功率,避免了液压系统的能量浪费。另外,在液压回路的传统设计中常设置背压阀,以防机器下坡、溜坡超速,损坏液压马达,但却增加了能量损失,其解决办法是在液压马达上加装具有背压功能的控制阀,这样可减少压力损失,提高系统效率。

8.2.3.4 建立能源回收系统

工程机械在行驶或作业过程中往往频繁地加速、制动,致使动能转换为热能损失了,同时也降低了制动器的使用寿命。可采用蓄电池、飞轮和蓄能器等方式将能量加以回收储存。在挖掘机、装载机、起重机等的动臂、铲斗、吊具等大质量工作装置的回落、下降过程中都可通过蓄能器将重力势能储存起来。统计数据表明,这样的系统设计可减少约25%能耗。

工程机械整机的节能通常采用的方案有:改进液压系统;将工作装置回路和回转系统中损失的位能和动能再生利用;自动息速控制,降低空载时的能量消耗;进行柴油机和液压泵的综合控制等。实际应用中,几种节能途径之间各自采用的技术并不是孤立的,它们往往紧密地结合在一起,互相渗透,形成综合的节能技术。

8.3 工程车辆全局功率匹配

8.3.1 基于发动机燃油消耗率的功率匹配

混凝土泵车的载荷工况差别很大(作业高度、输送距离等),液压系统的压力和所需发动机功率的变化往往很大。如果按照不同的作业工况来设置相应的功率模式,比如轻载节能、重载满功率和自适应等,精确协调在不同作业模式下发动机的转速、油泵排量和功率,使发动机和泵的功率匹配更加合理,将能降低油耗和噪声,延长机器的使用寿命。

混凝土泵车的动力来源于发动机,由图8-4所示的发动机万有特性曲线可看出,发动机在每一个运行功率值下,存在不同的转速和转矩组合。但仅有一个最经济工作点,即等功率曲线和等油耗曲线的切点,此时在满足负载功率消耗需求时比油耗最低。将所有功率下的最经济工作点连起来,就形成了一条经济工作曲线(最佳比油耗线,图8-4中S线)。当发动机工作在最大功率或额定功率点时,生产效率最高,但燃油消耗也迅速增大;当发动机工作在最佳比油耗曲线上时,经济性最好。由于混凝土泵车在整个工作过程中,最大功率工作模式的工作时间占比并不大,这就要求在合理确定各工作模式的基础上,科学地进行发动机与传动系统的匹配计算,调整发动机的工作转速点(或工作转速区域),使发动机在满足动力性输出的前提下,尽可能工作在经济油耗区,减少动力系统的功率损耗。发动机输出转速和转矩是随着液压泵的压力和流量变化的,而液压泵的压力和流量又取决于负载。液压传动过程中,由传动关系可知发动机的输出转矩 M_e 与变量泵的吸收转矩 M_b 之间的函数表达式为:

$$M_e = f_1(M_b) \tag{8-10}$$

变量泵的负载特性表现为恒转矩特性,变量泵转矩 M_b 与外部负载压力 P_L 及变量泵排量 V 之间的函数表达式如下:

$$M_b = f_2(P_L, V) \tag{8-11}$$

发动机输出功率 P_e 与发动机的输出转矩 M_e 及发动机转速 n_e 之间的函数表达式如下:

$$P_e = f_3(M_e, n_e) = f_3[f_1(M_b, n_e)] \\
= f_3\{f_1[f_2(P_L, V)], n_e\} = f(P_L, V, n_e) \tag{8-12}$$

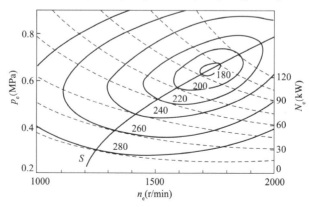

图8-4 发动机万有特性曲线

由上式可知，对应于一定的负载压力 P_L，改变变量泵排量 V、发动机转速 n_e，均可满足负载作业要求，但在不同发动机转速和液压泵排量下，整机的燃油消耗不尽相同，存在优化组合问题。传统的匹配理论是使发动机工作点位于经济工作曲线附近，以达到节能降耗的目的。

8.3.2 基于发动机燃油消耗率与液压泵效率的全局功率匹配理论

众所周知，即使性能一流的发动机和性能一流的液压泵，组合起来并不一定能保证性能一流的泵车，其关键问题就是它们各自一流的优越性未能同时得到发挥。因此，必须选择合适的系统结构和控制策略进行全局功率匹配研究，以充分发挥各部件的优越性，达到总体燃油消耗率最低的目标。由图 8-5 可知，在负载消耗功率 110kW 下，基于发动机燃油消耗率进行功率匹配，则低速工作点 n_1 优于高速工作点 n_2。综合考虑发动机燃油消耗和液压泵效率进行功率匹配，则工作点 n_2 的总油耗约为 246g/(kW·h)，反而小于工作点 n_1 的 250g/(kW·h)。由此可见，单考虑发动机燃油消耗率进行功率匹配，系统的整体效率未必最佳。因此，需以发动机燃油消耗率等值线图和液压泵效率等值线图为约束条件，对系统总效率进行优化，通过恰当的功率匹配方法使发动机保持在最佳经济区工作，同时也使液压泵工作于高效率区。

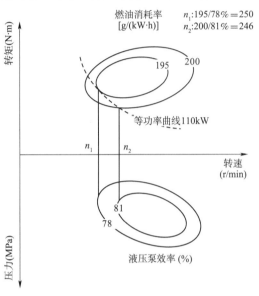

图 8-5 不同工作点总体效率对比

8.3.3 液压泵效率试验

液压泵效率分为容积效率和机械效率。容积效率是由于存在间隙的泄漏而引起的流量损失；机械效率是由于摩擦而引起的转矩损失，其中一部分是油液间的黏性摩擦，另一部分是滚动轴承、柱塞与缸体孔、各运动副的固体摩擦。理论上，影响液压泵效率的因素有很多，但主要有油液的工作黏度、工作压力、转速及变量泵的排量比。为了满足动力系统节能参数匹配的需要，在实际应用中，兼顾压力和转速的影响，将主油泵的总效率按排量比进行如下关系匹配。

(1) 液压泵的容积效率。

$$\begin{cases} \Delta Q \propto h \dfrac{\Delta p}{u} \\ Q = \dfrac{Vn}{1000} = \dfrac{\beta V_{\max} n}{1000} \\ \eta = \dfrac{Q - \Delta Q}{Q} = 1 - \dfrac{\Delta Q}{Q} = 1 - \dfrac{1000 h \times \Delta p}{\mu n \beta V_{\max}} \end{cases} \qquad (8\text{-}13)$$

式中：ΔQ——泄流量；

Q——理论流量；

h——泄漏间隙;

n——转速;

Δp——间隙两端压差;

μ——油液运动黏度;

$V_{\max}$——最大排量;

β——排量比。

(2) 液压泵的机械效率。

$$N_\varepsilon = \frac{\Delta p Q}{60}$$

$$\eta_\mathrm{t} = \frac{N_\varepsilon - \Delta N}{N_\varepsilon} = 1 - \frac{\Delta N}{N_\varepsilon} = 1 - \frac{60\Delta N}{\Delta p Q} \tag{8-14}$$

式中:N_ε——泵理论输出功率;

ΔN——机械损失功率。

(3) 液压泵的总效率。

$$\eta = \eta_\mathrm{v} \cdot \eta_\mathrm{t} \tag{8-15}$$

式中:η_v——容积效率;

η_t——机械效率;

η——总效率。

由式(8-13)分析可知,工作压力越大,容积效率越小。对机械效率来说,在液压泵转速、排量比、油液运动黏度不变的情况下,工作压力的变化对转矩损失的影响很小,但液压泵的有效输出功率有很大变化。由式(8-14)可知,随着工作压力的增大,液压泵的有效输出功率增加,机械效率也随之增大。

由式(8-13)分析可知,转速越大,容积效率越大。对机械效率来说,随着转速的增加,液压泵的流量将增大,随之油液的黏性摩擦也将增大,同时泵的轴承及其各个运动副的固体摩擦也将增大,转矩损失增加。由式(8-14)可知,液压泵的机械效率将降低。

由式(8-13)分析可知,排量比越大,容积效率越大。对机械效率来说,排量比增大,液压泵流量增大,油液的黏性摩擦也将增大,转矩损失增大,但同时液压泵的有效输出功率也随之增大,且其增大幅度比转矩损失 ΔN 要大。由式(8-14)分析可知,机械效率将增大。

以上从理论上初步分析了影响液压泵效率的各种因素,但在实际的工作过程中,各个因素的影响权重并不一样,不同工况下有的因素起着主要的作用,有的却影响不大,而且不同型号的液压泵的效率特性也存在差别,因此在实际应用中,需要对试验测试的数据进行分析。

由试验测试的效率曲线(图8-6)可以分析出主油泵效率特点:

(1) 泵的总效率随着转速的增加而降低,1300~1800r/min 为稳定区间,其范围内效率波动较小。

(2) 泵的总效率随着压力的增加先增后减,最优压力范围为 13~24MPa。

(3) 泵排量比在 50% 以上效率较高,50% 以下效率较低;排量比越大,泵效率受压力和转速变化影响的波动量越小,泵的大排量工况为高效区。

(4) 液压泵总效率随排量比增大而增大,因此,泵的变量范围最好控制在 0.5~1 范围内,以使泵的总效率高于 75%。

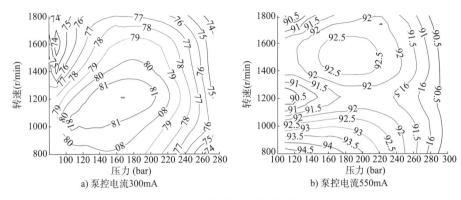

a) 泵控电流300mA   b) 泵控电流550mA

图 8-6 液压泵控制特性试验

从试验的结果来看,液压泵的排量比对效率的影响最大,其次是压力,液压泵的转速对效率的影响最小。

8.4 平地机动力匹配节能

8.4.1 平地机的传动方式

目前,国内外平地机传动方式主要有三种:

(1)机械传动(变速器直接传动)。传动路线为:发动机→离合器→变速器→传动轴→驱动桥→平衡箱→驱动轮。采用变速器直接传动系统效率高,速度刚度较好,但负载自适应性差,不利于自动控制,在遇到复杂工况时需要不停地变换挡位,增大了司机的劳动强度。

(2)液力机械传动。传动路线为:发动机→变矩器→变速器→传动轴→驱动桥→平衡器→驱动轮,传动效率较机械传动稍低。但采用变矩器可减少变速器挡位,简化操作,并具有一定的负载适应能力。

(3)静液压传动。传动路线为:发动机→液压泵→液压马达→减速平衡器→驱动轮,传动效率相对较低,但由于其操作简单,可发挥液压传动对负载的自适应能力强、系统可控性好的优点,故在合理的匹配控制前提下其综合生产率相对较高。

8.4.2 全液压平地机行驶液压系统

8.4.2.1 行驶传动路线

PQ190ⅢA 全液压平地机的动力传递由发动机带动变量液压泵,经左、右液压马达后传递至左、右减速平衡器,由减速器驱动左、右轮使机器行驶。全液压平地机动力传递路线如图 8-7 所示。

8.4.2.2 行驶液压系统组成与工作原理

PQ190ⅢA 全液压平地机的行驶驱动系统

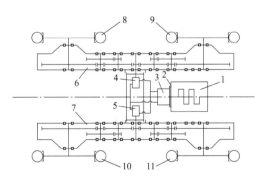

图 8-7 全液压平地机动力传递路线
1-发动机;2-联轴器;3-液压泵;4、5-液压马达;6、7-减速平衡器;8、9、10、11-车轮

采用变量泵-变量液压马达组成的闭式液压系统,为单泵-双液压马达组成的并联回路,图8-8为PQ190ⅢA全液压平地机液压系统原理图。

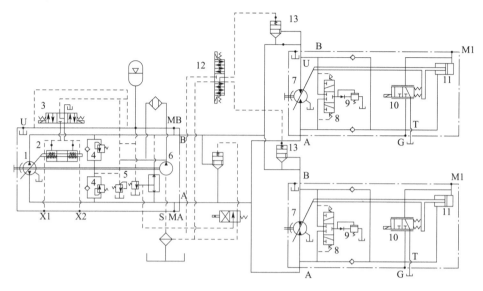

图8-8 PQ190ⅢA全液压平地机液压驱动系统图

1-变量泵;2-双向液压缸;3-三位四通换向阀;4、5-溢流阀;6-补油泵;7-变量液压马达;8-冲洗阀;9-溢流阀;10-比例电磁阀;11-液压缸;12-三位四通换向阀;13-插装阀

在该液压系统中,调节变量泵1或液压马达7的排量可改变平地机的行驶速度和牵引特性。变量泵1的排量由其斜盘摆角大小决定,而斜盘摆角的大小由三位四通换向阀3的开度(电磁阀的通过电流大小)来调节;液压马达排量的变化靠控制比例电磁阀10来改变液压缸11的行程予以实现,所以,通过电流控制三位四通换向阀3和比例电磁阀10可以改变平地机的行驶速度大小和牵引特性。

通过改变变量泵1斜盘的方向,即改变三位四通换向阀3的位置(左/右位)可实现平地机的前进、后退行驶。

平地机在附着系数较低的地面作业时,可能发生单侧驱动轮滑转的情况,此时可由三位四通换向阀12控制打滑侧插装阀13的开关来减少流经打滑侧驱动轮的流量,由此减少其滑转,让系统流量流经非打滑侧驱动轮,发挥其牵引力,实现左右驱动轮同步。

该液压系统为单泵双液压马达并联系统,液压泵和液压马达均为电比例控制,可由控制系统自动实现液压系统不同的传动比,调节方便且系统冲击小。但该系统在三位四通换向阀12打开时对系统冲击较大,影响液压元件的使用寿命。

8.4.2.3 研究样机的相关参数

(1)发动机。

样机选用康明斯公司生产的 QSB6.7 电喷发动机,其外特性曲线及相关参数如图8-9所示。

(2)液压泵。

实验样机液压泵选用力士乐公司生产的 EP 轴向柱塞变量泵,型号为 A4VG,最大排量为 125mL/rev,最高工作压力为 42MPa,满排量下最高工作转速为 2850r/min,排量从 0~

100%对应的控制电流为200～600mA。

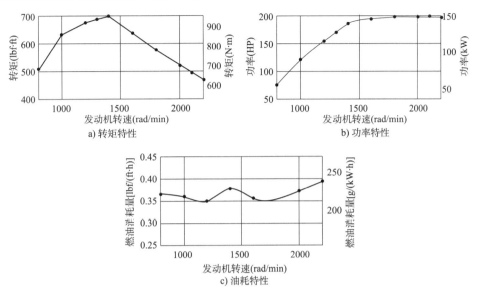

a) 转矩特性

b) 功率特性

c) 油耗特性

图 8-9 Cummins QSB6.7 电喷发动机外特性曲线

注：lbf·ft 为磅力英尺，1lbf·ft = 1.3558N·m。HP 为马力，1HP = 0.75kW。lbf/(ft·h)为磅每英尺小时，1lbf/(ft·h) = 4.13×10^4 kg/(m·s)。

(3) 液压马达。

实验样机液压马达采用力士乐公司生产的 EP 轴向柱塞马达，型号为 A6VM，最大排量为 200mL/rev，最高工作压力为 45MPa，在满排量下的最高允许转速为 2900r/min，在非满排量下的最高允许转速为 4600r/min，排量从 0～100%对应的控制电流为 600～200mA，但可通过最小排量限位螺钉限制其最小排量。样机整机相关性能参数见表 8-1。

样机整机性能参数（带前推后松） 表 8-1

长×宽×高(mm)	10450×2740×3218	轮距(mm)	2196
前后桥轴距(mm)	6208	铲刀至前轮距离(mm)	2705
中后轴距(mm)	1522	整机/前桥/后桥质量(kg)	16630/4790/11840
减速平衡器传动比	33.726:1	泵最大排量(mL/rev)	125
动力半径(m)	0.628	液压马达最大排量(mL/rev)	200

8.4.3 全液压平地机节能控制策略

全液压传动具有可控性好、调节灵活、负载自适应能力强等优点，再者电喷柴油机功率的输出在较大范围内变化较小，转矩储备系数较大，所以可通过分析全液压平地机各挡位所对应工况的特点，合理调节各挡位下发动机、液压泵、液压马达相关参数，同时考虑工况负载的需求，将发动机工作点调节在经济油耗区，以实现节能。

8.4.3.1 挡位划分

平地机挡位的划分主要以外界负载大小和各种负载下作业或行驶需要的速度来确定挡

位相关参数。因为发动机功率 P_e 的最大值在发动机选型后确定,所以平地机各挡位下的最大行车速度 V 和外界负载对应的牵引力 F 受到发动机提供的最大功率和转矩的限制。即当追求行驶速度时则需相应减少牵引力,当牵引力增大时,则需降低车速,如图 8-10 所示。

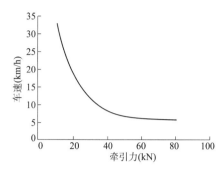

图 8-10 平地机行驶速度与牵引力关系图

采用机械传动的平地机为了适应多变的负载,要求其细分较多的挡位,以适应不同负载对牵引力和速度的不同要求,如 Volvo 公司 G930 型号平地机前进挡为 11 个挡位,后退挡为 6 个挡位。

采用液力传动式的平地机中液力变矩器具有一定的负载自适应功能,但其高效区速度范围比较窄,自适应能力有限,所以一般厂家仍将该传动形式的平地机细分成较多的挡位,以提高作业效率,如 Komatsu 公司的 GD675-3 型平地机前进挡为 8 个挡位,后退挡为 4 个挡位。

全液压传动平地机采用电液控制技术,可以按额定工作压力(负载)调节液压泵和液压马达的排量,从某种意义上说可以根据负载大小实现自动换挡,自动调节车速,所以全液压平地机对负载的自适应能力较强,可以减少挡位数的设定,并较好地自动满足负载对牵引力和车速的需求,减少操作人员的劳动强度,提高作业效率。

样机根据作业需要对前进挡设计了一个自动挡和四个限速挡,由图 8-9 可知,发动机功率一定,当车速高时,可输出最大转矩就低。限速挡是为了通过限制平地机不同的车速,以满足不同工况对转矩的需求。后退挡与前进挡设置相同。各挡位的调速范围及液压泵和液压马达排量设定见表 8-2。

各挡位液压马达排量设定 表 8-2

挡位		泵排量比	液压马达排量比	车速(km/h)
限速挡	一	0~100%	100%	0~6.3
	二	0~100%	62%	0~9.9
	三	0~100%	40%	0~14.9
	四	0~100%	20%	0~31.6
自动挡		0~100%	20%	0~31.6

限速挡一挡作业时具有低速、大转矩的特点,主要用于大负载作业、低速转场等工况,最高速度限制在 6.3km/h 及以下。

限速挡二挡兼顾了作业时对速度和转矩的双重需求,主要应用于中等负载作业,最高速度限制在 9.9km/h 及以下。

限速挡三挡作业时速度快,转矩小,主要用于轻负载快速精平整作业,最高速度限制在 14.9km/h 及以下。

限速挡四挡只用于平地机长距离转场时空行驶使用,最高速度限制在 31.6km/h 及以下。

自动挡可用于作业和行驶,以进一步减轻司机的劳动强度,最高速度限制在31.6km/h及以下。

虽然通过挡位的划分,即对液压马达排量的限制,从理论上可以分别适应不同的负载对转矩的需求,但由于负载随机性较强,平地机在转矩较小的挡位(如三挡)工作时也可能碰到突变的大负载,此时应调大液压马达排量,增加转矩,否则有可能使液压系统溢流,造成功率损失并降低工作效率。若依靠操作员主观感觉来判断是否需要改变挡位来增加转矩的方法,响应速度过慢,更增加了操作者的劳动强度。

所以,各挡位中对EP液压马达的排量采用高压自动变量控制法(HA法)来调节,以自动适应负载变化,对液压泵的排量调节采用载荷自适应法。

高压自动变量控制法(HA法)是直接根据负载压力变化来调节液压马达排量,其工作过程是:当负载转矩增大使系统压力升高时,控制系统自动增大液压马达排量,提高输出转矩,使系统压力降低;当负载转矩减小使系统压力降低时,控制系统自动减少液压马达排量使压力升高(最大减少至各挡限定排量值)。其结果是,尽管外界负载转矩有很大变化,但系统的工作压力只有少量变化,使液压泵和发动机始终在各自额定工况的附近工作(泵在额定压力和大排量附近,发动机在额定功率附近),液压马达在额定压力附近工作。

高压自动变量(HA)控制也可以使液压马达多数时间工作在效率较高的中高压范围内,压力范围为0.5~1.2bar,使液压马达的工作能力得以充分发挥,且有足够的寿命。此外,还可以使液压马达和车辆对负载变化有自适应能力,在小负载时高速工作以提高作业生产率,在大负载时低速工作以提高牵引力,使车辆有良好的动力性、经济性和作业生产率。

泵的排量采用载荷自适应法调节,具体措施为:由发动机电子控制单元(Electric Controller Unit,ECU)获取电喷发动机实际转速,并通过油门位置传感器换算得出期望的发动机转速(理论转速),判断发动机理论转速和实际转速的差异。在差异较大时(一般指掉速>7%~8%),认为负载较大。首先调节液压马达排量,增加输出转矩,在液压马达排量已经调节至满排量的情况下,根据式(8-10)减小液压泵的排量,使发动机维持在一个期望的工作速度范围内(通常在发动机最大转矩转速以上)。

$$q_p = k_f \frac{60000 N_p}{n_e \Delta p} \tag{8-16}$$

式中:q_p——液压泵排量,mL/rev;

k_f——调节系数;

N_p——液压泵输入功率,kW;

n_e——发动机转速,r/min;

Δp——行驶系统压力,MPa。

调节过程如图8-11所示,全液压平地机的节能原理主要是:利用液压系统可控性好的优点,分析平地机在不同工况下对发动机功率和转矩的需求,通过合理匹配液压泵和液压马达的排量,在发动机的最大输出功率和转矩满足工况需求的情况下,将其工作转速调节至经济油耗区,以节省燃油消耗。

由于电喷柴油机功率曲线在转速1500r/min后输出比较平稳,最大输出功率保持在148kW左右,而转矩在转速1500r/min左右时达到最大,所以降低发动机工作点并不会降低其输出最大功率和转矩,反而转速的下降可能引起液压泵输出流量的减少,从而降低了平地机的行驶速度,此时可通过减少液压马达排量来提高液压马达转速,弥补车速的下降。虽然液压马达排量的降低会使液压马达转矩降低,但可通过合理匹配的方法使液压马达排量匹配在满足转矩要求的排量点上。这样,平地机在满足各工况要求的基础上合理降低发动机工作点,以达到节能的目的。

图 8-11 液压泵排量调节原理图

8.4.3.2 限速挡参数节能匹配策略

平地机节能前各挡位对液压马达的匹配和控制方法为:对各限速挡固定液压马达最小排量,平地机车速的调整通过液压泵的排量与发动机转速变化完成。由于平地机的行车速度是由发动机转速、液压泵排量、液压马达排量及传动比所决定的,由发动机外特性曲线可知:在不降低发动机功率和转矩的前提下,通过降低发动机的转速来减少发动机耗油量,降低发动机转速所引起的液压系统流量下降会导致车速降低,但车速的降低可通过加大液压泵的排量或减少液压马达排量的方法弥补,具体的节能措施如下:

(1) 小负荷工况下将发动机输出转速设定在 750~1800r/min;平地机在中小负载工况下不需要发动机以额定转速的全功率输出,可以降低发动机转速以节省燃油。当系统需要发动机全功率输出时,再将发动机转速自动升高。如将发动机最高转速由 2200r/min 降至 1800r/min,当系统检测到 1800r/min 不能满足工况需求时,控制系统通过控制器局域网 (Controller Area Network,CAN) 总线对柴油机 ECU 发出升速指令,自动将发动机转速升高至 2200r/min 额定转速。如最高行驶速度达 31.6km/h 时,选择 1800r/min 作为降低转速后的最高工作转速,因为降低发动机转速所带来车速的下降是通过减少液压马达排量来弥补的,而液压马达排量减少过多会引起液压马达效率迅速降低,再考虑发动机的经济油耗区以及转矩和功率储备系数等因素,所以选择 1800r/min 作为中小负载工况下的最高工作转速。

(2) 降低发动机转速会带来各挡位下系统最大流量的降低,但车速的下降可通过液压马达降排量来弥补。限速挡(四挡除外)在节能模式下重新设定最小排量,见表 8-3。

表 8-3 限速挡节能模式下液压马达排量的重新设定

挡位	液压马达排量最小限制(原模式)	液压马达排量最小限制(节能模式)
1	100%	77%
2	60%	46%
3	40%	31%

(3) 液压马达排量采用 HA(高压自动变量)控制方法,根据行驶压力自动调整液压马达排量,压力升高超过一定值时,液压马达排量自动增加,直至最大,以此保证牵引力满足要求。

8.4.3.3 自动挡参数节能匹配策略

自动挡可同时用于作业和行驶,与限速一、二、三挡一样,采用调节发动机工作点的方法对其进行节能控制,但得兼顾高速行驶工况。

自动挡的马达排量根据系统压力,采用高压自动变量法(HA 法)全程对 EP 液压马达排量进行调节。大负荷时液压马达以低速大排量工作,小负荷时液压马达以高速小排量工作,最小排量为满排量的 20%,以实现最高车速(31.6km/h)。

为了实现节能,自动挡对发动机转速的控制根据车速大小分为两种情况:

(1)当车速 <21.0km/h 时,将发动机输出转速控制在 750~1800r/min 之间。

因为自动挡的液压马达排量采用高压自动变量(HA 法)调节方法,加上液压泵的载荷自适应调节法,所以当负载较大时平地机车速自动降低,负载减少时车速自动升高,使发动机在该转速范围内均可满足平地机对功率、转矩的需求,因此可以通过对发动机限速以达到节能的目的。

(2)当车速 >21.0km/h 时,发动机转速将自动升至 2200r/min。因为即使液压马达排量调至最小(20%),若发动机转速仍维持在 1800r/min,即液压泵的最大转速也为 1800r/min,则液压泵的转速决定了其流量不能满足最高车速(31.6km/h)的要求,所以只有增大发动机转速,才能增加液压泵的输出流量,提高液压马达转速,满足平地机最高车速的需求。

8.4.4 节能控制对相关参数的影响

样机的节能控制需要对三个参数进行调整:发动机工作点、液压马达排量、液压泵排量。但该三个参数的改变会引起其他参数的变化并带来影响,有必要对其影响进行分析研究。

节能控制调整了发动机的工作点,以研究对象为例,发动机转速由 2200r/min 降为 1800r/min,表 8-4 列出了 Cummins QSB6.7 发动机在 2200r/min 与 1800r/min 两个转速点的主要参数,对两个不同工作点来说,可以得出以下结论:

(1)1800r/min 与 2200r/min 最大输出功率基本相同;
(2)1800r/min 较 2200r/min 最大输出转矩提高 23%;
(3)全功率输出时,1800r/min 较 2200r/min 比油耗降低 10%;
(4)工作点移至 1800r/min 后,转矩储备系数以及速度适应性系数减小,但减小后的系数仍然能够满足实际工况要求。

Cummins QSB6.7 发动机在 2200r/min 与 1800r/min 参数比较　　表 8-4

工作点	输出功率(kW)	输出转矩(N·m)	比油耗(g/kW)	转矩储备系数	转速适应系数
2200r/min	147	637	240	1.485	1.571
1800r/min	148	784	215	1.207	1.286

8.4.5 全液压平地机控制系统节能模块设计

节能模块的输入信号主要有液压系统压力、左右液压马达转速、挡位信号、发动机实际转速及油门控制信号。通过对其子模块实施节能措施后,输出发动机油门控制信号、液压泵排量控制电流、液压马达排量控制电流,如图 8-12 所示,即对发动机转速、液压泵和液压马达的排量进行合理的调节,实现平地机在作业或行驶工况下的节能。

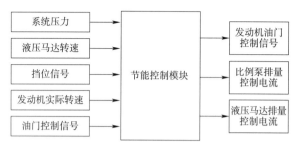

图 8-12 节能控制模块示意图

8.5 平地机变功率节能

8.5.1 平地机变功率节能控制原理

平地机采用变功率控制的原理是：在低速作业时，发动机选择在一条功率（或转矩）"较低"的特性曲线上工作，如果负载不大，则发动机工作于调速段；若负载较大，工作在外特性上时，发动机工作点前移，不仅节省燃油消耗，而且发动机在较低功率曲线上工作时，平地机驱动轮滑转的频率减小，功率损失降低，可提高地面附着性能和整机牵引力。如图 8-13 所示，假设负载较小，如"负载转矩 1"，此时与两条转矩曲线都交于调速段 b-d-e，即 A 点，此时比油耗基本一致；但如果负载较大，如"负载转矩 2"，则与转矩曲线 1 交于 B 点，与转矩曲线 2 交于 C 点，C 点比油耗比 B 点低，加之发动机输出的功率减少，则进一步降低了发动机油耗。此外，也降低了驱动轮滑转率，减少了轮胎磨损，增大了地面附着系数和牵引力。根据实际工况不同，配合机器的挡位设计，一般可预设 2~4 条发动机特性曲线。

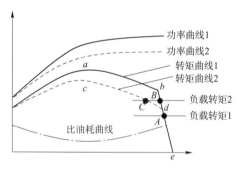

图 8-13 平地机变功率控制原理示意图

节能效果可用如下方法作理论估算：假设功率较大和较小的两条特性曲线分别为曲线 1 和 2，两条曲线上某一负载转矩 T_z 对应的功率分别为 N_{e1} 和 N_{e2}，比油耗值分别为 g_1 和 g_2，则计算出的小时油耗理论值分别为：

$$h_1 = g_1 \cdot N_{e1} = g_1 \cdot n_{e1} \cdot T_z \tag{8-17}$$

$$h_2 = g_2 \cdot N_{e2} = g_2 \cdot n_{e2} \cdot T_z \tag{8-18}$$

则发动机工作在两条曲线上的小时油耗相差约为 $T_z(n_{e1}g_1 - n_{e2}g_2)$。由于 $n_{e1} > n_{e2}$，$g_1 > g_2$，则同样工况下，发动机工作在曲线 2 与工作在曲线 1 时相比，小时油耗降低，具有一定的节能效果。

8.5.2 平地机变功率节能控制实现方法

平地机变功率节能控制总体思路为：首先计算出平地机每个挡位下所需的发动机最大功率，然后按照平地机各挡位对功率的需求，设置两条或多条发动机外特性曲线，实际作业时平地机根据挡位自动选择特定的功率曲线工作。

平地机在各挡位所需发动机最大功率计算公式为：

$$P_{\max} = \frac{9.8 G_N V_{\max} f}{1000 \eta} + P_f \qquad (8\text{-}19)$$

式中：$P_{\max}$——平地机某挡位所需发动机最大功率，kW；

　　　$V_{\max}$——平地机某挡位最大作业速度，m/s；

　　　G_N——平地机后轮总重量，kg；

　　　f——地面附着系数；

　　　η——动力传动系统总效率；

　　　P_f——平地机辅助功率，kW，一般取发动机功率的15%，f取0.75，式(8-18)可简化表示为：

$$P_{\max} = \frac{8.65 V_{\max} G_N}{1000 \eta} \qquad (8\text{-}20)$$

参 考 文 献

[1] 姚伯威,吕强,孙锐,等.机电一体化原理及应用[M].2版.北京:国防工业出版社,2005.
[2] 魏俊民,周砚江.机电一体化系统设计[M].北京:中国纺织出版社,1998.
[3] 季维发.机电一体化技术[M].北京:电子工业出版社,1995.
[4] 徐元昌.机械电子技术[M].上海:同济大学出版社,1995.
[5] 卢金鼎,山静民.机电一体化技术[M].北京:中国轻工业出版社,1996.
[6] 吕广明.工程机械智能化技术[M].北京:中国电力出版社,2007.
[7] 焦生杰.现代筑路机械电液控制技术[M].北京:人民交通出版社,2001.
[8] 张洪.现代施工工程机械[M].北京:人民交通出版社,2008.
[9] 李朝青.单片机原理及接口技术(简明修订版)[M].北京:北京航空航天大学出版社,1999.
[10] 邓则名.电器与可编程控制器应用技术[M].北京:机械工业出版社,2016.
[11] 黄长艺.机械工程技术测试基础[M].北京:机械工业出版社,2006.
[12] 宋占伟,闻邦椿.21世纪工程机械的发展趋势[J].建筑机械,1999(12):27-30+77.
[13] 司癸卯,龙水根,张家祥.中置式稳定土拌和机新型全轮转向系统[J].工程机械,2000(3):7-8.
[14] 焦生杰.筑路机械电子技术[D].西安:西安公路交通大学,1992.
[15] 周守仁.自动变速器[M].北京:中国铁道出版社,1990.
[16] 许益民.电液比例控制系统分析与设计[M].北京:北京航空航天大学出版社,2005.
[17] 梁杰.现代工程机械电气与电子控制[M].北京:人民交通出版社,2005.
[18] 何建平.可编程控制器及其应用[M].重庆:重庆大学出版社,2004.
[19] 冯凯肪.工程测试技术[M].西安:西北工业大学出版社,1997.